地区主义与地区秩序

以南太平洋地区为例

徐秀军 著

Regionalism and
Regional Order

The Case of South Pacific

社会科学文献出版社
SOCIAL SCIENCES ACADEMIC PRESS (CHINA)

摘 要

传统的国际关系研究，主要从国家与世界体系的层次考察国家之间政治、经济、安全、社会与文化的交流与互动。但随着全球范围内"地区"的迅速崛起，从地区视角来研究国际政治成为一个新的发展方向。当今世界，地区主义已经成为势不可当的潮流，它所具有的巨大能量使之对地区经济、政治、文化和社会等方方面面产生着重大影响。在地区主义的发展过程中，地区秩序也随之不断演进，两者之间有着不可分割的内在联系。

从地区发展的实践来看，构建地区秩序的模式主要有以下四种：外源强制型、内源强制型、外源合作型与内源合作型。强制与合作依据国家建构秩序的主要手段来确定，外源与内源则是根据主导地区秩序的国家是否属于地区成员来划定。这种组合反映出地区秩序相对于世界秩序所具有的不同特性。地区主义的发展，促进了地区秩序从外源型向内源型、从强制型向合作型的转变。地区主义对地区秩序的影响主要依托三个中间变量：一是价值观念与地区认同，二是地区制度，三是地区主义的政治经济影响。这三个方面的持续变化，潜在地决定了地区秩序的发展与演进。

从南太平洋地区主义的发展历史来看，该地区经历了地区外大国主导的地区主义（1946~1970年），地区主义的本土化时期（1971~1990年），冷战后地区主义的新发展（1991年至今）。相应地，南太平洋地区经历了地区殖民体系的崩溃和瓦解，一些殖民地纷纷建立独立国家。并且，地区各行为体之间不断加深地区整合，共同构建冷战后地区新秩序。南太平洋地区主义的发展，在三个方面产生深刻影响：一是在寻求地区经济增长、可持续发展、良治和安全过程中塑造了南太平洋地区共同的价值观念和认同，以"太平洋方式"为代表的核心理念在南太平洋地区广为接受；二是以推动地区经济一体化、地区功能部门合作、资源管理与环境保护以及地区安全合作为依托，构筑了包括次地区、地区和地区间多层次的地区制度网络；三是促进了整个地区以及地区各国的政治、经济和社会发展，提升了各国政府在对内、对外事务上的能力。这些影响共同构成了地区发展的主要内容，地区新秩序的构建正是在这一过程中逐步实现的。通过对南太平洋地区主义与南太平洋地区秩序关联性的综合分析，初步展现出地区主义对南太平洋地区秩序的构建和塑造作用。

总体来看，在殖民时期，南太平洋地区秩序是一种外源强制型秩序，但地区主义的发展，内在地改变了南太平洋地区秩序的内容和特征，促进了内源合作型秩序的构建。

Abstract

In the traditional study of international relations, the political, economic, security, social and cultural exchanges and interactions between countries are examined through the perspectives of nation/ state level and/or world system level. However, with the rapid emergence of "regions", to explore international relations from a regional perspective is gaining recognition. It is a new direction to study international politics from a regional perspective. Regionalism is becoming momentum the irresistible trend in contemporary world. It has a great potential to significantly influence regional economy, politics, culture and society. With the development of regionalism, the regional order has been also evolving. Regionalism and regional order are intrinsically connected.

From the experience of regional development, there are four different models of building regional order: exogenous coercion model, endogenous coercion model, exogenous cooperation model, and endogenous cooperation model. The choice of coercive and cooperative model is dependent on the principal means in which countries choose to build regional order, and to be exogenous or endogenous one is determined by the membership of the leading country of the regional order. This combination reflects the different characteristics between regional order and world order. The development of regionalism has promoted the transformation of regional order from the exogenous coercion model to the endogenous cooperation model. The impact of regionalism on regional order depends on three variables: regional values and identity, regional institutions, and political and economic ramification of regionalism. The continuous changes of these three aspects could potentially determine the evolution of regional order.

In the history of South Pacific regionalism, it has experienced three distinctive phases: from 1946 to 1970, the regionalism was dominated by the former colonial powers outside the region; from 1971 to 1990, the regionalism had undergone the process of indigenization; and after the end of Cold War to present, the regionalism has been going deep into a new phase. Correspondingly, the South Pacific region has experienced the collapse of the colonial system, the establishment of many independent countries, and the regional integration of actors which lead to a new regional order in the post-Cold War era. The impacts of the development of the South Pacific regionalism include three aspects: Firstly, it helps to shape common values and identity in the process of searching for regional economic growth, sustainable development, good governance and security, so that the idea of the "Pacific Way" is widely accepted across the region. Secondly, it facilitates the construction of the institutional network of the sub-regional, regional and interregional levels on the basis of the promotion of regional economic integration, regional functional cooperation, resource management and environmental protection and regional security cooperation. Thirdly, it is beneficial to promote the political, economic and social development of the entire region and the countries in the region, and to upgrade the governments' capacities of dealing

Abstract

with all kinds of domestic and external affairs. These impacts constitute the main elements of regional development, with which a new regional order has been formed. According to the comprehensive analysis of the correlation between the South Pacific regionalism and the regional order, it preliminarily shows the role that the South Pacific regionalism has played in relation to build and reshape the South Pacific order.

In summary, the South Pacific order is exogenous and coercive one during the colonial period, however, with the development of the regionalism, the contents and features of the South Pacific order have changed internally, and the endogenous cooperation model has emerged as the new preferred model of developing regional order.

目录 CONTENTS

第一章 导论 ……………………………………………………… 001
    第一节 问题的提出 ………………………………………… 001
    第二节 南太平洋地区的界定 ……………………………… 002
    第三节 研究现状综述 ……………………………………… 006
    第四节 本书框架与研究限制 ……………………………… 017

第二章 国际关系研究中的地区层次 …………………………… 019
    第一节 国际关系研究中的层次分析法 …………………… 019
    第二节 研究层次的划分 …………………………………… 022
    第三节 地区研究层次的兴起 ……………………………… 027

第三章 地区主义：理论与方法 ………………………………… 032
    第一节 地区主义的理论阐释 ……………………………… 032
    第二节 地区主义的研究方法 ……………………………… 042

第四章 地区主义与地区秩序：一种分析框架 ………………… 066
    第一节 地区秩序：内涵、要素与特征 …………………… 066
    第二节 地区主义与地区秩序的关联性分析 ……………… 074

第五章　南太平洋地区主义的演进历程 ······ 091
第一节　早期地区外大国主导的地区主义 ······ 092
第二节　地区主义的本土化时期 ······ 097
第三节　冷战后地区主义的新发展 ······ 106

第六章　地区利益与共同观念的建构 ······ 112
第一节　战略目标：共同的地区利益 ······ 112
第二节　共同观念："太平洋方式" ······ 124

第七章　合作议题与制度体系的形成 ······ 137
第一节　合作议题：多领域的地区合作 ······ 137
第二节　制度体系：多层次的制度安排 ······ 158

第八章　政治经济学视角下的地区主义与秩序 ······ 186
第一节　地区主义的作用与影响：基于政治经济学的视角 ······ 186
第二节　地区主义与政治经济发展 ······ 199
第三节　地区主义与地区国际关系 ······ 213

第九章　结论 ······ 219
第一节　研究结论 ······ 219
第二节　研究启示 ······ 222
第三节　尚待进一步研究的问题 ······ 225

参考文献 ······ 227

后　记 ······ 259

图表目录

图 1.1　南太平洋地区地图 ··· 005
图 2.1　西方学者关于国际关系研究层次的划分 ··············· 024
图 2.2　国际关系研究中的分析层次 ································· 027
图 3.1　正式的地区贸易安排结构 ····································· 053
图 4.1　地区秩序的建构模式 ··· 082
图 4.2　地区主义对地区秩序的作用 ································· 089
图 7.1　太平洋岛国论坛秘书处组织结构 ·························· 161
图 7.2　太平洋地区组织理事会成员 ································· 165
图 7.3　太平洋岛屿地区海洋综合战略行动框架结构 ········ 177
图 9.1　南太平洋地区主义对地区秩序的作用 ··················· 221

表 1.1　地区主义与地区秩序研究论文数量统计
　　　　（1979~2008年） ··· 012
表 3.1　（新）现实主义、新自由主义与建构
　　　　主义理论中的地区主义 ·· 040

表3.2	地区主义的"意象"	041
表3.3	地区主义的政治与经济分析方法	062
表4.1	四种地区秩序建构模式比较	082
表5.1	南太平洋地区的殖民历史	092
表5.2	南太平洋地区国家的独立情况	098
表5.3	南太平洋委员会新加入成员	099
表5.4	南太平洋地区各国加入国际组织数量统计	106
表6.1	部分岛国GDP与上年同比实际增长率	114
表6.2	太平洋岛屿地区人口与地理指标	126
表6.3	南太平洋地区种族文化区	127
表7.1	2008年太平洋地区环境规划署成员费用分配情况	153
表7.2	南太平洋地区安全合作安排	155
表7.3	太平洋岛国论坛成员	160
表7.4	太平洋岛国论坛首脑会议（2000~2012年）	162
表7.5	太平洋地区组织理事会成员	166
表7.6	南太平洋地区主要地区组织	168
表7.7	南太平洋地区重要协定（1977~2010年）	171
表7.8	南太平洋地区贸易安排	172
表7.9	日本与太平洋岛国贸易情况（1998~2010年）	182
表8.1	发展中国家地区一体化组织	189
表8.2	发展中地区主义的政治经济学分析框架	196
表8.3	南太平洋地区主义的政治经济学分析	198
表8.4	南太平洋岛国主要出口市场	208
表8.5	南太平洋岛国主要进口来源	209
表8.6	南太平洋地区接受海外发展援助情况（1970~2011年）	210

第一章 导论

第一节 问题的提出

第二次世界大战以来，地区主义在世界各地迅速盛行，成为世界政治发展的基本趋势。地区主义已经并且正在继续塑造着地区，这使得世界政治可能超越国家间政治而形成以地区为基础的新秩序，也使得突破民族国家框架而进行地区层次的研究成为可能。

当今世界，由于欧洲地区主义发展得最为深入和成功，因此欧洲成为地区主义理论工作者和分析家关注的重点，一批批专门研究欧洲地区合作与一体化的学术著作在世界各地陆续面世。欧洲的强势地位使得一些处于第三世界的边缘地区遭到了研究者的冷落。但是，值得注意的是，欧洲的经验并不能完全代表地区主义的一般发展逻辑。在地区主义的发展进程中，发展中国家要面临更多的历史和现实问题，作为世界上最迟进行非殖民化进程的南太平洋地区更是如此。但与世界上其他地区相比，南太平洋地区主义却经历了较长的发展历史。

20世纪40年代中期，当时仍处于殖民时期的南太平洋地区，在宗主国的安排下,开始进行了地区主义的实践。但在殖民时期,南太平洋地区各民族都被迫接受宗主国的统治,无权决定地区事务,地区秩序呈现强权政治和霸权主义的特征。到 70 年代,南太平洋地区主义逐渐实现了本土化的成功转型。冷战结束后,南太平洋地区主义向更深层次的一体化目标迈进。与此同时,各岛国和领地的自主意识也进一步加强,逐步摆脱了地区事务完全由地区外大国支配的被动局面。毋庸置疑,南太平洋地区主义的长期发展对地区政治、经济和国际关系产生了深远的影响,引起了地区秩序的根本性转变。

但是,南太平洋地区主义对南太平洋地区秩序有何影响,如何影响?学界对这一问题并没有提供明确的答案。这一问题围绕南太平洋地区主义这一主题展开,进而探讨地区主义与地区秩序的联系。关于这一问题的回答,本书的基本假定是:南太平洋地区主义的发展影响了南太平洋地区秩序的演进,地区主义从观念(认同)、制度和实力三个方面对地区秩序产生影响,观念的要素、制度的属性和实力的转换共同决定着地区秩序的性质,并使地区秩序从殖民时期的外源强制型向内源合作型转变,推动了公正、合理的地区新秩序的构建。本书将从南太平洋地区主义的历史变迁入手,分析和阐释国际政治中的地区主义怎样塑造地区国际关系的结构与进程,如何影响地区秩序的建立。通过运用基本的地区主义理论与方法,试图发现地区主义与地区秩序之间的内在联系,并尝试性地提出具有一般规律性的结论。

第二节 南太平洋地区的界定

在自然科学中,关于地区的概念往往比较容易达成一致意见,

第一章
导 论

而在社会科学中，研究者对划分地区的标准却往往各执己见，莫衷一是。实际上，在人们谈到"地区"的时候，大多数情况下指的是正在塑造中的地区，因为不存在"天然的"或"既定的"的地区，它们都在全球转型过程中被创造和再创造。[1] 因此，人们在分析特定的地区之前，都必须预设一定的判别标准。对此，布鲁斯·拉西特（Bruce M. Russett）提供了较为全面的阐述，他将地区的判断标准分为五种：一是社会和文化具有同质性的地区，它是由内部属性相似的国家组成；二是由政治态度与对外行为相似的国家组成的地区，它根据各国政府在联合国的投票立场来确定；三是政治上相互依存的地区，它通过超国家或政府间的政治机构将国家联合在一起；四是经济上相互依存的地区，它由地区内贸易在各国国民收入的比例来确定；五是地理上相互邻近的地区。[2] 小约瑟夫·奈（Joseph S. Nye, Jr.）简化了地区划分的这些标准，他将国际上的地区定义为"由地缘关系和相互依赖程度联系起来的一定数量的国家"，意即地区不仅是在自然地理位置上相互接近的区域，同时也具有文化、经济、政治和社会等方面的联系。[3]

同样，地理、历史、人口、机制和政治等因素决定着"南太平洋地区"的具体范围，当按照这些因素进行划分产生冲突时，对于不同的研究者或者在不同场合下，所指定的范围往往不

---

[1] Björn Hettne and Fredrik Söderbaum, "Theorising the Rise of Regionness," in Shaun Breslin, et al. (eds.), *New Regionalisms in the Global Political Economy: Theories and Cases* (London: Routledge, 2002), p. 39.

[2] Bruce M. Russett, *International Regions and the International System: A Study in Political Ecology* (Chicago: Rand McNally, 1967), p. 11.

[3] Joseph S. Nye, Jr. (ed.), *International Regionalism: Readings* (Boston: Little, Brown and Company, 1968), p. vii.

尽相同。从纯粹的地理角度来看，南太平洋地区指的是太平洋上赤道以南的地区。但人们使用这一名词时，往往包括密克罗尼西亚、关岛、马绍尔群岛、北马里亚纳群岛和帕劳等位于赤道以北的岛屿。[①] 从文化的角度来看，南太平洋地区包括美拉尼西亚、波利尼西亚和密克罗尼西亚三个文化区的国家和地区。但作为美拉尼西亚第二大组成部分的西巴布亚、波利尼西亚最大组成部分的新西兰却常常被排除在南太平洋地区之外。夏威夷也属于波利尼西亚文化区，并且是太平洋岛屿发展署的总部所在地，但很少有人认为它属于南太平洋地区岛屿。从地区机制的角度来看，也存在如何界定南太平洋地区的分歧。尽管南太平洋委员会与南太平洋论坛现已分别更名为太平洋共同体与太平洋岛国论坛，但在其更名以前，各自却包含着不同的地区成员，并有不同的成员准入制度。目前，南太平洋应用地学委员会、南太平洋教育评审委员会、南太平洋大学等仍以"南太平洋"冠名的地区组织，同样存在这一问题。因此，"南太平洋地区"不是一个精确的术语。[②]

在本书中，"南太平洋（地区）"既是一个地理上的概念，也是一个政治上的概念。作为政治概念，它主要用来指称太平洋共同体所包括的除去原宗主国之外的所有成员，即14个独立国（萨摩亚、瑙鲁、斐济、巴布亚新几内亚、所罗门群岛、图瓦卢、库克群岛、纽埃、密克罗尼西亚联邦、马绍尔群岛、帕劳、基里巴斯、汤

---

① 例如，弗莱曾明确指出，"南太平洋地区包括分散于中部和南部太平洋的岛屿，其中一些分布在赤道以北"。Greg Fry, *South Pacific Security and Global Change: The New Agenda*, Working Paper No.1999/1, Canberra: Dept. of International Relations, ANU, p. 3.

② Ronald G. Crocombe, *The South Pacific*, Suva, Fiji: Institute of Pacific Studies, University of the South Pacific, 2001, p. 16.

第一章 导 论

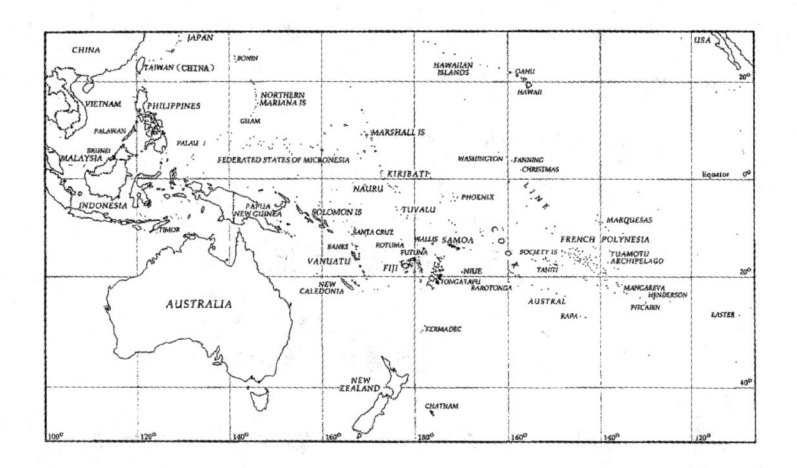

图 1.1 南太平洋地区地图

资料来源：Stephen Henningham, *The Pacific Island States: Security and Sovereignty in the Post-Cold War World* (Hampshire: Macmillan Press, 1995), p. xvii.

加和瓦努阿图）以及英国、法国、美国和新西兰现存的 8 个领地。[①] 在这个意义上，它与太平洋岛屿具有相同的内涵。[②] 而作为一个地理概念，是指这些岛屿所处的整个区域。[③] 但是，由于地区主义主要由国家所主导，那些尚未完全独立的岛屿不能以主权国家

---

① 英国领地：皮特凯恩群岛；法国领地：法属波利尼西亚、新喀里多尼亚以及瓦利斯和富图纳群岛；美国领地：美属萨摩亚、关岛和北马里亚纳群岛；新西兰领地：托克劳。
② 关于澳大利亚和新西兰是否属于南太平洋国家的问题，也存在不同的看法。例如，中国社会科学院下设澳大利亚、新西兰、南太平洋研究中心，它将澳大利亚、新西兰和南太平洋并列，意即南太平洋地区不包括澳大利亚和新西兰。而 2005 年中国国际问题研究所成立南太平洋研究中心时，就明确指出其研究范围包括澳大利亚和新西兰。参见《南太平洋研究通讯》2006 年第 1 期中关于南太平洋研究中心的简介。在 2008 年 10 月 22 日笔者与弗莱的谈话中，弗莱指出，澳大利亚和新西兰不认为其是南太平洋国家，但它们却自认为是南太平洋地区的领导者，而使用"太平洋地区"和"大洋洲地区"时往往包括澳大利亚与新西兰。
③ 主要用来指这些岛屿的陆地部分和专属经济区。

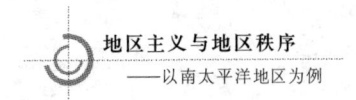

的身份出现在地区舞台上，对地区事务的影响受到一定限制，因此在具体的论述中，南太平洋地区也会仅指该地区已经独立的国家，即太平洋岛国论坛的岛国成员。

第三节　研究现状综述

一　关于地区主义及其与地区秩序关系的研究

地区主义是20世纪世界政治中产生的一种新的国际现象。在国外，葛拉斯（N. S. B. Gras）于1929年就提出"地区主义"一词。① 但直到40年代，这一术语才真正具有了国际政治上的意义。② 此后，地区主义被逐渐广泛运用于国际政治研究中。③ 到50年代，随着欧洲一体化进程的启动，地区主义研究主要围绕欧洲一体化过程中出现的问题与取得的经验而展开，并以此为依托开辟了国际政治中地区主义研究的全新领域。60年代初，东盟的成立使亚洲成为地区主义研究的又一重点领域。到20世纪80年代末，大部分关于地

---

① 虽然葛拉斯所讨论的主要是国内地区，但其论述已超出一国内部的地区主义或地方主义（sectionalism）的范畴，从而具有了国际政治的视野。他指出，"考虑到地区便利，地区可以结成新的联盟而建立新的国家、国际国家（欧洲、美洲等），或者最终建立世界国家"。N. S. B. Gras, "Regionalism and Nationalism," *Foreign Affairs*, Vol. 7, No. 3 (April, 1929), pp. 454–467.

② 关于地区主义的早期研究，参见：John C. Campbell, "Nationalism and Regionalism in South America", *Foreign Affairs*, Vol. 21, No. 1 (October, 1942), pp. 132–148; Amry Vandenbosch, "Regionalism in Southeast Asia," *The Far Eastern Quarterly*, Vol. 5, No. 4 (August, 1946), pp. 427–438; K. M. Panikkar et al. (eds.), *Regionalism and Security* (Bombay, Calcutta, Madras and London: Oxford University Press, 1948); 等等。

③ 参见：Ronald J. Yalem, *Regionalism and World Order* (Washington, D. C.: Public Affairs Press, 1965); Joseph S. Nye, Jr. (ed.), *International Regionalism: Readings* (Boston: Little, Brown and Company, 1968); 等等。

第一章 导 论

区主义研究者将研究的重点放在欧洲（西欧）和东南亚地区，较少涉及其他地区。[①] 这一时期，地区主义往往以地区组织、地区合作、地区政策以及地区一体化的面目出现。90 年代以后，地区主义研究进入兴盛时期，研究议题不断扩展。欧洲地区主义研究不断深入，并寻求从制度、文化和治理的角度阐释地区主义的进程与影响。[②] 东

[①] 在 20 世纪七八十年代，关于欧洲地区主义研究的学术著作参见：Chita Ionescu, *The New Politics of European Integration* (London: Macmillan, 1972); Stein Rokkan and Derek W. Urwin (eds.), *The Politics of Territorial Identity: Studies in European Regionalism* (London, Beverly Hills: SAGE Publications, 1982); Norbert Vanhove and Leo H. Klaassen, *Regional Policy, a European Approach* (Aldershot, Hants: Gower, 1983); 等等。关于东南亚地区主义研究的学术著作，参见：Somsak Chūtō, *Regional Cooperation in Southeast Asia: Problems, Possibilities, and Prospects* Bangkok: Institute of Asian Studies, Faculty of Political Science, Chulalongkorn University, 1973; Arnfinn Jorgensen-Dahl, *Southeast Asia and Theories of Regional Integration*, PhD Thesis, Canberra: Australian National University, 1975; Donald G. McCloud, *System and Process in Southeast Asia: The Evolution of a Region* (Boulder: Westview Press, 1986); Michael Haas, *The Asian Way to Peace: A Story of Regional Cooperation* (New York: Praeger, 1989); 等等。涉及其他地区的地区主义研究著作，参见：W. Andrew Axline, "Underdevelopment, Dependence, and Integration: The Politics of Regionalism in the Third World," *International Organization*, Vol. 31, No. 1 (Winter, 1977), pp. 83 – 105; W. Andrew Axline, *Caribbean Integration: The Politics of Regionalism* (London: Frances Pinter, 1979); S. K. B. Asante, *The Political Economy of Regionalism in Africa: A Decade of the Economic Community of West African States (ECOWAS)* (New York: Praeger, 1985); 等等。南太平洋地区主义的研究情况见下文，在此不赘述。

[②] See: Thomas M. Wilson and M. Estellie Smith (eds.), *Cultural Change and the New Europe: Perspectives on the European Community* (Boulder: Westview Press, 1992); Liesbet Hooghe (ed.), *Cohesion Policy and European Integration: Building Multi-level Governance* (New York: Oxford Clarendon Press, 1996); Walter Mattli, *The logic of Regional Integration: Europe and Beyond* (Cambridge, New York: Cambridge University Press, 1999); Jose M. Magone (ed.), *Regional Institutions and Governance in the European Union* (Westport, Conn.: Prager, 2003); Robert Leonardi, *Cohesion Policy in the European Union: The Building of Europe* (New York: Palgrave Macmillan, 2005); Jorgen Orstrom Moller, *European Integration: Sharing of Experiences*, Singapore: Institute of Southeast Asian Studies, 2008; etc..

南亚地区主义研究也逐渐从以安全为主的分析框架向综合性分析转变。① 以亚太经济合作组织（APEC）成立为契机，亚太（经济）地区主义成为地区主义研究的又一个热点。② 以此为动力，出现了地区主义研究从传统地区主义向开放地区主义和新地区主义的转型，使得在理论上对地区主义的理解变得更为深入和广泛。③ 与此

---

① 20世纪90年代初，东南亚地区主义研究还是以安全议题为主，参见：J. Soedjati Djiwandono, *ASEAN, an Emerging Regional Security Community* (Jakarta: Centre for Strategic and International Studies, 1991); Donald K. Emmerson and Sheldon W. Simon, *Regional Issues in Southeast Asian Security: Scenarios and Regimes* (Seattle, Wash.: National Bureau of Asian Research, 1993); 等等。此后逐渐突破了这一框架，参见：Hadi Soesastro (ed.), *ASEAN in a Changed Regional and International Political Economy* (Jakarta: Centre for Strategic and International Studies, 1995); Shaun Narine, *Explaining ASEAN: Regionalism in Southeast Asia* (Boulder, Colo.: Lynne Rienner Publishers, 2002); Estrella D. Solidum, *The Politics of ASEAN: An Introduction to Southeast Asian Regionalism* (Singapore: Eastern Universities Press, 2003); Kripa Sridharan and T. C. A. Srinivasa-Raghavan, *Regional Cooperation in South Asia and Southeast Asia* (Singapore: ISEAS, 2007); 等等。

② See: Andrew Elek, *Trade Policy Options for the Asia-Pacific Region in the 1990s: The Potential of Open Regionalism* (Canberra: Australia-Japan Research Association, 1992); John Ingleson (ed.), *Regionalism, Subregionalism and APEC* (Clayton, Vic.: Monash Asia Institute, 1997); Manoranjan Dutta, *Economic Regionalization in the Asia-Pacific: Challenges to Economic Co-operation* (Northampton, M. A.: Edward Elgar, 1999); John Ravenhill, *APEC and the Construction of Pacific Rim Regionalism* (Cambridge, New York: Cambridge University Press, 2001); Joseph A. Camilleri, *Regionalism in the New Asia-Pacific Order* (Cheltenham; Northampton, M. A.: Edward Elgar Pub., 2003); M. A. B. Siddique (ed.), *Regionalism, Trade and Economic Development in the Asia-Pacific Region*, (Cheltenham, U. K.; Northampton, M. A.: Edward Elgar, 2007).

③ 关于开放性地区主义的学术著作主要有：Peter Drysdale, *Open Regionalism: A Key to East Asia's Economic Future* (Canberra: Australia-Japan Research Centre, ANU, 1991); Sir Frank Holmes and Crawford Falconer, *Open Regionalism? NAFTA, CER and a Pacific Basin Initiative* (Wellington: Institute of Policy Studies, 1992); Ross Garnaut, *Open Regionalism and Trade Liberalization: An Asia-Pacific Contribution to the World Trade System* (Singapore: Institute of Southeast Asian Studies; Sydney: Allen & Unwin, 1996); Andrew Elek, *Open Regionalism Going Global: APEC and the New Transatlantic Economic Partnership* (Canberra, A. C. T.: Australia- （转下页注）

第一章
导 论

同时，关于地区主义的理论也出现流派纷呈的繁荣景象。其中，在当前学界影响较大的有：从经济途径分析的关税同盟理论、最优货币区理论和财政联邦主义理论等；从政治途径分析的新功能主义和政府间主义理论等；以及正在兴起的采用政治经济学途径分析的地区主义理论。① 关于地区主义对地区秩序的影响，多数西方学者是将地区秩序纳入世界秩序的框架，着重探讨地区主义对当代世界秩序的内容和形式转变的影响，以及地区主义对世界秩序的构建作用。②

（接上页注③）Japan Research Centre, 1998）。比起开放性地区主义这一术语，新地区主义的内涵更为丰富，参见：Norman D. Palmer, *The New Regionalism in Asia and the Pacific* (Lexington, Mass: Lexington Books, 1991); Rajiv Biswas, *The New Regionalism: Australia, the Asia-Pacific and Indian Ocean Regions* (Nedlands, W. A.: Indian Ocean Centre for Peace Studies, 1992); Paul Keating, *Australia, Asia and the New Regionalism* (Singapore: Institute of Southeast Asian Studies, 1996); Stephen Edward Bates, *The New Regionalism: Comparing the Development of the EC Single Integrated Market, NAFTA and APEC*, Ph. D Thesis, Canberra: Australian National University, 1996; Michael Keating, *The New Regionalism in Western Europe: Territorial Restructuring and Political Change* (Cheltenham; Northampton, Mass.: E. Elgar, 1998); Leonardo Campos Filho, *New Regionalism and Latin America: The Case of MERCOSUL* (London: Institute of Latin American Studies, 1999); Björn Hettne, András Inotai, and Osvaldo Sunkel (eds.), *The New Regionalism and the Future of Security and Development* (New York: St. Martin's Press, 2000); Shaun Breslin et al. (eds.), *New Regionalisms in the Global Political Economy* (London; New York: Routledge, 2002); J. Andrew Grant and Fredrik Söderbaum (eds.), *The New Regionalism in Africa* (Aldershot, Hants, England; Burlington, V. T.: Ashgate, 2003); Fredrik Söderbaum and Timothy M. Shaw (eds.), *Theories of New Regionalism: A Palgrave Reader* (Hampshire; New York: Palgrave Macmillan, 2003); Ellen L. Frost, *Asia's New Regionalism* (Boulder, Colo.: Lynne Rienner Publishers, 2008)。

① 关于地区主义理论的论述详见本书第三章。
② See: Björn Hettne, "Development, Security and World Order: A Regionalist Approach," *The European Journal of Development Research*, Vol. 9, No. 1 (June, 1997), pp. 83 – 106; Richard Falk, "Regionalism and World Order after the Cold War," in Björn Hettne, András Inotai and Osvaldo Sunkel (eds.), *Globalism and the New Regionalism* (London: Macmillan, 1999), pp. 228 – 249; Manuela Spindler, *New Regionalism and the Construction of Global Order*, CSGR Working Paper No 93/02, University of Warwick, March, 2002; etc.

009

较早注意到地区主义对秩序影响作用的是罗纳德·耶里门（Ronald J. Yalem），他认为地区主义"通过消弭历史恩怨、解决地区争端和促进经济社会合作来加强地区稳定，是地区和平与有序的催化剂"。[1] 其后，这方面的研究主要以不同地区为案例来进行论述。世纪之交，安德鲁·甘布尔和格伦·胡克等人编写了一套关于地区主义与世界秩序的研究丛书，对当代世界中存在的地区主义进行了全面评估，并从地区政治、经济、社会和安全等角度对地区主义进行了深入分析，充分肯定了地区主义在世界秩序中的作用与影响。[2] 尽管人们已经意识到，21世纪的世界秩序正在从传统威斯特伐利亚秩序向一个世界上各个地区及其组织在全球治理中发挥中心作用的秩序转型，[3] 但在微观的层次，关于地区主义对地区秩序的性质和结构所产生的影响还有待进一步深入研究。

国内在地区主义与地区秩序研究方面起步较晚，相关研究成果在数量和质量方面总体上都在一定程度上落后于西方（见表1.1）。归纳起来，国内地区主义研究对象主要包括以下几个方面：一是在地区研究的框架下讨论地区主义。例如，一些从事欧洲、北美、拉美、东亚、南亚、亚太、非洲等地区的研究学者在探讨和分析这些地区的政治、经济和国际关系形势时涉及地区主义的一些议题。尤

---

[1] Ronald J. Yalem, "Regionalism and World Order," *International Affairs*, Vol. 38, No. 4 (October, 1962), p. 471.

[2] See: Andrew Gamble and Anthony Payne (eds.), *Regionalism and World Order* (New York: St. Martin's Press, 1996); Glenn D. Hook and Ian Kearns (eds.), *Subregionalism and World Order* (Basingstoke: Macmillan, 1999); Shaun Breslin and Glenn D. Hook (eds.), *Microregionalism and World Order* (New York: Palgrave Macmillan, 2002).

[3] Luk Van Langenhove, "Towards a Regional World Order," http://www.un.org/Pubs/chronicle/2004/issue3/0304p12.asp.

其是欧洲研究学者，对欧洲一体化经验的介绍与评析为中国的地区主义研究奠定了基础。① 二是专注于地区主义理论的研究。例如，《国家与超国家——欧洲一体化理论比较研究》对欧洲一体化理论进行了横向的比较，②《地区主义：理论的历史演进》从历史演进的角度对地区主义理论进行了全面梳理，③ 以及《区域主义与发展中国家》以发展中国家为切入点对地区主义理论和实践进行了系统分析，④ 等等。三是在地区主义的框架和视角下探讨地区经济、安全合作及其对地区国际关系的影响。这方面的代表作有《新地区主义与亚太地区结构变动》⑤《东亚地区主义与中国》⑥，以及《地区主义视野下的中国—东盟合作研究》⑦，等等。这些著作不再仅仅关注一般性的地区主义理论和经验，而将地区主义作为分析问题的框架，标志着中国地区主义研究的深入。四是近年来出现了一些对地区主义的比较研究。开始认识到欧洲、东亚、拉美、非洲等不同地区的地区主义之间存在的差异，从而推动了比较地区主义的

---

① 参见：李世安、刘丽云等《欧洲一体化史》，河北人民出版社，2003；金安《欧洲一体化的政治分析》，学林出版社，2004；王鹤主编《欧洲一体化对外部世界的影响》，对外经济贸易大学出版社，1999；等等。近年来，对东盟和东亚地区一体化的研究成果也陆续面世，东盟和东亚地区成为国内地区和地区主义研究新的关注领域。这方面的成果有：陈勇《新区域主义与东亚经济一体化》，社会科学文献出版社，2006；陈峰君、祁建华主编《新地区主义与东亚合作》，中国经济出版社，2007；卢光盛《地区主义与东盟经济合作》，上海辞书出版社，2008；徐春祥《东亚贸易一体化——从区域化到区域主义》，社会科学文献出版社，2008；等等。此外，对拉美一体化的研究成果有：王萍《走向开放的地区主义——拉丁美洲一体化研究》，人民出版社，2005；等等。
② 陈玉刚：《国家与超国家：欧洲一体化理论比较研究》，上海人民出版社，2001。
③ 肖欢容：《地区主义：理论的历史演进》，北京广播学院出版社，2003。
④ 马孆：《区域主义与发展中国家》，中国社会科学出版社，2002。
⑤ 耿协峰：《新地区主义与亚太地区结构变动》，北京大学出版社，2003。
⑥ 张蕴岭：East Asian Regionalism and China，世界知识出版社，2005。
⑦ 韦红：《地区主义视野下的中国—东盟合作研究》，世界知识出版社，2006。

发展。① 在地区秩序研究上，成果相对较少，且主要局限于东亚地区，而对于地区主义与地区秩序的关联性问题，却少有论及。②

表 1.1 地区主义与地区秩序研究论文数量统计（1979~2008 年）

年代 （年）	中国期刊网		ProQuest(Scholarly Journals)	
	地区/区域主义	地区秩序	Regionalism	Regional order
1979~1988	0	0	17	0
1989~1998	25	1	321	12
1999~2008	200	11	494	42

注：论文数量统计为标题中含有这些关键词的篇数。
资料来源：根据中国期刊网和 ProQuest 网站资料整理。

由此可见，尽管学术界关于地区主义的研究已有半个多世纪的历史，并且在实践上，地区主义伴随着全球化的出现，已经成为塑造地区秩序从而建构世界秩序的重要力量之一，但在地区层次上关注地区主义与地区秩序之间的互动关系却没有受到学界应有的关注。

二 关于南太平洋地区主义及其与地区秩序关系的研究

在南太平洋地区，现代国际政治意义上的地区主义最早可以追溯到 1946 年南太平洋委员会的成立。与世界上其他地区相比，南太平洋地区主义历史可谓相当长久。南太平洋地区长期的地区主义

---

① 例如，耿协峰《地区主义的本质特征——多样性及其在亚太的表现》，《国际经济评论》2002 年第 1 期，第 51~55 页；吴志成、李敏《亚洲地区主义的特点及其成因：一种比较分析》，《国际论坛》2003 年第 6 期，第 14~20 页；吴志成、李敏《欧洲一体化观照下的亚洲地区主义》，《南开学报（哲学社会科学版）》2004 年第 4 期，第 6~14 页；等等。
② 笔者收集的资料中，只有少数论文讨论或提及这一问题，参见：刘昌明、李昕蕾《地区主义与东亚秩序的转型趋向》，《东北亚论坛》2007 年第 5 期，第 61~67 页；王学玉《论地区主义及其对国际关系的影响》，《现代国际关系》2002 年第 8 期，第 29~35 页；等等。

第一章
导 论

实践为地区主义研究提供了十分宝贵的素材。20世纪70年代初，南太平洋论坛宣告成立，从此南太平洋地区受到越来越多的研究者的关注，并出现了大量研究南太平洋地区主义的学术著作。① 其中最早对南太平洋地区主义进行系统分析的是现在澳大利亚国立大学亚太研究院任教的格雷格·弗莱（Greg Fry），他于1979年完成题为"南太平洋地区主义：本土化参与的发展"的硕士论文，详细阐释了南太平洋地区非殖民化进程中地区主义实现本土化的过程、方式、动力以及影响。② 此后，格雷格一直从事南太平洋地区主义的研究，并发表了许多相关研究成果。③ 同期，在南太平洋地区主

---

① 20世纪70年代主要有：Richard A. Herr, *Regionalism in the South Seas: The Impact of the South Pacific Commission, 1947–1974*, Durham, N. C.: Duke University, 1976; Herbert Corkran, *Mini-nations and Macro-operation: The Caribbean and the South Pacific*, Washington: North American International, 1976; Endel-Jakob Kolde, *The Pacific Quest: The Concept and Scope of an Oceanic Community* (Lexington: Lexington Books, 1976)。80年代主要有：Mike Moore, *A Pacific Parliament: A Pacific Idea: An Economic and Political Community for the South Pacific* (Wellington: Asia Pacific Books, 1982); William G. Robbins, Robert J. Frank and Richard E. Ross (eds.), *Regionalism and the Pacific Northwest* (Corvallis: Oregon State University Press, 1983); Uentabo Fakaofo Neemia, *Cooperation and Conflict: Costs, Benefits and National Interests in Pacific Regional Cooperation*, Suva: Institute Of Pacific Studies, 1986。90年代主要有：Yoko S. Ogashiwa, *Microstates and Nuclear Issues: Regional Cooperation in the Pacific*, Suva: Institute of Pacific Studies of the University of the South Pacific, 1991; Maureen Kattau, *Whose Regional Security? Identity/Difference and the Construction of the South Pacific*, M. A. Thesis, Canberra: Australian National University, 1992; Richard A. Herr, "Regionalism and Nationalism," in K. R. Howe, Robert C. Kiste and Brij V. Lal (eds.), *Tides of History: The Pacific Islands in the Twentieth Century* (Honolulu: University of Hawaii Press, 1994)。

② Greg Fry, *South Pacific Regionalism: The Development of an Indigenous Commitment*, M. A. Thesis, Canberra: Australian National University, 1979.

③ See: Greg Fry, "The Politics of South Pacific Regional Cooperation," in Ramesh Thakur (ed.), *The South Pacific: Problems, Issues, and Prospects: Papers of the Twenty-Fifth Otago Foreign Policy School, 1990* (New York: St. Martin's Press, 1991), pp. 169–181; "International Cooperation in the South Pacific: From Regional Integration to Collective Diplomacy," in W. Andrew Axline (ed.), *The* （转下页注）

013

义研究领域作出重要贡献的还有理查德·赫尔（Richard A. Herr）、罗纳德·克罗柯姆（Ronald G. Crocombe）。① 进入 21 世纪，南太平洋地区主义研究发展迅速，研究领域更为广泛，既有综合性研究，又有针对具体领域所进行的深入分析，并且十分注重案例分析方法的运用。② 在国内，尽管中国社会科学院设有澳大利亚、新西兰、

（接上页注③）*Political Economy of Regional Cooperation: Comparative Case Studies* (London: Pinter, 1994), pp. 136 – 177; "The Coming Age of Regionalism," in Greg Fry and Jacinta O'Hagan (eds.), *Contending Images of World Politics* (London and New York: Macmillan and St. Martin's Press, 2000), pp. 117 – 131; "'Pooled Regional Governance' in the Island Pacific," in Satish Chand (ed.), *Pacific Islands Regional Integration and Governance* (Canberra, A. C. T.: ANU E Press and Asia Pacific Press, 2005), pp. 89 – 104.

① See: Richard A. Herr, "Regional Cooperation," in F. A. Mediansky (ed.), *Strategic Cooperation and Competition in the Pacific Islands*, Sydney: University of New South Wales, 1995, pp. 151 – 173; "Small Island States of the South Pacific: Regional Seas and Global Responsibilities," in Davor Vidas and Willy Østreng (eds.), *Order for the Oceans at the Turn of the Century*, The Hague: Kluwer Law International, 1999, pp. 203 – 213; "The Pacific Islands Region in the Post-Cold War Order: Some Thoughts from a Decade Later," *Revue Juridique Polynesienne*, Vol. 2, Special Series (2002), pp. 47 – 57; "The Geopolitics of Pacific Islands' Regionalism: From Strategic Denial to the Pacific Plan," *Fijian Studies*, Vol. 4, No. 2 (2006), pp. 111 – 125; "Pacific Island Regionalism: How Firm the Foundations for Future Cooperation?" in Michael Powles (ed.), *Pacific Futures* (Canberra: Pandanus Books, 2006), pp. 184 – 194; Ronald G. Crocombe, *The New South Pacific* (Canberra: Australian National University Press, 1973); *The Pacific Way: An Emerging Identity*, Suva: Lotu Pasifika Productions, 1976; *Religious Cooperation in the Pacific Islands*, Suva: University of the South Pacific, 1983; *The South Pacific: An Introduction* (Auckland: Longman Paul, 1983).

② See: Katherine Anderson, *Tuna Politics in Oceania: The Effectiveness of Collective Diplomacy*, Ph. D Thesis, Canberra: Australian National University, 2002; Satish Chand (ed.), *Pacific Islands Regional Integration and Governance* (Canberra: ANUE Press and Asia Pacific Press, 2005); Jenny Bryant-Tokalau and Ian Frazer (eds.), *Redefining the Pacific? Regionalism Past, Present and Future* (Aldershot; Burlington, V. T.: Ashgate, 2006); Kennedy Graham (ed.), *Models of Regional Governance for the Pacific: Sovereignty and the Future Architecture of Regionalism* (Christchurch: Canterbury University Press, 2008).

第一章　导　论

南太平洋研究中心，以及中国国际问题研究所成立了南太平洋研究中心，但关于南太平洋地区的研究成果迄今仍然较少。而南太平洋地区主义研究在国内更少受到关注，这与南太平洋地区主义发展的实践很不相符。[①]

关于南太平洋地区秩序的讨论，在一些有关南太平洋地区的著作中都有所涉及，但分布较为分散。归纳起来，这些研究成果主要分为两类：一是综合性的地区国际关系研究。1989年，亨利·阿尔宾斯基（Henry S. Albinski）编写了《南太平洋：政治、经济和军事趋势》一书，其中对冷战后的南太平洋地区形势进行了分析和预测。[②] 1991年，夏威夷大学东西方研究中心组织四位专家对南太平洋地区政治、经济与国际关系进行分析和总结，勾勒出了各大国在南太平洋地区的利益以及南太平洋地区秩序的框架。[③] 此后，随着冷战结束带来地区内政治经济形势的深刻改变和地区外大国在南太平洋地区的利益追求与战略目标的深刻变动，出现了一批新的学术专著与政策性文件。[④] 二是专注于具体的双边或多边外交关系研究。这方面的成果较多，研究领域涉及地区历史、语言文化、国内政治、国际关系、地区发展、环境气候、矿产渔业、

[①] 除了笔者2008年发表的一篇论文，笔者很少搜集到国内关于南太平洋地区主义方面公开发表的研究成果。参见拙作《中国与南太平洋地区主义》，梅平、杨泽瑞主编《中国与亚太经济合作——现状与前景》，世界知识出版社，2008。

[②] Henry S. Albinski, et al., *The south Pacific: Political, Economic, and Military Trends* (New York: Brassey's, Inc., 1989).

[③] Te'o I. J. Fairbairn, et al. (eds.), *The Pacific Islands: Politics, Economics, and International Relations*, Honolulu, Hawai'i: East-West Center, International Relations Program, 1991.

[④] 例如，Stephen Henningham, *The Pacific Island States: Security and Sovereignty in the Post-Cold War World* (Hampshire: Macmillan Press, 1995); Jürg Wassman (ed.), *Pacific Answers to Western Hegemony: Cultural Practices of Identity Construction* (Oxford, New York: Berg, 1998); 等等。

交通旅游等各个方面。①这些论述主题比较分散，没有对南太平洋地区秩序进行集中阐述和详细分析。直到2005年，戴夫·皮布尔斯（Dave Peebles）在其博士论文的基础上出版了题为"太平洋地区秩序"的学术专著，其中详细分析了地区秩序面临的各种挑战，并从贸易、货币、安全、人权、法律以及民主等方面论述了地区合作及其对地区秩序的影响，最后针对地区秩序的演进提出了建立大洋洲共同体的前景设想。②皮布尔斯的论述加深了人们对当前南太平洋地区秩序的理解，反映了这一方面研究的最新进展，并引起了人们对南太平洋地区发展前景的关注和思索。

总体来看，尽管上面所提及的学术著作在研究范围上涵盖了南太平洋地区主义的各个方面，在研究视野上包括了地区内外两种不同的视角，在研究方法上更是注重多种方法的综合运用，但是，在

---

① 其中涉及大国与南太平洋地区关系的论著有：Jane Kelsey, *Big Brothers Behaving Badly: The Implications for the Pacific Islands of the Pacific Agreement on Closer Economic Relations* (*PACER*), Suva, Fiji: Pacific Network on Globalization, 2004; Thomas Lum and Bruce Vaughn, *The Southwest Pacific: U. S. Interests and China's Growing Influence*, CRS report for congress, July 6, 2007; Dennis Rumley, *The Geopolitics of Australia's Regional Relations* (Dordrecht, Boston & London: Kluwer Academic Publishers, 2001); Hermann J. Hiery and John M. Mackenzie (eds.), *European Impact and Pacific Influence: British and German Colonial Policy in the Pacific Islands and the Indigenous Response* (London and New York: I. B. Tauris Publishers, 1997); Nikenike Vurobaravu, "Japan and the South Pacific: Linkages for Growth," *Journal of the Pacific Society*, Vol. 18, No. 1-2 (1995); Gerard A. Finin and Terence Wesley-Smith, "A New Era for Japan and the Pacific Islands: The Tokyo Summit," *Asia Pacific Issues*, No. 32 (September, 1997); Terence Wesley-Smith, "China in Oceania: New Forces in Pacific Politics," *Pacific Islands Policy*, No 2 (2007); Tamara Renee Shie, "Rising Chinese Influence in the South Pacific", *Asian Survey*, Vol. 47, No. 2 (March/April, 2007); 等等。上述著作在不同程度上从不同角度论述了冷战后南太平洋地区的国际关系。

② Dave Peebles, *Pacific Regional Order* (Canberra: ANUE Press and Asia Pacific Press, 2005).

南太平洋地区主义/地区合作是如何影响地区秩序的演进这一问题上，迄今学界尚未有全面、系统的分析与探讨。

第四节 本书框架与研究限制

南太平洋地区主义研究内容庞杂、涉及面广，但本书的研究范围只限于分析地区主义对地区秩序的影响这一个侧面。围绕这一主题，本书联系理论、历史与现实展开论述，总体结构由导论、正文和结论组成。

导论提出了本书研究的问题和假设，界定了南太平洋地区这一基本概念，简要述评相关研究现状，最后简介本书的结构框架等。

正文对导论中提出的研究问题展开详细分析和论述，总体上可以划分为三个部分。第一部分包括第一至三章，它是本书研究内容的理论预设：第一章论述了在国际关系研究中地区研究层次的兴起与运用；第二章阐述了地区主义的一般理论与方法；第三章分析了地区秩序的内涵、要素与特征，以及地区主义与地区秩序之间的关联性，创造性地提出地区秩序构建的四种模式和地区主义对地区秩序的作用形式。第二部分包括第四章，它对南太平洋地区主义的历史进程进行了纵向和动态的梳理。第三部分包括第五至七章，它是对本书研究问题的具体分析：第五章论述了南太平洋地区主义发展进程中形成的共同利益和发展目标，以及在实现这些共同目标过程中所形成的具有地区特色的合作理念——"太平洋方式"；第六章论述了南太平洋地区合作的主要范围和重点领域，以及依此而形成的多层次的地区与地区间制度安排；第七章分析了地区主义对地区政治经济发展以及地区政治经济关系的影响。

结论对全书研究的问题进行了总结，它综合评定了本书提出的

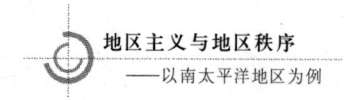

假设，并在此基础上，尝试性地提出建立国际新秩序的一些构想。

在国内，南太平洋地区研究才刚刚起步，对笔者而言，研究南太平洋地区主义也是一个全新的领域。因此，要想短期内全面深入地把握这一研究的历史与现状，还存在一定的难度。在收集的材料中，绝大部分是西方国家的研究成果，其观点上的偏颇在所难免，这对本书的写作也有一定程度的负面影响。并且，由于条件的限制，没有在南太平洋地区进行实地调研以获取一手材料，也是本书研究的一大缺憾。另外，从本书的具体内容来看，书中所提出的地区层次分析有待进一步检验，地区主义与地区秩序的分析框架也有待进一步完善；在研究方法上，实证与量化方法的运用也有待进一步加强。这些限制与不足，为今后的研究指明了方向。

第二章 国际关系研究中的地区层次

国际关系研究的目的是发现国际关系发展的一般规律，其认识的对象是包含各种行为体及其互动关系的现实世界。传统的国际关系研究，主要是从国家与世界体系的层次上考察国家之间政治、经济、安全、社会与文化的交流与互动，地区层次的研究往往被分解到国家与体系层次的分析之中，这使得长期以来，在国际关系研究中，缺乏对地区主义应有的理论关怀。国际关系实践的发展变化，总是带来理论上的不断深入与更新。20世纪以来，由于地区范围内民族国家之间的联系加强，市场、贸易、投资和公司决策进一步加快地区整合进程，地区逐渐超越地理概念而成为国际关系研究的新领域。作为一个在一定领域联合起来的整体，地区常常以自己独特的身份成为世界舞台上的活跃因素，并由此推动着地区作为国际关系研究新的分析层次的理论化。

第一节 国际关系研究中的层次分析法

在一个复杂的系统中，包含着相互关联、相互制约、相互影响的多种因素，这些因素之间的比较往往无法用定量的方式进行描述，从而需要在掌握系统本质、影响因素及其内在关系的基础上，利用较少的定量信息将复杂的系统层次化，通过逐层的比较各种关联因素为分析系统提供依据。这种将系统分层考察的方法就是层次分析法（level of analysis）。作为一种科学研究方法，它被逐渐运用到社会学、政治学、语言学、教育学以及决策研究等各门人文社会科学当中。

国际社会是一个复杂的系统，因此层次分析法对国际关系研究同样具有十分重要的意义。然而，国际关系学科创立之初，以理想主义面目出现的规范理论，及哲学、历史学、伦理学以及法学等传统方法占据主导地位。层次分析法应用到国际关系研究领域，始于20世纪50年代以来国际关系理论界经历的一场"行为主义革命"。在这场革命中，主张用新的社会科学和自然科学方法研究国际关系的科学行为主义学派与极力捍卫历史和传统的传统主义学派展开了激烈的争论。[①] 科学行为主义学派为了将国际关系发展成一门科学，对传统的国际关系研究方法和理论提出了严厉的批评，提倡用实证方法动态地考察国际关系，尤其强调国际关系研究者必须像自然科学家一样采取价值中立的研究立场。因此，在国际关系研究中分析和辨别不同类型的变量，并在不同变量之间建立可供验证的关系假设，成为构建科学的国际关系理论的标准与方向。虽然行为主义方法一直受到传统主义学者的质疑和挑战，[②] 但国际关系研究方

---

① Klaus Knorr and James N. Rosenau (eds.), *Contending Approaches to International Politics* (Princeton, N. J.: Princeton University Press, 1969).
② 行为主义方法几乎从它产生开始就受到传统主义的质疑和挑战，布尔曾从七个方面对其提出质疑，并因此与辛格等行为主义学者之间发生激烈的论战。参见：Hedley Bull, "International Theory: The Case for a Classical Approach," *World Politics*, Vol. 18, No. 3 (Aprol, 1966), pp. 361 – 377; J. David Singer, （转下页注）

第二章
国际关系研究中的地区层次

法的多样化不得不归功于这场在国际理论史上具有深远影响意义的"行为主义革命",其中表现之一是层次分析意识的增强,并出现了一系列运用层次分析方法研究国际问题的作品与理论。①

1960年,戴维·辛格(J. David Singer)在一篇评论文章中介绍和评析了《人、国家和战争》中的不同分析层次,明确提出"层次分析"这一概念,并将层次分析法纳入研究的视野。② 其后,辛格专门撰文对层次分析法加以讨论,明确指出层次分析法是国际关系研究中的一种重要方法,详细论述了不同分析层次在国际关系研究中的作用。③ 从本质上讲,层次分析法的目的是帮助研究者更好地辨明和区别各种变量,从而在两个或多个变量之间建立起可供验证的关系假设。在这种假设关系中,层次因素是导致某一行为和事件的原因,是自变量;所要解释的行为和事件是结果,是因变量。也就是说,层次分析法假定某一个层次或某几个层次上的因素会导致某种国际事件或国际行为。④ 但需要指出的是,每一层次并

(接上页注②) "The Incomplete Theorist: Insight Without Evidence," in Klaus Knorr and James N. Rosenau (eds.), *Contending Approaches to International Politics* (Princeton, N. J.: Princeton University Press, 1969)。1977年,布尔对这场论战做了进一步总结。参见:Hedley Bull, *The Anarchical Society: A Study of Order in World Politics* (London: Macmillan, 1977)。

① 例如,Morton A. Kaplan, *System and Process in International Politics* (New York: John Wiley & Sons, Inc.; London: Chapman & Hall, Limited, 1957); Kenneth N. Waltz, *Man, the State, and War: A Theoretical Analysis* (New York: Columbia University Press, 1959); James N. Rosenau, *The Scientific Study of Foreign Policy* (New York: Free Press, 1971); Bruce M. Russett and Harvey Starr (eds.), *World politics: The Menu for Choice* (San Francisco: Freeman, 1981);等等。

② See: J. David Singer, "International Conflict: Three Levels of Analysis," *World Politics*, Vol. 12, No. 3 (Aprol, 1960), pp. 453 – 461.

③ See: J. David Singer, "The Level – of – Analysis Problem in International Relations," *World Politics*, Vol. 14, No. 1 (October, 1961), pp. 77 – 92.

④ 参见秦亚青《层次分析法与国际关系研究》,《欧洲》1998年第3期,第5~6页。

非只有一个自变量,如在国际体系层次上,体系结构和体系进程都是导致国际行为体对外行为的变量。通过对解释变量的层次划分,既能深入探讨同一层次的影响因素,又能将不同层次的因素有机地综合起来,使国际关系分析变得条理明晰。20世纪下半叶,随着层次分析法的不断发展和完善,越来越多的国际关系研究人员在分析复杂的国际现象时有意识地应用这一方法。从一定意义上讲,层次分析法的提出和应用不仅是现代国际关系学科开始从幼稚走向成熟的重要标志,而且也对现代国际关系理论的发展产生了巨大的影响。[1]

第二节 研究层次的划分

在国际关系研究中运用层次分析法,首先要解决的关键问题是如何合理地划分和理解研究的层次。自从国际关系研究引进这一方法以来,研究者对研究层次的划分纷纷提出各自不同的见解。1959年,肯尼思·华尔兹(Kenneth N. Waltz)在讨论战争的原因时,围绕"战争的主要根源是什么"这个核心问题,提出著名的三个"意象"(images):人的本性和行为、国家内部结构和国际无政府状态,从而开创了国际关系研究中的层次划分。华尔兹认为,冲突与战争源于人的自私、愚蠢和误导的冲动,国家内部存在的各种弊病,以及国际社会缺乏防止使用武力和发动战争的权威组织,因此要避免战争,就要改变人的私心、恶性和权欲,改造国家内部结构,建立世界政府。[2] 这里的三个"意象",也就是解释战争原因

---

[1] 吴征宇:《关于层次分析的若干问题》,《欧洲》2001年第6期,第1页。
[2] Kenneth N. Waltz, *Man, the State, and War: A theoretical Analysis* (New York: Columbia University Press, 1959).

第二章
国际关系研究中的地区层次

的三个层次：个人层次、国家层次、国际体系层次。1961年，辛格将这一方法进行了归纳，并从两个层次详细分析了影响外交政策的因素：国际体系和作为国际关系主要行为体的民族国家。国际体系是所有层次中综合性最强的层次，它包含国际社会中的全部国际交往，因此只有在体系层次才能从总体上考察国际关系，其优点来自它的综合性。但是，这一层次的分析缺少必要的内部细节。民族国家是传统研究中最受关注的分析层次，这一层次的分析承认国际体系中各个行为体间存在的显著区别，它能给国际关系提供更丰富的描述和更充分的解释，但同时需要对多种方法进行综合。换言之，体系层次展现国际关系的全貌，国家层次能提供更详细、更深入、更集中的描述。[1]

此后，随着国际关系研究中层次分析法的广泛关注和不断完善，层次的划分已不再局限于宏观和微观这样的大层次，而变得越来越精细，同时也越来越系统化和多样化。1971年，詹姆斯·罗斯诺在《外交政策的科学研究》一书中发展了前人的层次分析思想，提出分析国际关系的五个分析层次变量：个人、角色、政府、社会、国际体系。[2] 1981年，布鲁斯·拉西特和哈维·斯塔尔将世界政治的分析层次综合为世界体系、国际关系、国内社会、国家政府、角色以及个人六个方面。[3] 我们看到，学者们为了精确全面地理解国际行为，层次的划分变得越来越复杂，新的层次不断涌现出来（见图2.1）。

---

[1] J. David Singer, "The Level-of-Analysis Problem in International Relations," *World Politics*, Vol. 14, No. 1 (October, 1961), pp. 80–89.

[2] James N. Rosenau, *The Scientific Study of Foreign Policy* (New York: Free Press, 1971).

[3] Bruce M. Russett and Harvey Starr (eds.), *World Politics: The Menu for Choice* (San Francisco: Freeman, 1981).

```
微观 ──────────────────────────→ 宏观
个人            国家                    国际体系（华尔兹）
                民族国家                国际体系（辛格）
个人    角色    政府    社会            国际体系（罗斯诺）
个人    角色    政府    社会    国际关系  世界体系（拉西特与斯塔尔）
```

图 2.1 西方学者关于国际关系研究层次的划分

与此同时，人们不得不思考这个问题：到底可以划分为几个层次？或者说到底划分几个层次才是必要且合理的？要回答这些问题，还得从层次的内涵和属性上来寻找答案。

从本身来讲，层次具有两种含义：一个是分析的对象，另一个是解释的来源。前者是本体论意义上的层次，而后者主要是认识论意义上的层次。作为认识论意义上的研究工具，研究层次仅仅是研究视角与研究目的的不同，而不存在空间上的大小之分。[①] 为了辨析层次的两种含义，巴里·布赞（Barry Buzan）遵循这两条路径，重新审视了国际关系研究中的层次概念。布赞认为，空间规模意义上的层次既是解释的来源，又是解释的结果和对象。如果将层次视为分析对象，同一层次又有不同的解释来源，作为分析对象的个人、国家和体系层次都存在结构、进程和互动能力等几个因素。[②] 由此看来，拉西特与斯塔尔在层次的划分上，将层次的两种含义糅合在一起，角色和国际关系只是在认识论层面上的深入和细化。因此，罗斯诺与拉西特的划分实质上仍没有脱离华尔兹的划分框架，

[①] 陈小鼎：《国际关系研究层次的上升与回落》，《世界经济与政治》2008 年第 7 期，第 50 页。

[②] See: Barry Buzan, "The Level of Analysis Problem in International Relations Reconsidered," in Ken Booth and Steve Smith (eds.), *International Relations Theory Today* (Cambridge: Polity Press, 1995), pp. 201–206.

第二章
国际关系研究中的地区层次

他们并没有在微观—宏观这一向度上扩展出新的层次,而是将层次的本体属性纳入层次划分。

20世纪70年代末,华尔兹放弃了个人和国家两个层次的分析,而用国际体系中的物质结构状况来解释国家行为,从而创立了结构现实主义理论。[1] 在与结构现实主义的论争中,新自由主义者批判其忽视了"国家内部因素与国际体系结构的联系",[2] 并以体系进程表现形式的国际制度为视角阐释国家对外行为。[3] 90年代,建构主义学派对华尔兹的物质结构提出了挑战,提出国际体系结构不是现实主义的表层物质结构,而是深层的观念结构。[4] 它是由行为体的互动进程产生的,行为体的行为通过交往互动产生主体间意义,从而逐渐形成共有观念,并最终形成社会性的观念结构,即文化。这样,"观念结构"和"互动建构进程"成为温特建构主义理论的核心。结构、进程和互动都是体系层次的解释来源,因此,结构现实主义、新自由主义以及建构主义理论都属于体系层次的理论,它们之间的分歧只是体系层次内体系不同属性之间的争论。

冷战结束后,塞缪尔·亨廷顿(Samuel P. Huntington)将文明

---

[1] 华尔兹从三个方面来定义国际体系的结构:一是体系内各个体排序的总原则;二是体系内各个体的功能;三是体系内各个体权力的分配。而体系内排序的总原则是无政府性,体系内的个体主要是主权国家,它们主权平等,具有自主的权力和利益,自主参与国际交往,因此具有相似的功能,这样一来,界定体系结构的要素就成了体系内各个国家(主要是大国)的权力分配。这里的权力又主要指军事权力,因此这种体系结构是物质结构。参见:Kenneth N. Waltz, *Theory of International Politics* (New York: McGraw-Hill, 1979)。

[2] Robert O. Keohane, "Realism, Neorealism, and the Study of World Politics," in Robert O. Keohane (ed.), *Neorealism and Its Critics* (New York: Columbia University Press, 1986), pp. 1–26.

[3] Robert O. Keohane, *After Hegemony: Cooperation and Discord in the World Political Economy* (Princeton: Princeton University Press, 1984).

[4] Alexander Wendt, *Social Theory of International Politics*, Cambridge (New York: Cambridge University Press, 1999).

作为分析层次，把世界上的文明划分为西方文明、儒家文明、日本文明、伊斯兰文明、印度文明、斯拉夫—东正教文明、拉丁美洲文明以及可能存在的非洲文明等，提出世界形态很大程度上取决于世界上几种主要文明间的互动，在世界事务中，虽然民族国家仍会举足轻重，但全球政治的主要冲突将在不同文化的族群之间产生，未来最重要的冲突将发生在文明之间的断层线上。[1] 然而，由于文明是一种抽象的文化范畴，没有明确的边界，因此不具备国际关系行为者的条件和功能。立足文明层次分析的文明范式一经提出，立即受到广泛质疑。此后，亨廷顿用文明的"核心国家"来修正自己的观点。他指出，在当代全球政治中，主要文明的核心国家正在取代两个冷战超级大国，成为吸引或排斥其他国家的首要支柱，文明核心国是文明内部和文明之间秩序的源泉，是以文明为基础的国际新秩序的核心要素。[2] 他力图将分析层次回落到国家，但由于文明的核心国与文明并不对等，这一尝试最终让他在分析层次的选择上陷入十分尴尬的境地。[3]

从以上的分析来看，在国际关系研究中分析层次这一问题上，普遍认同个人、国家和体系三个层次，其他不同的解释都源于这三个分析对象（见图2.2）。然而，在国际关系实践中，一些地区联盟以及地区范围内联合起来的整体有着自己的独特结构，在世界经

---

[1] See: Samuel P. Huntington, "The Clash of civilizations?" *Foreign Affairs*, Vol. 72, No. 3 (Summer, 1993), pp. 22 – 49.
[2] Samuel P. Huntington, *The Clash of Civilizations and the Remaking of World Order* (New York: Simon & Schuster Inc., 1996), pp. 155 – 157.
[3] 将文明的核心国作为世界新秩序的分析单元似乎无可置疑，问题在于亨廷顿列举的八大文明中，只有西方文明、中华文明、日本文明、印度文明和斯拉夫—东正教文明分别对应着美国、中国、日本、印度和俄罗斯五个重要的核心国家，而非洲文明、伊斯兰文明和拉丁美洲文明却难以找到这样的核心国家。并且，一个文明包含两个或多个国家时，核心国家并不能代表其他国家或者整个文明。

济全球化进程中，这些经过组织化的联盟或者集团却在地区范围内外的互动基础进行着地区一体化进程。很显然，它们并非与个人、国家和国际体系处于同一层次。那么，在国际关系研究中，地区能否作为独立的分析层次呢？下面将分析这个问题。①

微观 ——————————————————→ 宏观

个人	单元(国家)	国际体系
角色 个性 经历	政府 社会 制度 党派 集团	国际结构 国际制度 国际关系

图 2.2　国际关系研究中的分析层次

第三节　地区研究层次的兴起

20世纪50年代，不同国家组成的地区组织相继在西欧、中东、非洲地区出现，到80年代，地区一体化成为国际关系领域中最为显著的发展趋势之一，深刻影响和改变着国际交往的实践。地区组织为加强地区内国家间的经济、政治、安全合作，加强地区事务管理，以及解决地区矛盾与冲突发挥了重要作用。以地区组织为代表、以地区内国家联合的形式，地区作为一个整体在国际政治中的影响力不断提升，成为国际关系中新的力量来源，并逐渐改变着单个大国主宰国际事务的局面。欧洲通过一体化进程成为世界上强大的经济体雄踞世界一极，就是最有力的例证。早在二战结束初

---

① 有学者将国际研究的对象划分为五个范围不断扩大、依次递进的层次，即个体层次、地方层次、国家层次、地区层次和全球层次，并认为地区主义理论（包括联邦主义理论、功能主义和新功能主义理论、国际一体化理论、政府间主义和自由政府间主义理论等）是基于地区层次（视角）建立起来的理论。但对这一划分没有展开论述，没能提供将地区主义理论归属于地区层次研究的依据。参见：耿协峰《新地区主义的核心价值》，《国际经济评论》2004年第2期，第60页。

年，温斯顿·丘吉尔首相就曾主张在世界范围内建立一个由地区体系组成的联盟，这些地区包括欧洲、美洲和太平洋地区。① 也曾有学者建议小国通过团结在本地区的大国周围，借助大国强大的力量形成地区群体，为地区的安全负责。② 如果说这些仅仅是一种设想，那么在当今世界，地区组织或集团通过发展与其他地区组织、集团以及各个国家而建立起自己的外部关系已成为不争的事实。特别是冷战以后，亚洲（东亚、东南亚）和太平洋地区的崛起，彻底打破了"欧洲中心主义"和"欧洲中心观"。随着地区一体化进程和地区间、跨地区关系的发展，在对外关系中整个地区开始用一个声音说话，使得地区成为国际体系中独立的行为单元。与此同时，关于地区在国际关系中的地位与作用，引起了人们广泛的思索，地区研究成为国际关系研究的新议题。

在国际关系研究中从事地区研究的学者一般将二战以后的地区一体化进程划分为两个阶段：一是20世纪80年代以前的"旧地区主义"，二是80年代以后逐渐出现的"新地区主义"。因此，理论上的有关论述也相应地被称为旧地区主义理论和新地区主义理论。前者的理论基础是体系结构、国家发展和体系内的依附关系，后者主要是制度建构、国际合作等，它们共同推动了地区研究层次的兴起。但由于在理论建构上两者分别主要采用了现实主义和新自由主义的分析框架，地区层次的分析常常被分解到国家与体系层次的分析之中，这一状况到冷战后得到根本改变。冷战结束后的十多年

---

① Winston S. Churchill, *The Second World War: The Hinge of Fate*, 2nd edition (London: The Reprint Society Ltd., 1954), pp. 644 – 648.

② George Liska, "Geographic Scope: Patterns of Interaction," in Richard A. Falk and Saul H. Mendlovitz (eds.), *Regional Politics and World Order* (San Francisco: W. H. Freeman, 1973), p. 236.

第二章
国际关系研究中的地区层次

里，国际关系理论研究的突出特点是，研究视角从传统的体系层次转向单元层次，而单元层次的研究又不局限于国家单元，还包括诸多跨国行为体。国内层次和跨国层次的行为体重新回归到国际关系研究之中。[①] 而地区层次的兴起却是国际关系中一个全新的现象。冷战结束后，世界经济逐渐形成了以欧盟（EU）、北美自由贸易区（NAFTA）和东亚经济一体化为主的三大地区板块，亚欧、跨太平洋和跨大西洋的合作与冲突推动着地区间国际机制的建设和全球议题的设定。1996年，首届亚欧会议（ASEM）成功举行，成为地区间合作的成功范例，亚欧会议的机制化，把地区推到了世界政治的前台。[②] 与地区中单个国家之间关系形成对照，世界上地区与地区之间、地区与地区外国家之间等关系的迅速发展引起了国际关系学者的关注，地区间主义（interregionalism）理论应运而生。2002年2月在德国弗莱堡召开的一次会议中，学者们展示了他们关于地区间关系研究的最新成果，寻求将地区层次的研究进行系统化和理论化。[③]

[①] 李巍、王勇：《国际关系研究层次的回落》，《国际政治科学》2006年第3期，第142页。

[②] 1989年成立的亚太经济合作组织（APEC）是推动亚洲太平洋地区经济合作的跨地区组织，而诸如东盟秘书处、太平洋经济合作理事会和太平洋岛国论坛等地区组织仅作为观察员参与其中的有关会议。但亚欧会议改变了这一状况。亚欧会议的宗旨是在亚欧两大洲之间建立促进增长的新型、全面的伙伴关系，加强相互间的对话、了解与合作，为经济和社会发展创造有利的条件，维护世界和平与稳定。亚欧会议现有45个成员，其中包括分别代表欧洲地区和东南亚地区的欧盟委员会和东盟秘书处，地区组织作为独立的成员参与议程设立和决策是其重要的特点之一。

[③] 这些论文后来结集出版，它们阐述了地区间关系的概念，并对亚太经济合作组织（APEC）、东亚—拉美合作论坛（FEALAC）、亚欧会议（ASEM）、欧盟与东盟（EU-ASEAN）、欧盟与拉美（EU-LAC）、欧盟与南方共同市场（EU-MERCOSUR）、欧盟与非加太国家（EU-ACP）、欧盟—非洲峰会（EU-Africa Summit），以及跨大西洋地区关系等进行分析，提出地区间主义成为世界政治发展的新趋势。参见：Heiner Hänggi, Ralf Roloff and Jürgen Rüland (eds.), *Interregionalism and International Relations* (New York: Routledge, 2006)。

其后,《欧洲一体化》杂志组织了一个题为"作为全球行为体的欧盟与地区间主义的作用"的讨论,以欧盟为案例,从地区层次的交往与合作上分析了欧盟与东亚、北美、非洲等地区之间的关系。[1] 这些成果的面世标志着地区间主义理论的初步形成。地区间主义理论的形成主要有赖于欧洲与世界上其他地区关系的研究,例如 ASEM、EU-ACP、EU-MERCOSUR、EU-ASEAN 等,而对于像欧盟—中国、东盟10+1、中非合作论坛等地区与国家关系的研究还有待深入,这为今后的地区研究留下了广阔的空间。地区间主义理论的产生成为传统国际关系研究的转折点,地区作为一个独立的层次得到了认可。

与国际体系层次一样,地区层次的研究主要包括地区结构、地区互动与进程,强调系统方法的运用。因此,地区体系也常被作为国际体系的次体系来看待。[2] 一般而言,国际关系研究中的国际体系是封闭的,而由于地区体系存在于整个国际体系的架构之中,因此地区体系是开放的。地区体系与其内外因素相互作用、相互影响,时刻进行着信息交换,国家、地区、国际体系三者的互动复杂

---

[1] Fredrik Söderbaum and Luk Van Langenhove, "Introduction: The EU as a Global Actor and the Role of Interregionalism"; Mary Farrell, "A Triumph of Realism over Idealism? Cooperation Between the European Union and Africa"; Sebastian Santander, "The European Partnership with Mercosur: A Relationship Based on Strategic and Neo-liberal Principles"; Julie Gilson, "New Interregionalism? The EU and East Asia"; Vinod K. Aggarwal and Edward A. Fogarty, "The Limits of Interregionalism: The EU and North America"; Karen E. Smith, "The EU and Central and Eastern Europe: The Absence of Interregionalism", Fredrik Söderbaum, Patrik Stålgren and Luk Van Langenhove, "The EU as a Global Actor and the Dynamics of Interregionalism: a Comparative Analysis", *Journal of European Integration*, Vol. 27, No. 3 (September, 2005), pp. 249 – 380.

[2] Bryan Mabee, "Levels and Agents, States and People: Micro-Historical Sociological Analysis and International Relations," *International Politics*, Vol. 44, No. 4 (July, 2007), pp. 433 – 435.

第二章
国际关系研究中的地区层次

多样,因此地区并非一定按照国际体系的规律与进程运转。[1] 此外,从地区视角看待国际关系,国际社会中的主要行为体——民族国家在国际政治中的相对地位与作用也随之发生改变,一些在世界政治中作用不大的中小国家,在地区范围内却是举足轻重的重要角色,那些实力与影响力难以扩展到全球的大国,却可以成为地区内的霸权国家或主导力量,从而通过地区对世界产生深刻的影响。地区既是单元,又是体系。[2] 地区与国家和国际体系紧密联结在一起,但又不同于国家单元和国际体系,这正是地区层次研究国际关系的意义之所在。

地区研究层次的兴起,一方面反映了世界政治发展的新趋势,另一方面也推动了地区研究的深入发展,使传统地区研究的领域从地区内国家间关系、地区间比较研究扩大到地区与国家、地区与地区间关系,将地区间的比较分析与地区间关系研究有机地联结到了一起,为地区研究提供了新的更为广阔的视角。

---

[1] David A. Lake and Patrick M. Morgan, "The New Regionalism in Security Affairs," in David A. Lake and Patrick M. Morgan (eds.), *Regional Orders: Building Security in a New World* (University Park, Pa.: Pennsylvania State University Press, 1997), pp. 9-10.

[2] 关于地区作为单元和体系的论述,参见〔日〕星野昭吉《全球化时代的世界政治——世界政治的行为主体与结构》,刘小林等译,社会科学文献出版社,2003,第239~241页。

第三章 地区主义：理论与方法

伴随着世界经济地区的迅速崛起，从地区视角来研究国际政治和国际关系成为一个新的发展方向，地区主义（地区合作、地区一体化）的理论与方法迅速发展起来。本章对地区主义的概念、相关的一般理论与方法进行了梳理，并提出地区主义分析的政治经济学分析视角。

第一节 地区主义的理论阐释

在过去的半个多世纪中，地区主义逐渐成为国际关系研究的重要领域之一，不同学科背景的国际关系研究者为解释地区主义的产生与发展提供了大量的理论方法和研究范式。虽然从严格的意义上讲，在国际关系研究中尚不存在系统的地区主义理论体系，[①] 但不

[①] 华尔兹曾对国际政治研究中的理论进行过严格的定义，他认为国际政治学中的理论，应该是纯粹描述性的并且符合科学哲学标准的研究成果，它是对规律的解释而不是规律本身。参见：Kenneth N. Waltz, *Theory of International Politics* (New York: McGraw-Hill, 1979), Chapter 1.

第三章
地区主义：理论与方法

同学派的学者都在寻求从各自的理论视域对地区主义进行理论上的思考与阐释。地区主义理论试图解释地区合作的本质、要素和条件，以及影响地区主义发展变迁的内外因素。[①] 下文正是基于这个意义，从地区主义的概念及其与相关概念的辨析出发，对地区主义理论进行梳理与分析。

一 地区主义：概念的厘析

关于"地区主义"的定义，几乎每位从事地区主义研究的学者都曾根据研究的需要从不同的角度给出过自己的定义，可谓见仁见智。可以说，地区主义理论的发展完善与地区主义内涵的日益丰富密不可分。

在早期的地区主义研究中，地区主义被理解为"地区组织的建立"，[②] 以及"以地区为基础的国家间的联合或集团的形成"。[③] 而在冷战后新一轮的地区主义浪潮中，地区主义的内涵得到空前拓展，地区主义的研究视野更加宽广，诸如地区化、地区意识和认同、地区内国家间合作、国家推动的地区一体化、地区内聚性等范畴都包含在地区主义的概念之中。[④] 地区间主义理论的兴起，进一步丰富了地区主义的外延。但总体来说，地区主义包含三个方面的

[①] Ronald J. Yalem, *Regionalism and World Order* (Washington, D. C.: Public Affairs Press, 1965), p. 6.

[②] K. M. Panikkar, "Regionalism and World Security," in K. M. Panikkar et al. (eds.), *Regionalism and Security* (Bombay, Calcutta, Madras and London: Oxford University Press, 1948), pp. 1 – 6.

[③] 小约瑟夫·奈认为，"而作为一种学说，地区主义主张这种国家间联合或集团的组建"。Joseph S. Nye, Jr., *International Regionalism: Readings* (Boston: Little, Brown and Company, 1968), p. vii.

[④] See: Andrew Hurrell, "Regionalism in Theoretical Perspective," in Louise Fawcett and Andrew Hurrell (eds.), *Regionalism in World Politics: Regional Organization and International Order* (New York: Oxford University Press, 1995), pp. 39 – 45.

含义：(1) 地区主义是一种观念和信仰。地区主义是"一系列观念的载体，它促使认同的地缘或社会空间向地区计划转变，或是说它体现了一个特定地区认同的客观存在或有意识的构建"。[①] 它代表了一种秩序的价值追求，目的是构建、维持和修正特定地区内的政治、经济、安全秩序，并将拥有共同目的的行为体组织起来，从而共同实现世界秩序。而且，地区主义者坚信地区层次的安排是实现国家收益最大化的最有效方法。(2) 地区主义是一种国际现象。地区主义是地缘上接近的、彼此间有着复杂关系的民族国家自愿联合，建立起某种地区性合作组织，从而形成一种利益相关、相互依赖的特定的国际关系现象。[②] 它直接反映了世界政治中的地区内各行为体之间以及为增进地区利益的地区间的国际交往与合作的增加，同时伴随着地区组织的大量产生，从而成为世界政治发展的客观趋势。大多数的国际关系研究者都将这种意义上的地区主义作为直接的研究对象。(3) 地区主义是一种实践过程。地区主义是地区成员通过联合形成一体的过程，以期形成一个和谐、稳固的地区单元。[③] 它反映了全球和地区范围内国家之间、国家与地区之间，甚至地区与地区之间互动关系变化的进程，因此人们更愿意用地区化、一体化来表达这种内涵，它表示在"特定的地理空间内经济、政治、安全和文化发展等广泛的领域中，国家与社会之间从相对的

[①] Helge Hveem, "Explaining the Regional Phenomenon in an Era of Globalization," in Richard Stubbs, Geoffrey R. D. Underhill (eds.), *Political Economy and the Changing Global Order*, 3rd Edition (New York: Oxford University Press, 2006), Chapter 20.

[②] 韦红：《20世纪60年代初东南亚地区主义发展受挫原因再思考》，《华中师范大学学报（人文社会科学版）》2004年第1期，第83页。

[③] Andrew Hurrell, "Regionalism in Theoretical Perspective," in Louise Fawcett and Andrew Hurrell (eds.), *Regionalism in World Politics: Regional Organization and International Order* (New York: Oxford University Press, 1995), pp. 37–73.

第三章
地区主义：理论与方法

异质性与缺少一致性向不断加强的合作、相互趋同、一体化与认同的转化过程"。①

对地区主义的界定和理解，还可以通过以下两组概念的辨析加以考察。

（一）地区主义与国家主义、全球主义

国家、地区和全球是在空间范畴上依次扩大的三个层次，国家主义、地区主义和全球主义则是代表着三个层次及其利益的政治概念，反映了当今世界三种不同的政治思想和政策主张。

在国内与国际政治的范畴中，国家主义有着不同的含义。国内政治范畴上的国家主义是以个人为参照系的，它强调在主权国家内个人与国家的关系上要以国家为轴心，国家在国内社会生活中处于核心地位，拥有最高权力，也就是说，"国家支配其公众和臣民的不受法律约束的最高权力"。② 而国际政治范畴中的国家主义则是从全球视角看待国家，它强调国际社会中的主权国家与人类共同体的关系要以国家为中心，因此其核心是国家中心主义。国际关系史中威斯特伐利亚体系的形成，为国家主义奠定了基础。在理论上，格劳秀斯提出了领土完整、国家独立、主权平等等国际关系准则，首先为国家主义进行理论辩护。③ 在当代国际关系理论与流派中，现实主义为其提供了有

---

① Michael Schulz, Fredrik Söderbaum, and Joakim Öjendal (eds.), *Regionalization in a Globalizing World: A Comparative Perspective on Forms, Actors and Processes* (London: Zed Books, 2001), p. 5.
② David Miller et al. (eds.), *The Blackwell Encyclopaedia of Political Thought* (Oxford: Blackwell, 1987), pp. 352 – 354.
③ Hugo Grotius, *The Rights of War and Peace, Including the Law of Nature and of Nations*, translated by A. C. Campbell (New York: M. Walter Dunne, 1901); Richard Tuck, *The Rights of War and Peace: Political Thought and the International Order from Grotius to Kant* (Oxford: Oxford University Press, 2001).

035

力支持。① 但由于世界政治中国家间相互依赖的发展以及因此而引起的全球化浪潮的出现，主权国家的传统地位受到了严重挑战。在很多跨越国界的问题上，国家不再被想象为万能的独立个体，而需要国家之间共同协商和处理，甚至一些在性质和范围上完全属于一国内部的事务，也往往对他国造成重大影响，需要他国的配合才能完成。世界紧密联系逐渐融为一体的事实为全球主义的产生与发展提供了动力。全球主义的思想最早可以追溯到古希腊罗马时期斯多葛派的世界主义主张。在斯多葛派看来，宇宙是一个统一的整体，人是宇宙整体的一部分，因此国家应当是一个世界国家，而每个人也就是宇宙公民。这些观点构成了斯多葛派自然法理论的一部分，也是早期全球主义思想的源泉。全球主义的内涵不断丰富，已经发展成一种区别于国家主义的世界整体论和人类中心论的文化意识、社会主张、行为规范。全球主义既是一种思维方式，也是一种付诸行动的主张和构建现实的规范。因此，全球主义包含着全球意识，但并不止于全球意识，它指向社会实践，并积极介入社会现实的整合，而无论是指导思想，还是行为规范，全球主义都要求摆脱国家中心论的束缚，代之以人类中心论、世界整体论。② 全球主义通常被认为是与国家主义相对立的概念，它虽然不排斥国家主义，但对

---

① 现实主义者认为国际社会处于霍布斯式的无政府状态，在这种状态中，每个国家都是自助的，只能靠自己的力量去寻求生存、安全与发展，国际关系的内容与实质是各国追求国家权力的最大化以及由国家权力所界定的国家利益。与国家追求权力与利益的原始驱动力相比，国际道义与国际法的作用微乎其微。因此，认识和处理国际事务，必然以国家为中心，一切非国家主义的说教都是不真实的。参见：Edward Hallett Carr, *The Twenty Years' Crisis, 1919 – 1939: An Introduction to the Study of International Relations* (London: Macmillan, 1939); Hans J. Morgenthau, *Politics among Nations: the Struggle for Power and Peace* (New York: Knopf, 1949); etc. 。
② 蔡拓：《全球主义与国家主义》，《中国社会科学》2000 年第 3 期，第 16~17 页。

国家主义形成挑战。在这对矛盾中，地区主义产生了。地区主义一方面是克服狭隘国家主义的必然选择，另一方面是全球主义的有益补充。地区主义是联结国家主义和全球主义的桥梁。① 三者的分野体现在对国家的地位和作用的认识上。由于国家利益、地区利益以及全球利益始终是协调并存的，因此国家主义、地区主义和全球主义不是绝然对立、相互排斥的，在可预见的未来，也是不可能相互取代的。

（二）地区主义与跨地区主义、地区间主义

一般认为，在空间范围上，地区主义主要限于特定地区范围内的合作与一体化，而跨地区主义和地区间主义却涉及超出地区范围的交往与合作。三者之中，跨地区主义内涵最为宽泛，它包含十分广泛的行为体间关系，从理论上讲，任何涉及来自两个或更多地区的各种行为体间合作的跨地区联系都属于跨地区主义的类型，其中包括企业生产和非政府组织的跨地区网络。② 这种关于跨地区主义的定义将任何越过地区边界的交往都囊括其中。在最一般的意义上，地区间主义强调两个地区在地区层次互动的状态或者进程。③ 在拉弗·罗尔弗（Ralf Roloff）的定义中，地区间主义是"一种拓宽和加深国际上地区之间的政治、经济、社会交往与互动的进程"。④ 这大大扩大了地区间主义的内涵。马修·多伊奇（Mathew Doidge）

---

① 参见：门洪华《国家主义、地区主义与全球主义》，《开放导报》2005 年第 3 期，第 26~27 页。

② Vinod K. Aggarwal and Edward A. Fogarty (eds.), *EU Trade Strategies: Between Regionalism and Globalism* (Basingstoke: Palgrave Macmillan, 2004), p5.

③ Fredrik Söderbaum and Luk Van Langenhove, "Introduction: The EU as a Global Actor and the Role of Interregionalism," *Journal of European Integration*, Vol. 27, No. 3 (September, 2005), p. 257.

④ Ralf Roloff, "Interregionalism in Theoretical Perspective: State of the Art," in Heiner Hänggi, Ralf Roloff and Jürgen Rüland (eds.), *Interregionalism and International Relations* (New York: Routledge, 2006), p. 18.

按照地区间主义的行为体类型的不同,将其分为三种形式:第一种是两个地区组织之间的对话,例如 EU-ASEAN 和 EU-MERCOSUR;第二种是一个地区组织与一个有一定协作关系的地区国家集团的对话,例如 ASEM 和 EU-LAC;第三种是地区集团之间的对话,例如 FEALAC。[1] 对于跨地区主义与地区间主义之间的关系,不同研究者有不同的看法。约根·鲁兰德(Jürgen Rüland)在考察地区组织的互动时,将跨地区主义作为地区间主义的形式之一,他认为地区组织的互动包括两种形式:一种是双边的地区间主义,它是通过定期举办旨在交换信息和加强特定政策领域合作的各种会议的方式进行集团与集团的对话,其典型的例子是 ASEAN-EU 对话、ASEAN-MERCOSUR 关系、EU-MERCOSUR 联系等;另一种是跨地区主义,跨地区主义组织的成员更为广泛,它们至少来自两个以上地区,例如 ASEM 和 APEC。两者共同形成了一个新的研究领域——地区间主义。[2] 庞中英将地区间主义和跨地区主义同时作为地区主义的外部干预,他认为地区间主义的最好例子是 ASEM,这种欧洲介入东亚地区化的方式,平等对话,促进了东亚的一体化,也建立了新的欧洲和亚洲之间的地区间关系;而跨地区主义的典型例子则是 APEC,美国通过亚太经合组织介入东亚地区合作进程。[3] 克里斯

---

[1] Mathew Doidge, "Joined at the Hip: Regionalism and Interregionalism," *Journal of European Integration*, Vol. 29, No. 2 (May, 2007), p. 232.

[2] Jürgen Rüland, "Inter and Transregionalism: Remarks on the State of the Art of a New Research Agenda," National Europe Centre Paper No. 35, paper prepared for the Workshop on *Asia-Pacific Studies in Australia and Europe: A Research Agenda for the Future*, Australian National University, July 5–6, 2002, pp. 3–4.

[3] 庞中英:《美国介入东亚峰会,中国如何面对挑战》,《中国青年报》2005 年 3 月 2 日。在另一篇文章里,庞中英认为"亚太地区"是一个"跨地区"或"地区间"的概念,参见:庞中英《关于地区主义的若干问题》,《当代世界与社会主义》2006 年第 1 期,第 13 页。

第三章
地区主义：理论与方法

托弗·登特（Christopher M. Dent）认为地区间主义是仅指两个性质不同、相互分离的地区之间的关系，而跨地区主义意味着在地区间或跨地区建立共同的"空间"（spaces），个人、共同体、组织等行为体都在其中起作用，并且它们互相拥有紧密的联系。因此，跨地区主义是地区间主义的深化。[1]

尽管跨地区主义和地区间主义是被视为与地区主义不同的现象，但离开地区主义，都不可能将两者很好地加以理解。一些观察者概括出地区主义的两次浪潮：第一次是二战后地区主义的兴起到20世纪70年代中期，第二次是从20世纪80年代起至今。[2] 这两次地区主义浪潮分别为一些学者用"旧地区主义"和"新地区主义"加以区分。[3] 新地区主义的产生扩大了地区主义的外延和内涵。在范围上，地区主义已不再局限于以前狭隘的地区概念，呈现出开放性。欧洲、美洲、亚太等一些宽泛的地域概念逐渐进入地区主义的领域，EU、NAFTA、APEC等地区组织将以前跨地区主义和地区间主义的交往都包含进来，形成了地区主义与许多次地区主义并存、不同的地区主义相互交叉的地区主义框架。在内涵上，地区主义已不再局限于以前狭隘的安全和经济合作，它所关注的内容不

---

[1] Christopher M. Dent, "From Inter-regionalism to Trans-regionalism? Future Challenges for ASEM," *Asia Europe Journal*, Vol. 1, No. 2 (May, 2003), p. 224.

[2] Michael Schulz, Fredrik Söderbaum, and Joakim Öjendal (eds.), *Regionalization in a Globalizing World: A Comparative Perspective on Forms, Actors and Processes* (London: Zed Books, 2001).

[3] 参见：Norman D. Palmer, *The New Regionalism in Asia and the Pacific* (Lexington, M. A.: Lexington Books, 1991); 肖欢容《地区主义及其当代发展》，《世界经济与政治》2000年第2期，第58~62页。20世纪80年代后期，在东亚等地区的地区主义发展加快，并出现了与传统的地区主义不同的一些新特征，由此产生了"新地区主义"。"新地区主义"是先有地区性后有历史性的一个概念，而不是世界上各个地区在这一次地区主义浪潮中都进入了新地区主义发展时期，实际上，在当今世界，"旧地区主义"与"新地区主义"是同时存在的。

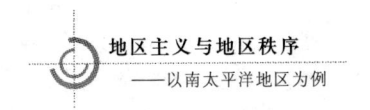

断增加，已经涉及包括文化、政治、外交等在内的各个领域。

地区主义、跨地区主义和地区间主义都与地区的概念联系在一起。地理上相互邻近的区域为地区主义提供了天然的土壤，反过来，地区主义推动了地区的形成。跨地区主义与地区间主义为地区创造了更广阔的交往空间，同时又为地区的聚合起着重要的作用。

二 国际关系主流学派的地区主义理论

地区主义研究从经验层面上升到理论层面，是学科发展的必然，如果没有对现实世界中地区内外的国际互动进行理论化，就不可能全面、透彻地理解世界政治中的地区主义。因此，理论上的梳理，成为地区主义研究的基础。

现实主义、制度主义和建构主义三大国际关系理论范式对国际关系中各个具体领域的理论建构产生着全局性的影响。它们立足于自身的理论假设，表达了对地区主义不同的看法，并提出各自的理论与观点。（新）现实主义强调权力和均势是地区主义的基本特征。这一观点受到了来自新自由主义与建构主义方法的挑战，它们寻求用"溢出"（spillover）、制度习得和认知因素解释地区认同和地区共同体的构建（见表3.1）。

表3.1 （新）现实主义、新自由主义与建构主义理论中的地区主义

视角	（新）现实主义	新自由主义	建构主义
主体	国家	国家和国际组织	国家和文化共同体
动力	寻求权力和安全,维持均势	国际制度能够克服市场失灵	地区集体认同
条件	政治、安全与战略利益的趋同	经济全球化与相互依赖	地区共有观念的形成
未来	前途渺茫,地区合作只是权宜之计	前景广阔,经济领域向安全、政治领域扩展	取决于共有文化的构建

但在一些学者的论述中，建构主义只是为国际关系研究提供了一个新的视角，并未构成一个完整的理论体系。国际关系研究都是围绕现实主义、自由主义和马克思主义三种主导理论发展的，它们在当前分别是以新现实主义、新自由制度主义和新马克思主义的形式出现的。20世纪80年代，出于对这些传统国际关系和国际政治经济学方法的继承或回应，出现了诸如世界体系理论、国际政治经济学的新葛兰西主义、全球主义和地区治理理论等一些新的理论方法。它们都曾寻求对世界上日趋深化的地区主义进行理论上的阐释。威尔·豪特（Wil Hout）从地区主义规划（regionalist projects）中国家的作用、各行为体的动机以及预期的地区主义形式等三个"意象"（images）方面对这些理论进行了考察，这些理论和方法各自拥有不同的假定和预期，为解释地区主义提供了不同的分析工具（见表3.2）。

表 3.2 地区主义的"意象"

理论方法	地区主义规划中（半边缘）国家的作用	地区主义规划中各行为体的动机	地区主义的预期形式
新现实主义	（地区）霸权的存在促进地区主义规划的实现	国家利益是首要利益；是否参加地区主义规划受到"相对收益"因素的影响	地区主义的形式主要与安全有关；其他形式将通过未来的安全（相对收益）来评估
新制度主义	国家是政府间层次的协商者，受国家政治因素的制约	获得公共产品，避免相互依赖带来的消极外部影响	地区主义表现为各种政策协调的机构和机制的建立
新马克思主义	发达国家与居于从属地位的国家	剥削发展中国家，维护发达国家的特权地位	地区主义提升"市场"的作用，将不平等的交换和投资关系制度化
世界体系理论	从属于核心国家，但起到政治"缓冲"的作用；在劳动分工中处于中间位置	创造各种新的资本积累形式，改变国际劳动分工以适应新的需要	"市场导向"的地区主义，从属于地区生产网络的建立

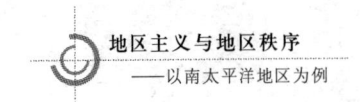

续表

理论方法	地区主义规划中（半边缘）国家的作用	地区主义规划中各行为体的动机	地区主义的预期形式
新葛兰西主义的世界秩序方法	半边缘国家将成为"锁住"半边缘经济体与核心国家的工具	确立新自由主义经济秩序原则的霸权地位	地区主义成为缩小和限制政府干预经济的约束工具
全球主义	国家本质上是一种保守力量，与跨国行为体相比，国家所起的作用在下降	地区主义规划是一种"可分配联盟"的平衡力量	地区主义将促进地区自由贸易，成为全球化的组成部分
地区治理方法	国家是政治的原动力，是决策的中心单元；国家是政治忠诚的对象	在与各种经济力量的对峙过程中，地区主义规划试图维护价值观和自治地区	地区主义成为一项通过联合共同意向的国家来"提升"国家利益的纲领

资料来源：Wil Hout, "Theories of international relations and the new regionalism," in Jean Grugel and Wil Hout (eds.), *Regionalism across the North-South Divide: State Strategies and Globalization* (London and New York: Routledge, 1999), p. 28。

上述这些国际关系理论学派都对地区主义的起源、条件、过程、形式等进行了有益的探索，具有各自的逻辑架构和解释效力，为深入理解地区主义提供了丰富的理论源泉。尽管如此，这些综合性的"大理论"却没有对地区主义进行综合性的解释，并且绝大多数的分析都主要集中于体系上从外向内的视角来审视地区主义的产生与发展。正因如此，一些关于地区合作、地区联盟、地区一体化等方面的理论不断涌现出来，在国际政治学和国际经济学中分别产生了以政治方法和经济方法为代表的两大流派，并出现相互综合的政治经济学方法。

第二节 地区主义的研究方法

自从地区主义被列入国际关系研究的议程，在理论方法

(approach)与工具的选择上一直存在着政治方法与经济方法的分离,研究视角也不尽相同。大部分政治学家主要对地区主义的制度与政策感兴趣,详细描述一体化产生的政治背景,为一体化的进程提供了很多富有洞见的解释。经济学家却主要关注在地区范围内商品和生产要素流动中的市场关系,并认为它们与制度和政治力量毫不相干。[①] 他们分别以政治方法和经济方法建立了各自的地区主义理论。

一 地区主义研究的政治学方法

在众多从政治角度解释地区主义的理论探索中,当前最有影响力的学派主要有两个:一个是新功能主义学派(neofunctionalism),另一个是政府间主义学派(intergovernmentalism)。虽然两者观点主要是来自对欧洲一体化的经验总结,但其高度概括的理论模型也不断用于解释和预测欧洲之外的地区主义进程,使其日益具有了一般性。

(一) 新功能主义

国际关系研究中的新功能主义理论主要建立在以罗马尼亚学者戴维·米特兰尼(David Mitrany)为代表的传统功能主义思想的基础之上。米特兰尼提出用"实用的功能方法"(pragmatic functional approach)使国家有效地联系起来,通过国家之间的协调来缓和地区和全球的紧张关系,也就是通过"功能选择"(functional alternative)建立一个基于解决各国共同问题的国际机构。[②] 在维护

[①] Walter Mattli, *The Logic of Regional Integration: Europe and Beyond* (Cambridge: Cambridge University Press, 1999), p. 19.

[②] David Mitrany, *A Working Peace System: An Argument for the Functional Development of International Organization*, London: The Royal Institute of International Affairs, 1943.

国家和平的问题上，他认为国家间避免战争、实现和平的途径通常有以下三种：一是建立"国家联盟"，例如第一次世界大战后的国际联盟；二是建立地区范围内的"联邦体系"；三是通过功能合作来实现和平。① 对国际一体化来说，功能合作是最好的选择，它既可避免一般性的国际机构过于松散，又可以在一些领域建立广泛而稳定的权威，具体领域可以包括交通、农业、卫生和科学技术等方面。功能主义认为，这些功能性的合作可以从一个部门扩展到另一个部门，功能性机构的日益增多会促使人们将原来对国家的忠诚逐渐转变为对功能性机构的忠诚，因此，功能合作的广泛开展能够促进一体化的实现。功能主义思想对20世纪50年代初期"欧洲煤钢联营"的建立提供了重要的理论支持，并对后来的地区主义理论产生了十分重要的影响。但功能主义理论也存在一些不可忽视的缺陷。首先，功能主义没有理清国际功能性组织与主权国家的关系，国际功能性机构的发展必然涉及政治权力，而主权国家是不会轻易让渡这些政治权力的，那么该如何克服国家主权的障碍呢？功能主义未能解决这一问题。其次，功能主义没有意识到政治与经济之间的相互联系而将政治领域与功能性领域严格分离，这也遭到了众多学者的严厉批评。对此，新功能主义进行了修正和完善。

新功能主义的代表人物主要有厄恩斯特·哈斯（Ernst B. Haas）、菲利普·施密特（Philippe C. Schmitter）、利昂·林德伯格（Leon S. Lindberg）和小约瑟夫·奈等，他们主要围绕欧洲煤钢联营（ECSC）、欧洲经济共同体（EEC）和国际劳工组织等国际组织的发展展开研究，探讨民族国家放弃部分主权而自愿与其邻国

---

① David Mitrany, *The Functional Theory of Politics*, London: London School of Economics & Political Science, 1975, p. 124.

第三章
地区主义：理论与方法

联合起来的途径和原因。新功能主义沿用了功能主义的分析路径，同时弥补了功能主义的一些缺陷，它考虑到政治和政府的作用，将权力因素引入功能性领域的合作，承认地区一体化的政治属性。与功能主义所设想的纯粹政府间的功能性合作不同，它主张建立具有政治性质的超国家机构。①

"外溢"（spillover）是新功能主义的一个核心概念，它包括功能外溢（functional spillover）和政治外溢（political spillover）。功能外溢是指一体化不可能局限于特定的功能性部门，一个领域的合作会"外溢"到相关的领域，从而使更多的行为体卷入其中。功能外溢基于如下假定：现代工业经济的各个部门高度相互依存，一个部门的一体化行动导致相关部门采取进一步的行动来确保最初目标的实现，这反过来又为更多的一体化行动创造了新的条件和需求。②政治外溢是指在功能性合作的基础上，随着经济一体化的深入发展，一体化会外溢到政治领域，它意味着政治精英会将注意力转向超国家层次的安排与决策，以促进一体化的进一步发展以及更多共同利益的实现。不过，这种一体化循环的外溢过程并非自动或不可避免

---

① See: Ernst B. Haas, *The Uniting of Europe: Political, Social, and Economic Forces, 1950–1957* (Stanford: Stanford University Press, 1958); Ernst B. Haas, "The Study of Regional Integration: Reflections on the Joy and Anguish of Pretheorizing," *International Organization*, Vol. 24, No. 4, Regional Integration: Theory and Research (Autumn, 1970), pp. 607–646; Ernst B. Haas and Philippe C. Schimitter, "Economics and Differential Patterns of Political Integration: Projections about Unity in Latin America," *International Organization*, Vol. 18, No. 4 (Autumn, 1964), pp. 705–737; Leon Lindberg, *The Political Dynamics of the European Economic Integration* (Stanford: Stanford University Press, 1963); Joseph S. Nye, Jr., "Patterns and Catalysts in Regional Integration," *International Organization*, Vol. 19, No. 4 (Autumn, 1965), pp. 870–884.

② Leon Lindberg, *The Political Dynamics of the European Economic Integration* (Stanford: Stanford University Press, 1963), p. 10.

地发生，而主要依赖于一体化过程中各国政府以及相关行为体的选择。针对行为体面临的各种选择，施密特对"外溢"概念进行了补充和修正，他将行为体的战略选择分为以下几种：(1)"外溢"，指增加行为体在领域和层次上承担的责任；(2)"环溢"(spill-around)，指仅仅增加地区机构的功能领域，而其权威仍限制在"中性区"(zone of indifference)①的范围以内，不会得以改变；(3)"强化"(build-up)，指增加联合机构的决策自治权或决策能力，但不增加新的功能领域；(4)"缩减"(retrench)，指提高一体化机构联合商议的水平，但从一些功能领域退出；(5)"混合"(muddle-around)，指增加问题领域，但使其能力降低；(6)"回溢"(spill-back)，指在领域和层次上都发生后退，并有可能退回最初状态；(7)"压缩"(encapsulate)，即通过在中性区内的微调对危机做出回应。②其中，"回溢"描述了与哈斯的"外溢"完全相反的状况。当成员国遭受挫折或对合作不满时，它们可能会转而选择其他方式来实现政策目标，使地区决策机构的层次和功能范围收缩到"外溢"以前的状况。这表明成员国在进行合作时存在这样一种预期：在地区层次上建立的机制不仅要实现共同目标，而且还要调解成员国之间的利益冲突，使它们不至于发生关系紧张。当

---

① 中性区是一种地区行为体不会相互争夺的基准范围，只要它们各司其职并且不遭受损失，就会相安无事。一旦地区行为体超出这一区域，就会付出代价，这是地区一体化的政治动力论所关注的议题。参见：Philippe C. Schmitter, "A Revised Theory of Regional Integration," *International Organization*, Vol. 24, No. 4, Regional Integration: Theory and Research (Autumn, 1970), p. 845.
② 中性区是一种地区行为体不会相互争夺的基准范围，只要它们各司其职并且不遭受损失，就会相安无事。一旦地区行为体超出这一区域，就会付出代价，这是地区一体化的政治动力论所关注的议题。参见：Philippe C. Schmitter, "A Revised Theory of Regional Integration," *International Organization*, Vol. 24, No. 4, Regional Integration: Theory and Research (Autumn, 1970), p. 846.

第三章
地区主义：理论与方法

这种预期无法实现时，地区一体化进程就会停滞不前。施密特虽然注意到这一事实，但新功能主义理论还是无法解释"回溢"发生的根本原因。因为新功能主义的"外溢"效应是基于这一假定：高级政治与低级政治是没有界限的，政府间的合作最终会发展到高级政治上的超国家一体化。尽管新功能主义在经济、福利、文化等低级政治领域具有较强的解释力，但在外交、安全与防务等高级政治问题上，国家要实现目标完全一致却非常困难，功能性的地区合作也不一定都会导致政治上的一体化，因此"溢出"效应是有限的。

新功能主义的另一核心要素是"超国家性"（supranationality）。当民族国家让超国家机构行使国家主权的某些部分时，国家主权就扩展到这些超国家的权威机构里，所有的成员国都可以共享转移的这部分主权，这就是新功能主义所讨论的"超国家性"思想。最初建立这种机构时需要尽力在国家各派别间达成妥协，并且有这种共识——获得某些共同利益别无他法。反过来，成立超国家组织时，要以相同或相交而不是相对立的政策目标占据优势为先决条件。[1] 因此，各国国内利益集团、议会、政党在超国家层次上是趋于一致的，建立制度化的地区性超国家机构可以代表各成员国的共同利益，使政治精英逐渐将忠诚转向地区层次上。新功能主义的这些思想为早期西欧地区一体化提供了重要的理论支持，但20世纪70年代中期欧洲一体化进程出现的停顿削弱了新功能主义的说服力，作为一个超国家机构，欧共体发挥的作用还很有限。由于新功能主义低估民族国家在地区一体化进程中的主导作用，过于强调超国家机构的作用，从而遭到其他学派的猛烈批评，其中政府间主义

---

[1] Ernst B. Haas, "International Integration: The European and the Universal Process," *International Organization*, Vol. 15, No. 3 (Summer, 1961), p. 368.

的影响最大。

（二）政府间主义

20世纪60年代中期，法国总统戴高乐上台后，开始强调建设民族国家组成的欧洲，反对欧共体超国家倾向的发展，以维护本国利益。1965~1966年，法国代表拒绝参加欧共体理事会会议，对欧共体实行"空椅子政策"，欧共体的超国家性发展受到抑制，政府间合作的性质有所加强，体现了成员国政府的主角地位。到20世纪70年代初，欧共体成员国首脑会议正式引入并制度化。这促使一些研究一体化的学者更多地转向以国家为中心来描述和解释欧洲一体化，斯坦利·霍夫曼（Stanley Hoffmann）是其中最早的代表之一。1966年，霍夫曼撰文指出民族国家不仅远未"过时"，还相当"顽强"，欧共体各成员仍然是明确追求私利的政治实体，从而率先提出了以国家为中心的政府间主义学说。[1] 霍夫曼将低级政治领域和高级政治领域进行了区分，并分析了欧洲一体化在不同领域的进展，他指出各成员国政府愿意在低级政治领域开展合作，但在高级政治领域，由于涉及国家独立、民族自治和认同等根本利益，国家不会铤而走险让其失去控制而得不到保障。作为新功能主义的主要竞争对手，在很多方面，它与新功能主义的观点完全相反。政府间主义将一体化视为由各国的政策偏好的会聚点引起的地区内主要国家的政府首脑之间讨价还价的结果，以达到国家财富和权力的最大化。[2] 从某种意义上说，政府间主义主要是关于国家间

---

[1] Stanley Hoffmann, "Obstinate or Obsolete: The Fate of the Nation State and the Case of Western Europe," *Daedalus*, Vol. 95, No. 3 (Summer, 1966), pp. 862–915.

[2] Paul Taylor, "Intergovernmentalism in the European Communities in the 1970s: Patterns and Perspectives," *International Organization*, Vol. 36, No. 4 (Autumn, 1982), pp. 741–766.

#第三章
地区主义：理论与方法

讨价还价的理论。政府间主义沿袭了大量现实主义传统，与现实主义一样，它承认国际体系从本质上的自助性，只有国家才是在国际体系中占主导地位的行为体。同样，民族国家在欧洲地区主义进程中发挥着核心作用，当超国家机构与成员国利益相符合时，民族国家才能推进地区一体化向前发展，并且每一次的进展都建立在成员国之间通过讨价还价进行交易的基础之上。因此，在政府间主义理论中，民族国家的权力依然举足轻重，地区一体化只不过是政府意愿的反映，并服务于国家利益，各成员国政府掌控着地区一体化各相关机构，决定地区一体化进程的深度和广度。霍夫曼的政府间主义对一体化理论的最大贡献是重新肯定了国家与国家利益在地区一体进程中的中心地位，并将一体化的高级政治与低级政治领域的不同进行了区分。但是，这种高级政治与低级政治的简单划分也成为其理论的一大缺陷。正如霍夫曼自己所提出的，民族国家并未过时，因此国家主义依然在国家政治生活中盛行，国家对个人和社会生活的侵蚀使得一些属于低级政治领域的事情也能因影响国家安全而进入高级政治的议题，一些议题的设定在所谓的低级政治与高级政治两个领域之间有时是可上可下的。20世纪80年代以后，欧洲一体化的发展使政府间主义理论的解释力大大降低。

1987年，《单一欧洲文件》正式实施后，安德鲁·莫拉维奇克（Andrew Moravcsik）在研究该文件时对霍夫曼等人的政府间主义进行了修正，以寻求解释欧盟框架下政府间讨价还价的性质与欧盟的发展，提出自由政府间主义理论。在解释《单一欧洲文件》的形成时，莫拉维奇克吸收了现实主义和早期政府间主义思想，认为追求自身利益的成员国必须达成各种利益的某些会聚或整合，主张在成员国政府间讨价还价过程中，欧共体委员会，甚至委员会主席的作用与法、德、英等主要国家政府的作用相比是次要的，这些国家之间的讨价还价才是关键性的决定因素。[1] 自由政府间主义包含三个核心要素：一是理性国家行为的假定；二是国家偏好形成的自由主义理论；三是国家间谈判的政府间主义分析。其中理性国家行为假定提供了总的分析框架。在这种框架中，经济相互依赖的成本和收益是国家偏好的首要决定因素。国家偏好的重合程度、多种可替代联合的存在、为问题联系提供的机遇成为解决各国政府之间分配争议的政府间分析的基础。[2] 莫拉维奇克的地区一体化理论继承了政府间主义的国家中心观，反对新功能主义将超国家机构作为主要行为体的观点，但他承认经济因素是地区一体化的主要动因，而地缘政治利益与观念只能居于次要地位。莫拉维奇克指出，"欧洲一体化是民族国家领导人追求经济利益，进行一系列理性选择的结果"。[3] 因此，经济才是欧洲各国政府紧密合作、推进一体化的根本原因。而用地缘政治解释经济合作中的国家偏好，关键在于将经济政策和深层的政治、军事目标联系起来，其关注点在经济一体化的间接后果，这使得地缘政治的解释并不充分。[4] 自由政府间主义把欧共体决策进程分成三个步骤：一是对外经济政策偏好的形成阶段；二是国家间的讨价还价阶段；三是机构授权阶段。国家偏好受微观经济利益的限制，只有当经济利益分散、模糊或者微不足道时，才会被地缘政治和意识形态上的因素取代。国家间讨价还价反

---

[1] 房乐宪：《政府间主义与欧洲一体化》，《欧洲》2002年第5期，第85页。
[2] Andrew Moravcsik, "Preferences and Power in the European Community: A Liberal Intergovernmentalist Approach," *Journal of Common Market Studies*, Vol. 31, No. 4 (December, 1993), pp. 480–481.
[3] Andrew Moravcsik, *The Choice for Europe: Social Purpose and State Power from Messina to Maastricht* (Ithaca, N. Y.: Cornell University Press, 1998), p. 3.
[4] Andrew Moravcsik, *The Choice for Europe: Social Purpose and State Power from Messina to Maastricht* (Ithaca, N. Y.: Cornell University Press, 1998), p. 27.

第三章
地区主义：理论与方法

映了达成协议时单边和联合的选择，包括提出议题绑定以及以排除在外与退出作为威胁。超国家行为体的影响通常非常微小，除非它们在国内拥有强大的支持者。主权的授予（或共享）主要发生在各国政府在条件不明确时寻求可靠承诺的情况下，尤其是在政府寻求那些容易引起违约行为的领域中建立联系和妥协的情况下。[①] 这就构成了超国家机构决策的"三重框架"。自由政府间主义借鉴了很多新自由主义国际关系理论的观点，实现了对"政府间主义"的"自由主义"改造。莫拉维奇克还提出，与新功能主义强调超国家机构不同，自由政府间主义理论中的政府间制度主义要遵循以下三原则：政府间主义原则，讨价还价的最小公分母原则，以及主权让渡的严格限制原则。[②] 这些观点为解释和预测地区一体化开辟了不同的分析路径。

自由政府间主义对当代欧盟研究产生了重大影响，受到了学界的高度评价，成为继新功能主义之后地区主义的重要研究途径之一。在理论上，一定程度上整合了政治方法和经济方法，清晰的理论构架也成为其一大特色；在实践上，自由政府间主义对当代欧洲一体化进程具有很强的解释力。与新功能主义相比，"新功能主义强调国内技术共识的地方，自由政府间主义则强调国内集团的竞争；新功能主义强调提升共同利益的机会的地方，自由政府间主义则重视实力斗争；在新功能主义强调国家官员在塑造谈判结果的积极作用的地方，自由政府间主义则重视被动的制度与国家政府的自

[①] Andrew Moravcsik, "Liberal Intergovernmentalism and Integration: A Rejoinder," *Journal of Common Market Studies*, Vol. 33, No. 4 (December, 1995), p. 612.

[②] Andrew Moravcsik, "Negotiating the Single European Act: National Interests and Conventional Statecraft in the European Community," *International Organization*, Vol. 45, No. 1 (Winter, 1991), p. 25.

主作用"。① 但它也受到来自其他学派的批评，如理性选择制度主义与历史制度主义并不认可这种政府间的讨价还价能准确地描绘欧共体的决策进程，认为其模型过于松散，忽视了制度的作用；社会制度主义和建构主义从方法论根源上反对这种理性选择寻求个体利益最大化的假设，认为国家的偏好和观念至少在部分上是被欧盟的规范和规则塑造出来的。②

二 地区主义研究的经济学方法

地区主义研究的经济方法是从实证的角度分析与地区一体化相关的国家福利的损失与收益，而不解释和分析一体化地区的政治选择，对治理地区的规则和政策的调整也少有涉及。在国际经济学中，地区主义通常被理解为在有限的贸易伙伴之间排他性地交换市场准入权的代名词，实际上是在一些预先界定的地理区域（例如欧洲、北美、拉美、非洲和亚太）内有代表性地缔结优惠贸易协定（PTAs）。③ 因此，通过经济途径研究地区主义的学者更愿意使用"地区经济一体化"或者"经济地区主义"来指代内涵更为广泛的"地区主义"这一概念。地区经济一体化进程可以依次划分为优惠贸易协定（PTAs）、自由贸易区（FTA）、关税同盟（CU）、共同市场（CM）、经济同盟（EU）五个发展阶段（见图3.1）。五个不同阶段体现了地区内生产要素的流动程度和成员国之间经济权力的让渡范围。其中，优惠贸易协定是组织松散、操作简单、层次

---

① 肖欢容：《地区主义：理论的历史演进》，北京广播学院出版社，2003，第142页。
② Helen Wallace, William Wallace and Mark A. Pollack (eds.), *Policy-making in the European Union*, 5th Edition (Oxford, New York: Oxford University Press, 2005), p. 19.
③ Gorg Koopmann, "Regionalism Going Global," *Intereconomics*, Vol. 38, No. 1 (January/February, 2003), p. 2.

最低的地区一体化形式。两个或两个以上国家签署协定组成优惠贸易区，在优惠贸易区内，成员国之间的产品享受比非成员国都要低的贸易壁垒。自由贸易区是在优惠贸易安排基础上形成的，它取消了各成员国之间的关税，而对外仍旧保持原有的贸易壁垒，例如NAFTA。关税同盟是自由贸易区的进一步发展，它实现了共同的关税政策，对内取消各成员国之间的关税，对外实施共同外部关税（CET）。共同市场是比较深入的经济一体化组织，两个或两个以上国家通过签订地区合作协议建立统一市场，对外实行统一关税，对内实行商品、资本、服务和人力资源的自由流通。经济同盟是经济一体化的最高层次，它不仅在成员国之间实行商品、资本、服务和人力资源的自由流通，而且在货币、财政政策等方面协调一致。目前，经济一体化真正进入经济同盟这一层次的只有欧盟。不过，这些五种经济一体化的形式并非必须逐一经过，而是可以作为单个的地区安排独立运行。经济地区主义理论主要是对这些地区贸易安排的不同阶段和形式进行专门化的分析，其中两个主要采取经济方法

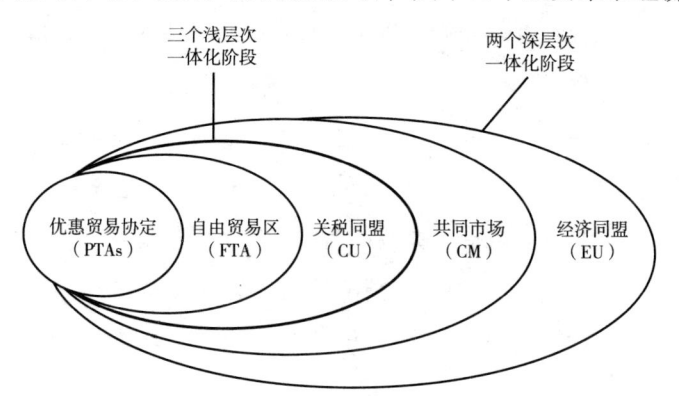

图 3.1 正式的地区贸易安排结构

资料来源：Dilip K. Das, *Regionalism in a Globalizing World: An Asia-Pacific Perspective*, CSGR Working Paper No. 80/01, September, 2001。

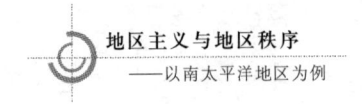

研究地区主义的是关税同盟理论和最优货币区理论。

(一) 关税同盟理论

关税同盟理论包含了对关税同盟和自由贸易区两种经济一体化形式的福利分析,主要关注对内取消关税和对外统一关税引起的贸易变化。如前所述,由于关税同盟是经济一体化的基本形式,关税同盟理论一直在经济一体化理论中居于主导地区。早在第二次世界大战以前就有通过建立关税同盟以获取经济利益的主张,这些早期的关税同盟理论认为:自由贸易能最大限度地增加世界各国的福利;关税同盟削减了关税,从而推动自由贸易;即便关税同盟不能实现世界福利的最大化,但仍可以增加世界福利。[①] 这些观点对后来关税同盟理论的发展具有重要的启发意义。1950年,美国经济学家雅各布·维纳（Jacob Viner）第一次系统阐述了关税同盟理论。维纳指出,早期关税同盟理论认为关税同盟一定增加成员国福利的观点并不正确,而认为建立关税同盟能否让成员国受益取决于具体的情况,为此提出了贸易创造（trade creation）和贸易转向（trade diversion）概念,并将定量分析用于评估关税同盟的经济效应,从而奠定了关税同盟理论的坚实基础。贸易创造是指"关税同盟的一个成员国将从另一个成员国进口一些商品,而在此前由于受保护的国内商品的价格低于加上关税后的外国商品的价格,它根本不进口这些商品";贸易转向是指"关税同盟的一个成员国将从另一个成员国进口一些商品,而在关税同盟成立之前,本来是从第三国进口这些商品,因为即使加上进口关税它仍可能是最便宜的供给来源"。[②] 维

[①] Richard G. Lipsey, "The Theory of Customs Unions: A General Survey," *The Economic Journal*, Vol. 70, No. 279 (September, 1960), p. 497.

[②] Jacob Viner, *The Customs Union Issue* (New York: The Carnegie Endowment for International Peace, 1950), p. 57.

纳认为，假定世界上有 A、B、C 三国，A 与 B 建立关税同盟，C 是同盟外的国家，那么贸易创造是使 A 国内受关税保护的低效率的商品在建立关税同盟后被 B 国高效率的商品所代替，商品的生产由高成本成员国转到低成本的成员国，生产耗费的资源成本下降，成员国的社会福利增加，因而促进了关税同盟内的自由贸易；贸易转向使 C 国高效率的商品被建立关税同盟后的 B 国低效率的商品所代替，A 国转而从 B 国进口，商品的生产由低成本的第三国转到高成本的成员国，生产耗费的资源成本上升，成员国的福利遭到损失，因而体现了关税同盟的贸易保护性质。两者之间程度的比较决定了关税同盟的性质以及对成员国的福利意义。维纳的关税同盟理论主要建立在"次优"假定的基础上，即在一个一般均衡体系中帕累托最优条件未能全部满足的情况下，即使实现了部分条件，也可能不会增加福利。同时，维纳的分析还存在两个隐含假定：消费比例和生产成本固定不变。对这些隐含假定的扩展成为关税同盟理论发展的新突破口。

理查德·利普赛（Richard G. Lipsey）、詹姆斯·米德（James E. Meade）、弗朗茨·格雷斯（Franz Gehrels）没有接受维纳关于消费比例固定不变这一与现实极端不符的假定，而将维纳的商品生产地在国家间的转移扩展到商品之间的替代，通过关税同盟消费效应的分析，发展了维纳的理论。[1] 利普赛指出，即使世界商品的总产

---

[1] See: Richard G. Lipsey, "The Theory of Customs Unions: Trade Diversion and Welfare," *Economica*, Vol. 24, No. 93 (February, 1957), pp. 40–46; Richard G. Lipsey, "The Theory of Customs Unions: A General Survey," *The Economic Journal*, Vol. 70, No. 279 (September, 1960), pp. 496–513; Richard G. Lipsey, *The Theory of Customs Unions: A General Equilibrium Analysis* (London: Weidenfeld and Nicolson, 1970); James E. Meade, *The Theory of Customs Unions* (Amsterdam: North Holland Publishing Co., 1955); Franz Gehrels, "Customs Union from a Single-country Viewpoint," *The Review of Economic Studies*, Vol. 24, No. 1 (1956–1957), pp. 61–64.

量是固定的，由于成员国国内市场的相对价格发生改变，关税同盟也将导致消费类型的改变。① 利普赛运用供求曲线的新古典经济学分析方法建立的简单模型对维纳关于贸易转向导致福利减少的论点提出质疑，认为"福利的增加可以来自关税同盟的建立，关税同盟仅导致贸易从较低价格转向较高价格的供应来源，然而对进口贸易转向国、整个关税同盟区以及整个世界来说，福利增加可以得到实现"。② 在贸易创造和贸易转移的"国家替代"分析上，利普赛与维纳基本一致，而"商品替代"则是对维纳基本模型的扩展，它是相应商品价格变化的结果。利普赛将维纳的3×2（3个国家，2种商品）模式发展到3×3（3个国家，3种商品）模式，即国内商品、成员国商品和来自非成员国的进口商品，因此需要满足3个最优条件。而建立关税同盟只能满足一个最优条件，它只是从一个非最优位置转向另一个非最优位置，其结果仍是不确定的。因此，关税同盟只是一种"次优"选择。③其后，查尔斯·库珀（Charles A. Cooper）、本顿·马赛尔（Benton F. Massell）以及哈里·约翰逊（Harry G. Johnson）等人建立了新的理论分析框架来论证关税同盟建立的经济合理性，即建立关税同盟是一种"最优"选择，回答了"为什么要建立关税同盟"这一基本问题。④ 这些理论从另一个

---

① Richard G. Lipsey, "The Theory of Customs Unions: Trade Diversion and Welfare," *Economica*, Vol. 24, No. 93 (February, 1957), p. 40.
② Richard G. Lipsey, "The Theory of Customs Unions: Trade Diversion and Welfare," *Economica*, Vol. 24, No. 93 (February, 1957), p. 41.
③ Richard G. Lipsey, "The Theory of Customs Unions: A General Survey," *The Economic Journal*, Vol. 70, No. 279 (September, 1960), pp. 503 – 509.
④ C. A. Cooper and B. F. Massell, "A New Look at Customs Union Theory," *The Economic Journal*, Vol. 75, No. 300 (December, 1965), pp. 742 – 747; C. A. Cooper and B. F. Massell, "Toward a General Theory of Customs Unions for Developing Countries," *The Journal of Political Economy*, Vol. 73, No. 5 (October, 1965), pp. 461 – 476; Harry G. Johnson, "An Economic Theory of Protectionism, （转下页注）

第三章
地区主义：理论与方法

方面推进了关税同盟理论的发展。但这些修正都遵循了生产成本固定不变这个假定，也就是未考虑到规模经济的福利效应，因此都是对关税同盟的静态分析。

1972年，科登（W. M. Corden）运用局部均衡对建立关税同盟后规模经济产生的福利效应进行了较为系统的分析，从理论上论述了规模经济是发展中国家经济一体化的重要动力之一。贸易创造和贸易转向是关税同盟的静态效应，而关税同盟的建立对成员国的经济增长与发展还会产生重要的动态经济效应，这主要表现在关税同盟的建立扩大了出口市场，使一些在此前因市场范围的限制无法达到产量最优化（成本最低）的企业有可能实现在最优产量上运作，节约了生产成本，从而带来规模经济的优势。科登对关税同盟理论的贡献在于将生产成本的变化纳入自己的理论体系，并提出成本降低效应（cost-reduction effect）和贸易抑制效应（trade-suppression effect）。他认为，尽管贸易创造和贸易转向具有重要意义，但还得考虑成本降低效应和贸易抑制效应，而且前者更为重要。① 成本降低效应是指A、B两个成员国在建立关税同盟之前，在保护关税下各自生产某种商品，在关税同盟成立后，其中效率较高的成员国将占领A、B两国市场，这样就可以达到生产成本最低，而生产成本的降低增加了两国的福利。贸易抑制效应是指在建立关税同盟之前，A、B两国都不生产某种商品，而从C国进口，A、B建立关税同盟后，由于共同关税的保护而出现生产者，其中效率较高的成员国仍将占领A、B两国市场，导致价格较高的国内商品取代了从

（接上页注④）Tariff Bargaining, and the Formation of Customs Unions," *The Journal of Political Economy*, Vol. 73, No. 3（June, 1965）, pp. 256–283.

① W. M. Corden, "Economies of Scale and Customs Union Theory," *The Journal of Political Economy*, Vol. 80, No. 3,（May-June, 1972）, pp. 469.

非成员国进口价格较低的商品,这类似于贸易转向,从而减少了成员国的福利。规模经济的效果取决于两种效应对国家福利影响相比较的程度。随后,斯科特·皮尔森(Scott R. Pearson)和威廉·英格拉姆(William D. Ingram)通过对关税同盟给加纳和象牙海岸(科特迪瓦)带来的福利进行实证分析验证了科登的理论,并得出关税同盟给两国分别带来的收益相当于各自国内总产出33%和22%,其中1/5来自规模经济产生的成本下降。① 这些理论阐述的重点主要是关税同盟建立后的经济影响,因此最后都不得不承认关税同盟的"次优"性。后来,安东尼·琼斯(Anthony J. Jones)等人进一步探讨了关税同盟建立的基本经济原因,认为关税同盟可以将国际贸易领域的外部因素"内化",并能起到消除市场的不完善的作用。②

总的看来,关税同盟理论主要关注商品市场,它所探讨的是商品市场的合并对国家福利的影响。而最优货币区理论则试图阐释货币领域进行一体化的条件,货币、商品市场、生产要素市场都进入了研究视野。

(二) 最优货币区理论

罗伯特·蒙戴尔(Robert A. Mundell)是公认的最优货币区(OCA)理论的创始人。③ 蒙戴尔将货币区定义为汇率固定的区域,因此在一个货币区内,并不必定统一货币,而可以同时存在多种货

---

① Scott R. Pearson and William D. Ingram, "Economies of Scale, Domestic Divergences, and Potential Gains from Economic Integration in Ghana and the Ivory Coast," *The Journal of Political Economy*, Vol. 88, No. 5 (October, 1980), pp. 994 – 1008.

② Ali M. El-Agraa and Anthony J. Jones, *Theory of Customs Unions* (Oxford: Philip Allan, 1981); Anthony J. Jones, "The Theory of European Integration," in Ali M. El-Agraa (ed.), *The Economics of the European Community* (Oxford: Philip Allan, 1985), pp. 71 – 92.

③ Filippo Cesarano, "The Origins of the Theory of Optimum Currency Areas," *History of Political Economy*, Vol. 38, No. 4 (Winter, 2006), p. 711.

第三章
地区主义：理论与方法

币，而"最优"反映了在宏观经济目标上同时实现内部均衡和外部均衡，即内部的通胀与失业达到最佳平衡，区域内部与区域外部的国际收支达到平衡。因此，最优货币区是指一个受对称性冲击影响的地区所构成的经济区域，在这些地区之间，劳动力和其他生产要素是自由流动的。蒙戴尔认为，外部不均衡主要是由需求转移引起的。在两个开放小国的模型中，通过调整汇率最多只能解决不同货币区之间的收支平衡，但在一个货币区内，只要劳动力和其他生产要素完全自由流动，需求转移造成的不均衡就能通过这些要素的转移得以消除。蒙戴尔提出，一国内各地区之间或各个国家之间的要素流动程度是组建最优货币区的关键因素，因而在肯定浮动汇率效用的同时，大力主张在货币区内实行单一货币或者固定汇率。[1]其后，罗纳德·麦金农（Ronald I. McKinnon）也开始关注最优货币区问题的讨论，他对蒙戴尔的多数论述表示赞同，但在最优货币区的标准上，并不同意蒙戴尔的要素流动论，而认为应该把经济开放程度作为建立最优货币区的标准。[2] 经济开放程度是指一国生产或消费中的贸易产品与非贸易产品之间的比率。麦金农认为，在外部世界经济稳定的情况下，相关国家的经济开放程度越高，组建一个货币联盟就越有吸引力，越可以避免运用汇率手段调整国际收支失衡带来的负面影响，并达到价格稳定的目标。因此，高度开放的经济区域组建相对封闭的货币区对实现宏观经济目标更为有利。彼得·凯南（Peter Kennen）在一篇论文中提出实行固定汇率制对国家经济的影响与产品多样化的程度有关，并将其作为建立最优货币

---

[1] Robert A. Mundell, "A Theory of Optimum Currency Areas," *The American Economic Review*, Vol. 51, No. 4 (September, 1961), pp. 657–665.

[2] See: Ronald I. McKinnon, "Optimum Currency Areas," *The American Economic Review*, Vol. 53, No. 4 (September, 1963), pp. 717–725.

区的标准。凯南认为，如果发生进口需求冲击，比起产品多样化程度低的国家，那些产品多样化程度高的国家具有更强的抵御冲击的能力，从而使其对国际收支和失业的影响大大减小，并且产品的多样化可以在进出口需求中产生交叉抵消效应，从而在总体上维持宏观经济的稳定。[①] 詹姆斯·英格拉姆（James C. Ingram）指出，最优货币区的标准应该是与长期资本自由流动相联系的金融一体化程度。在金融高度一体化的状态下，国际收支失衡不需要汇率机制的调节，因为国际收支失衡带来的微小利率波动就能引起足够的跨国资本流动，以此来恢复国际收支的平衡。换言之，金融的高度一体化使得通过汇率波动改变国家间贸易条件的需求降低了，考虑到实行汇率浮动及其风险，在金融一体化程度高的区域最好实行固定汇率。[②] 英格拉姆还提出成立最优货币区的政策一体化条件，货币的正常运行还需要成员国对其货币、财政以及经济、社会政策进行协调，为了实现这些政策的协调，各成员国还必须让渡部分主权。此外，哈勃勒（Gottfried von Haberler）和弗莱明（John M. Fleming）认为通货膨胀率的趋同是建立货币区的必要条件。

以上研究从不同角度阐述和发展了最优货币区理论，但一个共同的特点是，主要围绕建立最优货币区的决定性因素这个基本问题展开的。此后，在国际经济学界，关于货币区的研究又经历了两次高潮：一是20世纪70年代《魏尔纳报告》的提出，该报告建议

[①] Peter Kenen, "The Theory of Optimum Currency Areas: An Eclectic View," in Alexander Swoboda and Robert A. Mundell (eds.), *Monetary Problems of the International Economy* (Chicago: University of Chicago Press, 1969), pp. 41 - 60.

[②] See: James C. Ingram, "State and Regional Payments Mechanisms," *The Quarterly Journal of Economics*, Vol. 73, No. 4 (November, 1959), pp. 619 - 632; James C. Ingram, "State and Regional Payments Mechanisms: Reply," *The Quarterly Journal of Economics*, Vol. 74, No. 4 (November, 1960), pp. 648 - 652.

第三章
地区主义：理论与方法

从1971年到1980年分三个阶段实现欧洲货币一体化；二是20世纪90年代《马斯特里赫特条约》的签订，该条约确定了经济和货币的最终目标，规定至迟于1998年7月1日成立欧洲中央银行，并于1999年1月1日实行单一货币。研究的重点也逐渐转移到加入一个货币区后的收益与成本评估以及加入货币区后对国家福利的影响。① 综合起来，最优货币区理论认为，国家加入"最优货币区"，在地区内采取固定汇率、地区外浮动汇率制度，有利于减少汇率风险、减小国际投机的冲击、降低干预成本、扩大规模效应、提高资源配置效率、优化产业结构等。

尽管最优货币区理论对建立最优货币区的效用评价已经比较全面，但对建立货币区的复杂性估计不足，例如在货币区成员与非成员国的汇率调整上，各成员国出于自身利益的考虑，并不能完全遵照单一货币的要求放弃汇率机制。此外，对地区货币合作政治后果的忽视也限制了该理论的拓展。

总体来看，在地区主义研究中，政治分析方法侧重于对地区主义的政治背景以及发展进程的动态考察，经济分析方法主要是对经

---

① See: Herbert G. Grubel, "The Theory of Optimum Currency Areas," *The Canadian Journal of Economics*, Vol. 3, No. 2 (May, 1970), pp. 318 – 324; Y. Ishiyama, "The Theory of Optimum Currency Areas: A Survey," *IMF Staff Papers*, Vol. 22, No. 2 (1975), pp. 344 – 383; K. Hamada, "On the Political Economy of Monetary Integration: A Public Economics Approach," in R. Z. Aliber (ed.), *The Political Economy of Monetary Reform* (London: Macmillan, 1977), pp. 13 – 31; George S. Tavlas, "The Theory of Optimum Currency Areas Revisited," *Finance & Development*, Vol. 30, No. 2 (June, 1993), pp. 32 – 35; Robert A. Mundell, "Updating the Agenda for Monetary Union," in Mario I. Blejer, et al. (eds.), in cooperation with David M. Cheney, *Optimum Currency Areas: New Analytical and Policy Developments* (Washington, D. C.: International Monetary Fund, 1997), pp. 29 – 48; Francesco P. Mongelli, "What is European Economic and Monetary Union Telling Us about the Properties of Optimum Currency Areas?" *Journal of Common Market Studies*, Vol. 43, No. 3 (September, 2005), pp. 607 – 635.

济领域内国家利益的静态分析。无论新功能主义和政府间主义，还是关税同盟理论和最优货币区理论，都为地区主义提供了生动而富有洞察力的解释（见表3.3）。

表3.3 地区主义的政治与经济分析方法

研究方法	理论	分析层次	具体方法	主要研究内容
政治学方法	新功能主义	超国家与次国家行为体	实证、动态	一体化的发展与权力（权威）的转移、国家福利的最大化
	政府间主义	政府首脑，民族国家	实证、动态	通过国家间讨价还价达到国家财富和权力的最大化
经济学方法	关税同盟理论	商品与服务市场	实证、静态	从贸易创造与贸易转向理解一体化的福利内涵
	最优货币区理论	商品与生产要素市场	实证、静态	货币领域一体化

三 地区主义研究的政治经济学方法

早在20世纪70年代初，伦敦经济学院教授苏珊·斯特兰奇（Susan Strange）就曾明确指出国际问题研究中政治与经济相互分离的现象。[①] 其后，越来越多的学者开始试图从政治与经济相结合的角度研究国际政治与国际经济之间的互动关系。罗伯特·吉尔平（Robert Gilpin）指出，"经济和政治的相互作用是国际政治变革进程的一个基本特征。一方面，力图在经济上得益的愿望是寻求变革国际体系的强大动力，因而群体间和国家间的权力分配，是经济活动的类型，尤其是行为者能从国内或国际分工中获得最大收益的那种经济活动类型的重要决定因素。另一方面，权力分配的本身最终

---

① Susan Strange, "International Economics and International Relations: A Case of Mutual Neglect," *International Affairs*, Vol. 46, No. 2 (Aprol, 1970), pp. 304 – 315.

取决于经济基础。经济因素和动机是国家行为和政治变革的一般要素。如果由于经济效率、工业场所或者贸易趋势的变化，财富的源泉基础也发生变化的话，必定会相应发生群体间和国家间权力的重新分配。为获得权力而进行斗争与力图在经济上获益的愿望最终会纠缠在一起"。[1]关于政治与经济互动的内在机制，吉尔平归纳为三个方面的问题：一是市场经济增长的经济与政治根源与影响；二是经济变化与政治变化之间的关系；三是国际市场对国内经济的影响。[2] 其后，斯特兰奇对国际关系学界忽视国际政治经济内在的特点进行了批评，主张研究国际体系的整体变化，并提出国际社会中主要存在两种权力：一种是联系性权力，另一种是结构性权力。联系性权力是甲靠权力迫使乙去做或许其本来不想做的事，也就是对过程或结果的控制，它属于传统权力政治的范畴。结构性权力是"形成和决定全球各种政治经济机构的权力"，它影响决策，构建国与国之间的关系，决定政府与人民、国家与市场之间相互关系的框架，包括安全、生产、金融和知识四种权力。由于政治权力和经济权力越来越难以区分，并且结构性权力分散在安全、生产、金融和知识四个各不相同但互有联系的结构之中，财富、秩序、公正和自由四大基本价值观念贯穿其中，因此在当今国际社会中，结构性权力显得更为重要。[3]

在政治因素与经济因素的相互关系问题上，形成了众多的理论分支与流派，其中占主导地位的是以罗伯特·吉尔平为代表的霸权

---

[1] Robert Gilpin, *War and Change in World Politics* (Cambridge: Cambridge University Press, 1981), Chapter 2, pp. 50–105.

[2] Robert Gilpin, *The Political Economy of International Relations* (Princeton, N. J.: Princeton University Press, 1987), pp. 12–15.

[3] Susan Strange, *States and markets*, London: Pinter Publishers Ltd., 1988.

稳定论和以罗伯特·基欧汉和小约瑟夫·奈为代表的相互依存论。霸权稳定论认为在地区政治与经济体系中，需要有一个霸权国家来维持地区政治和经济的稳定，地区主义的发展需要霸权国家的参与与推动，如果没有（地区）霸权国家的存在，地区秩序将陷入无规则的混乱状态。（地区）霸权国家利用自己强大的经济实力来建立起地区政治经济秩序，以维持地区政治经济秩序的稳定。[1] 相互依存论则认为世界各国在经济全球化的背景下已经形成相互依存的关系，在经济上已经表现出敏感性和脆弱性，国际政治由高级政治向低级政治过渡，在经济相互依存的情况下，地区合作与国际合作已成必然，地区主义的发展有利于国家在对外政治经济交往中获取最大的利益。[2]

20世纪80年代中期以来，由于全球层次的经济发展、政治变迁以及西方国家区域政治政策层面的变化，在国际关系中地区问题变得更加重要，越来越多的学者已不再满足于仅仅关注地区主义的经济动力或者政治动因，而开始挖掘地区主义进程中政治与经济的相互影响与渗透，将经济变化与政治变化联系起来考察权力与财富的互动，从政治经济学角度理解和研究地区主义。[3] 由于研究的侧重点不同，逐渐形成了三种研究路径：一是地区范围内国家间的政治经济学，它遵循从内向外的视角，主要关注特定地区内国家之间的战略互动关系，涉及国家间宏观经济政策、安全和外交政策的协

---

[1] Robert Gilpin, *War and Change in World Politics*, Cambridge: Cambridge University Press, 1981.
[2] Robert O. Keohane and Joseph S. Nye, *Power and Interdependence: World Politics in Transition*, Boston: Little, Brown and Company, 1977.
[3] Michael Keating, "The Political Economy of Regionalism", in Michael Keating and John Loughlin (eds.), *The Political Economy of Regionalism*, London: Frank Cass & Co. Ltd., 1997, pp. 17–40.

调以及国内政治经济对政策协调的影响；二是国家地区政策的国内政治经济学，它采用从外向内的视角，主要关注国家的地区主义政策对国内政治、经济决策的影响，以及如何通过调整地区政策来促进国家利益在国内和国际两个层面的平衡协调发展，此外，还包括地区一体化对国家间关系的影响；三是国家与地区互动的政治经济学，它将国家内部因素与（地区）国际环境和背景结合起来，实现了政治与经济、国内研究与地区研究的整合，关注的重点包括国内机制与利益集团偏好如何制约和影响地区议题的设定、地区主义的发展对国家利益偏好的塑造、国内与国际的双层互动的进程与结果等。

  总之，各个地区在政治经济方面的变化是地区主义演变的关键，国际政治经济的发展使得整个世界日益融为一个整体，国内政治经济与国际政治经济的界限变得日益模糊。任何国家对内、对外政策的制定和实施都离不开外部的国际环境，对内政策与对外政策之间的联系日益密切。因此，利用国际政治经济学方法研究地区主义，既要研究地区主义政策和目标对地区政治经济的制约和影响，又要研究地区政治经济条件对地区主义的制约和影响，前者可以理解国家间的政治经济政策的变化与双边关系，而后者则有助于理解国际背景和地区政治经济秩序。

第四章　地区主义与地区秩序：
一种分析框架

地区主义与地区秩序都在地区层次上对国际关系进行描述和阐释，虽然各自所涵盖的内容和关注的重点不同，但自从地区主义出现在世界政治舞台以来，地区主义就对地区秩序的塑造和构建起着重要的推动作用。尤其是在当今世界，地区主义已经成为势不可当的潮流，它所具有的巨大能量使之对地区经济、政治、文化和社会等领域的方方面面产生着重大影响。在地区主义的发展进程中，地区秩序也随之不断演进，两者之间有着不可分割的内在联系。

第一节　地区秩序：内涵、要素与特征

在政治学的范畴中，秩序一般与混乱和无序相对，它指的是规范、稳定和有序。在国际政治中，秩序的界定要复杂得多，因为与国内社会不同，国际社会最重要的特征是不存在一个权力集中并拥有合法权威的世界政府，不能像国家那样对整个社会进行组织和管理，也就是处于无政府状态。但是，无政府并不意味着无秩序，也不排除公正、合理、稳定、和谐的国际秩序出现在国际社会。正因

第四章
地区主义与地区秩序：一种分析框架

如此，即便是那些承认国际社会无政府性质的国际关系理论流派，也都十分关注世界政治中的秩序问题，并对秩序的理解表达了各种不同的观点，在此基础上，对地区秩序进行了一些有益的探索。

一 地区秩序的内涵

在大多数的学术讨论中，地区秩序的概念都是以世界（国际）秩序的概念为基础进行界定的。对于世界秩序，学术界也一直存在着不同的看法。赫德利·布尔（Hedley Bull）认为，在世界政治中，秩序是人类活动的格局和布局，它支撑着整个人类社会生活的基本或主要目标，这些目标包括：第一，反对导致死亡的暴力；第二，一旦做出保证或签署协定，有关各方就要遵守；第三，所有成员都要确保现状稳定，避免经常性、无休止的挑战。[1] 布尔对秩序的理解范围十分广泛，他将人类活动、国家行为与维护人类社会的合作、稳定、和平结合起来进行考察，认为那些构成秩序的要素是按照某种模式相互联系在一起的，它们之间的关系不纯粹是偶然的，而是包含一些可以辨知的原则。罗伯特·考克斯（Robert W. Cox）将世界秩序视为国家间体系的总和，以及国家间有规则的交往模式。[2] 与布尔一样，考克斯将秩序当做一个道德和政治上中立的概念，强调有规则的或者经常性的互动方式，主要出于描述和

---

[1] Hedley Bull, *The Anarchical Society: A Study of Order in World Politics* (New York: Columbia University Press, 1977), p. 15.
[2] See: Robert W. Cox, "Social Forces, States, and World Orders: Beyond International Relations Theory," *Millennium: Journal of International Studies*, Vol. 10, No. 2 (June, 1981), p. 137; Robert W. Cox, "Towards a Post-hegemonic Conceptualization of World Order: Reflections on the Relevancy of Ibn Khaldun," in James N. Rosenau and Ernst-Otto Czempiel (eds.), *Governance without Government: Order and Change in World Politics* (Cambridge: Cambridge University Press, 1992), pp. 132–159.

分析目的。[1] 罗伯特·库珀（Robert Cooper）从规范分析的角度来理解秩序，他认为历史上的战争与混乱给人类带来巨大的灾难，因此混乱威胁着人类的生存，是人类社会的不良状态，秩序才是合乎人意、值得追求的。[2] 尽管这两种定义秩序的方式不同，但自从民族国家形成以来，世界秩序都反映了主权国家以权力、利益和认同为基础所进行的互动、分化和组合，从而形成特定的互动模式。世界秩序不是一成不变的，它的形成和演变是国际行为体长期互动的结果。

在地理范畴上，与世界秩序相对应的是地区秩序。地区秩序强调地缘关系，并带有地区价值色彩，它是在一定地域范围内各行为体（地区组织、国家等）之间互动形成的政治、经济和社会等方面相对稳定的结构。

秩序具有规范的和思想观念上的内涵，因为它包含了社会、政治和经济体系是如何以及应该如何建构的特定概念。秩序的主要功能是防止武装冲突，避免正常的国际社会生活被打乱，因此它具有相对稳定的常态。[3] 地区秩序包含以下几个方面的内涵。

首先，地区秩序是世界无政府状态下的产物，因此，它是相对于整个世界无权威政府而言的。地区各国间的权力格局与一国内部权力的垂直分布不同，它是为了满足一定的利益需求、实现特定的

---

[1] Sanjay Chaturvedi and Joe Painter, "Whose World, Whose Order? Spatiality, Geopolitics and the Limits of the World Order Concept," *Cooperation and Conflict: Journal of the Nordic International Studies Association*, Vol. 42, No. 4 (December, 2007), p. 377.

[2] Robert Cooper, *The Breaking of Nations: Order and Chaos in the Twenty-First Century* (London: Atlantic Books, 2004).

[3] John A. Hall and T. V. Paul, "Introduction", in T. V. Paul and John A. Hall (eds.), *International Order and the Future of World Politics* (Cambridge: Cambridge University Press, 1999), p. 2.

第四章
地区主义与地区秩序：一种分析框架

目标和价值而产生的一种规则与目标相结合的运作模式。

其次，广泛的地区联系与地区认同的存在，是地区秩序形成的前提。地区秩序不仅仅是地区体系结构和力量对比的产物，不完全是地区大国间或大国与小国间权力关系的反映，一定程度上，地区认同而不是权力因素，制约着地区合作与地区国家间的行为。

最后，地区机构与制度安排，尤其是地区政府间组织是构筑地区秩序的重要载体。各种地区正式和非正式组织与机构的涌现，有效制约了地区大国权力的滥用，并将小国的利益反映出来，从而从法理上赋予所有成员平等的权力。

二 地区秩序的要素

秩序就是使一个整体内的各要素正常运转与发挥作用的规则或状态。[1] 理解秩序还必须分析秩序的构成要素，理解地区秩序亦是如此。

亨利·基辛格（Henry Kissinger）指出，要理解世界新秩序必须回答以下三个基本问题：世界秩序的基本单位是什么？它们之间相互作用的手段是什么？它们之间相互作用的目的是什么？这里所说的秩序的基本单位、手段和目的，也就是构成秩序的基本要素。[2] 除了基辛格所提到的三个要素之外，客体也是组成秩序的重要要素之一。[3] 因此，从秩序的内在结构看，地区秩序的构成要素总体上包括主体、客体、目标和手段四个方面。

---

[1] 梁森、陆仁：《关于体系、格局、秩序概念的界定》，《国际政治研究》1991年第2期，第110页。
[2] Henry Kissinger, *Diplomacy* (New York: Simon & Schuster Inc., 1994), pp. 804–836.
[3] 潘忠岐：《世界秩序内在结构的要素分析》，《国际政治研究》1999年第4期，第108~116页。

地区秩序的主体是构成地区秩序的基本要素，是能够独立参与地区事务，在地区化进程中发挥与自身职能特性相符的各种作用的政治和经济实体，它包括两种类型：一类是主权国家和类似国家的政治实体；另一类是非国家行为体，例如地区政府间和非政府间组织、跨国公司和跨国社会运动等。长期以来，主权国家一直占据着世界政治和国际关系的中心地位，以现实主义者为代表的理论家对国际秩序和地区秩序的理解也是以主权国家为中心的。在全球层次上，全球化的发展对国家主义和国家中心型的秩序观提出了挑战，随之出现了由大国中心型秩序向社会中心型秩序转变的可能；[①] 在地区层次上，毋庸置疑的事实是，现代政治意义上的地区都是伴随着地区组织的建立而形成的，都是以一定形式的地区组织为纽带将主权国家联系在一起的。因此，在地区秩序系统中，地区组织往往起着主权国家所不能替代的作用。

地区秩序的客体是地区各行为体为建立有序的地区社会所涉及的对象，一般包括政治、经济、军事、文化和社会等领域。根据客体的不同，地区秩序可以分为地区政治（安全）秩序、经济秩序和社会（文化）秩序等。地区政治秩序是指地区内成员体在政治层面上就相互之间的政治性问题，主要是政治共识、政治互信、安全保障与战略等，所达成的共同意向以及所做出的制度安排；地区经济秩序主要涉及地区共同市场的建立、关税壁垒的消除、各种生产要素流通的便利化措施以及投资和经贸发展战略等经济内容，这是由各单元行为体相互之间所确立的互惠性关系和规范约束各自行为的各种规则；地区社会秩序是指政治、经济内容以外的，包括人

---

① 〔日〕星野昭吉：《全球政治学——全球化进程中的变动、冲突、治理与和平》，刘小林、张胜军译，新华出版社，2000，第65页。

第四章
地区主义与地区秩序：一种分析框架

口流动、文化交流、教育和科技合作、技术转让和环境保护等社会性内容的协议和措施。① 在实际运行中，这三个方面是相互联系、相互促进、密不可分的。当今世界，各地区经济与社会问题政治化、政治问题经济与社会化的趋势日趋明显，因此在很多情况下，难以将三者完全区分开来。

地区秩序的目标也就是地区秩序的基本价值目标取向。价值目标是人们所追求或要达到的某种价值理想、价值境界。② 人类社会的各种秩序，都有自己追求的目标。地区秩序的目标是其所要达到和实现的愿望和理想。当今世界是个多样化的世界，地区也同样具有多样化的特征，地区范围内各国的社会制度、意识形态、发展程度、综合国力、历史文化传统和价值观念等方面都存在差异。但是，随着世界殖民体系的崩溃和第三世界的崛起，以及新科技革命和全球化的加速发展，一定地区内的各国一方面联系更加紧密，另一方面都面临许多共同的挑战。从当今世界的总体状况来看，和平与发展、安全与稳定、民主与公正是构建地区秩序的共同目标。只有以此为基础，才能实现平等互利、协调合作、求同存异、竞争共处，使地区秩序走上公平合理、良性发展的轨道。

地区秩序的手段是构建地区秩序的途径。总的来看，地区各行为体在建构地区秩序过程中所采取的手段主要有两种：一种是强制性的非和平手段，另一种是合作性的和平手段。前者包括国家间的霸权战争和地区冲突；后者包括国家外交手段，地区政府间组织的政策协调与制度安排，以及非政府组织和跨国公司的跨国参与，等等。20世纪中叶以前，战争往往是打破地区旧秩序、建立地区新

---

① 吴昕春：《地区秩序及其治理》，《现代国际关系》2003年第9期，第56~57页。
② 李淮春主编《马克思主义哲学全书》，中国人民大学出版社，1996，第280页。

秩序的最后手段，以致吉尔平认为战争是解决国际体系结构与权力分配的不平衡的主要手段，是世界政治体系变革的基本机制。[1] 二战后，和平竞争与合作成为国际关系的主要形式，世界范围内掀起的地区主义进程也是以地区合作为主要内容的，它对地区秩序的塑造打破了传统的战争和强制手段，成为地区秩序转变的主要推动力量。

三 地区秩序的特征

地区秩序不等同于地区范围的国际秩序，由于地区化和地区主义的发展，更不能简单地用国际秩序的思想来理解地区秩序与国际秩序之间的关系。地区体系内部的国家互动方式、规定、安排、体制与国际体系内部的国家互动不应该画等号，地区秩序已经不能简单地被看做国际秩序在地区范围的表现。[2] 在观念层面上，地区秩序表现为某种价值、目标或愿望被地区各行为体所共同接受或认同，各行为体具有基本一致的价值取向，并且其行为受共同的价值与目标的约束；在制度层面上，地区秩序表现为一系列具有约束性、规范性和有效性的地区组织、规则和安排的形成，这些组织、规则和安排与外部世界既有相对独立的一面，也有相互联系的一面；在行动层面上，地区秩序表现为地区各行为体之间的有规则交往与互动，以及获得广泛认可的集体一致行动。因此，地区秩序除了具有与国际秩序相同的一些特征外，还具有自己独特的性质。这包括以下三个方面。

---

[1] Robert Gilpin, *War and Change in World Politics* (Cambridge: Cambridge University Press, 1981), Chapter 5, pp. 186 – 210.
[2] 庞中英：《亚洲地区秩序的转变与中国》，《外交评论》2005年第4期，第41～42页。

第四章
地区主义与地区秩序：一种分析框架

一是地域性。地区秩序的地域性包括两个方面的含义：一是地域上的不可选择性，二是地域上的可变性。地区秩序都是建立在一定的地理空间范围之内的，国家成为地区成员的首要前提是地理上的相互连接或邻近。因此，地区秩序的形成不完全是主观选择的结果，也具有其不可选择的客观方面。可变性是指地区秩序具有其发展的空间，可以扩大也可以缩小，甚至出现重叠和交叉的情况。例如，从东南亚地区秩序，到东亚地区秩序，再到亚太地区秩序，都是随着地区联系的不断加深而发展的，这些变化体现出地区秩序在地理空间上的可塑性。

二是多样性。当今世界由各个不同的地区构成。在这些地区内部，地理、自然、政治、经济、社会、文化等方面各不相同，而且与其他地区相比，每个地区的内部结构也各不相同。因此，世界上不可能存在完全相同的地区秩序。在北美，美国一超独霸；在欧洲，英、法、德占据重心地位；在东亚，中、日两国举足轻重。除此之外，世界上还有一些地区内部结构相对比较均衡，如东盟、拉美、中东、非洲、南太平洋等。这些不同的地区结构，直接影响到地区秩序的外在形式和内在性质。并且，即使是在同一地区，秩序也是不断发展变化的，不同的历史阶段呈现出不同的地区秩序。

三是局限性。这里所说的局限性，是指地区秩序要受到世界体系、世界格局和世界秩序的制约。冷战时期，世界格局呈现两极争霸的态势，世界上各个地区的内部事务都一定程度上打上了两极格局的烙印。冷战的结束，两极体系的崩溃，从世界经济与政治要地的欧洲、大国林立的东北亚、被称为世界油库的中东这三大全球地缘政治战略地区的秩序重构来看，均受国际格局变迁的深刻影响而发生重大变化。例如，俄罗斯势力的衰退，致使一些东欧国家纷纷加入欧盟，改变了欧洲地缘政治秩序。再如中东，地区政治秩序由

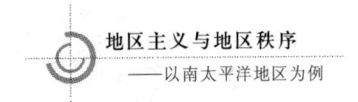

美苏两大国主导转变为美国单极主导，美国借助海湾战争和伊拉克战争，强力推行"大中东民主计划"，对中东地区秩序的影响重大而深远。因此，地区秩序的形成和维持不可能孤立地存在，它离不开国际关系全局特征的大背景。

第二节　地区主义与地区秩序的关联性分析

在世界历史上，地区秩序的存在由来已久，它是在国家行为和活动的国际化进程中慢慢长成的。而地区主义，严格来讲，只不过是20世纪中期才出现的一种国际现象。因此，从历史的逻辑来看，两者并不具有天然的联系。但是，当今世界，地区秩序的性质和特征已不同往昔。地区秩序追求和平、稳定、公正、合理，地区主义强调团结、合作、联合、统一，两者属性相互兼容，呈现出同质性的正向互动。不可否认，地区主义的产生与发展，维护了地区秩序的合法性，对地区秩序向合作性演进起到了不可低估的塑造作用。

一　地区主义与地区秩序的合法性

"合法性"这一概念在政治学、社会学等社会科学中早有论述。在一般意义上，合法性不仅涉及法律和政治领域，还涉及道德、宗教、习俗、惯例等更广泛的社会领域，它被用来讨论整个社会的秩序和规范，[1] 或者用来讨论由规范组成的系统。[2] 合法，意

---

[1] 参见：〔德〕马克斯·韦伯《论经济与社会中的法律》，张乃根译，中国大百科全书出版社，1998，第5~11页；John K. Rhoads, *Critical Issues in Social Theory* (University Park, P. A.: Pennsylvania State University Press, 1991), p. 167。

[2] Jürgen Habermas, *Communication and the Evolution of Society*, translated by Thomas McCarthy (London: Heinemann, 1979).

第四章
地区主义与地区秩序：一种分析框架

味着符合某些规则。但在一个政治系统内，合法性的基础在于对政治统治的合法性信仰，它反映了一定政治体系的稳定性，也就是人们对统治者地位的确认和对统治者命令的服从。据此，马克斯·韦伯（Max Weber）从经验分析的角度将合法性的基础分成三种类型：一是传统型，它基于对习惯和传统的无条件遵从，而从"一贯如此"的既有权威中获得合法性地位；二是魅力型，它以个人的超凡"神性"和人格魅力为基础，从而吸引人们的追随和服从；三是法理型，它依照民主程度制定的规则和法律赋予统治者以相应的职权。[1] 同时，韦伯也指出，这三种合法性权威只是属于"纯粹的"理论上的类型，并不与历史上某一时期的统治类型相一致，相反，历史上曾出现的统治形式都是这三种纯粹类型不同形式的混合。几乎与此同时，尤尔根·哈贝马斯（Jürgen Habermas）从规范的角度为合法性提供了一个简明的定义："合法性意味着一种值得认可的政治秩序，它的稳定性来源于事实上的被承认"。[2] 这里已不单单是将合法性停留在经验分析和心理认同的层面上，而是融入了对合法性的价值判断。亨廷顿从统治者和被统治者两个方面对合法性进行了界定：对统治者而言，合法性意味着统治的权利；对被统治者而言，则表现为服从的义务。[3] 此外，加布里埃尔·阿尔蒙德（Gabrial A. Almond）还从政治文化的视角讨论合法性，他把合法性看做一种体系文化，表现为对政治体系的认同和对政治秩序的

---

[1] Max Weber, *Economy and Society: An Outline of Interpretive Sociology*, translated by Ephraim Fischoff, et al., edited by Guenther Roth and Claus Wittich (Berkeley: University Of California Press, 1978), pp. 215 – 271.

[2] Jürgen Habermas, *Communication and the Evolution of Society*, translated by Thomas McCarthy (London: Heinemann, 1979), p. 178.

[3] 〔美〕塞缪尔·P. 亨廷顿：《第三波——20 世纪后期民主化浪潮》，刘军宁译，上海三联书店，1998，第 55 页。

自觉遵守。① 从这些关于合法性的论述中可以看出，在现代政治社会中，合法性至少包含了三个方面的要素：一是成员对政治共同体的认同和自愿接受；二是遵从一定的规范和准则；三是与现行的法律相符。

近年来，国际政治中的合法性问题也得到了广泛的讨论。② 伊恩·赫德（Ian Hurd）认为国际政治中的合法性是指行为者应当服从某种规则和机构的规范性信仰。它具有主观性，反映的是行为者与制度之间的关系，由行为者对机构的知觉所定。这种知觉可能来自规则的实质内容，也可能来自制定规则的程序和起因。③ 这里提供了国际政治中关于合法性的一般理解。从中不难看出，它与国内政治意义上的合法性内涵一致。

但是，不同国际关系理论学派对地区秩序的合法性所做的阐释却不尽相同。现实主义认为地区秩序是权力分配的结果，大国之间

---

① 〔美〕加布里埃尔·A. 阿尔蒙德、小 G. 宾厄姆·鲍威尔：《比较政治学：体系、过程和政策》，曹沛霖等译，上海译文出版社，1987，第 35~36 页。

② 参见：Ian Hurd, "Legitimacy and Authority in International Politics," *International Organization*, Vol. 53, No. 2 (Spring, 1999), pp. 379 – 408; Kenneth O. W. Abbott, Robert Keohane, Andrew Moravcsik, Anne-Marie Slaughter and Duncan Snidal, "The Concept of Legalization," *International Organization*, Vol. 54, No. 03 (August, 2000), pp. 401 – 419; Ian Clark, "Legitimacy in a Global Order," *Review of International Studies*, Vol. 29, S1 (December, 2003), pp. 75 – 95; Ian Clark, *International Legitimacy and World Society* (Oxford, New York: Oxford University Press, 2007)。2005 年，英国国际关系协会主办的《国际研究评论》出版一期专刊，专门讨论了世界政治中的合法性问题，例如，David Armstrong and Theo Farrell, "Force and Legitimacy in World Politics: Introduction," *Review of International Studies*, Vol. 31, S1 (December, 2005), pp. 3 – 13; Andrew Hurrell, "Legitimacy and the Use of Force: Can the Circle Be Squared?" pp. 15 – 32; Richard Falk, "Legality and Legitimacy: The Quest for Principled Flexibility and Restraint," pp. 33 – 50; Jeremy Black, "War and International Relations: A Military-historical Perspective on Force and Legitimacy," pp. 127 – 142; 等等。

③ Ian Hurd, "Legitimacy and Authority in International Politics," *International Organization*, Vol. 53, No. 2 (Spring, 1999), p. 381.

第四章
地区主义与地区秩序:一种分析框架

的力量对比相对稳定即形成秩序,而对秩序的合法性却没有给予足够的关注。这种秩序观源于对国家主权权力的信奉,国家主权是"一个民族的最高法律权威,它可以在特定的领土范围内制定法律,它独立于其他任何民族的权威,并根据国际法享有与其他民族的权威平等的权利"。[①] 在没有中央政府的国际社会中,国家是最根本和最重要的行为者,国家权力是解释秩序形成的主要因素。国际政治中的法律和制度也是受追求权力的斗争限制和支配的。因此,地区秩序必然由强国所主导和建构,弱国和小国的作用无足轻重。这就割裂了合法的秩序与公正、平等和正义的观念之间的紧密关系,从而削弱了合法性,甚至还很可能导致强权政治。

新自由主义较早关注合法性问题,对国际社会中合法性的产生及其效用、合法性与政治秩序的关系等,都有较为详细的分析。但总的来看,新自由主义是从原则、规范和制度角度来理解合法性,也就是地区秩序的合法性主要取决于体现地区秩序的各种制度和规则的合法性。地区秩序之所以能够维持,是因为现有秩序符合地区所有成员的利益,换言之,地区所有成员都能从现有秩序中获益,反之,地区秩序就会发生变革。通常而言,国际制度通过国家之间的博弈产生,从程序的角度来看,所建立的各种规则得到了全体参与国的确认,从而具有了合法性。但对于那些由霸权大国强制建立和推行的制度,在新自由主义者看来,并非必定不具有合法性,其合法性则来源于国际制度的有效性。[②] 这种来源于有效性的合法

[①] Hans J. Morgenthau, *Politics among Nations: the Struggle for Power and Peace*, 4th edition, (New York: Knopf, 1967), p.305.

[②] 基欧汉和奈在探讨世界贸易组织的民主合法性问题时,曾指出"国际机制的合法性部分来自其有效性"。见〔美〕罗伯特·基欧汉、约瑟夫·奈:《多边合作的俱乐部模式与世界贸易组织:关于民主合法性问题的探讨》,《世界经济与政治》2001年第12期,第63页。

地区主义与地区秩序
——以南太平洋地区为例

性,虽然肯定了制度在构建地区秩序中所起的作用,但由于其主要体现的是大国意志与利益,因此潜伏着合法性危机问题。

建构主义强调体系施动者与结构的互动,关注"认同""知识""文化"等观念因素的作用。因此,建构主义理论中的合法性反映的是行为体的"规范性信仰",而规则、制度和法律都是深嵌在社会相互作用的实践之中。地区秩序合法性的基础来源于规则内化,"只要国家内化了这些限定性规则,规则就会被视为对国家行为的合法约束并可以集体的方式加以执行"。[1] 地区成员的行为遵循两种逻辑:一个是适当性逻辑,另一个是推理性逻辑。适当性逻辑受社会结构驱动,社会结构的规范和规则对不同的行为体提出同样的要求,并控制行动者的决策与选择,这实际上体现了社会道德价值评判的内涵。推理性逻辑由行动者驱动,追求效用的最大化,规范、规则和惯例是这一过程的产物,体现一种"存在即合法"的功利主义的评判原则。[2] 共有观念和文化在建构主义的分析范式中占有极其重要的地位,建构主义将地区秩序的合法性归结为行为体与观念、规范和文化之间的互构关系,行为体对一种地区秩序的接受需要以遵守和认同某种规则为基础,并通过互动形成新的观念与认同。

西方国际关系理论三大主流范式为分析和评估地区秩序的形成动力、维持与演变条件提供了不同的视角,权力、制度、文化(观念)三者从不同的侧面解释了地区秩序的形成基础。不过,在地区秩序的合法性问题上,它们也有共通的一面,即地区秩序的合

---

[1] 〔美〕亚历山大·温特:《国际政治的社会理论》,秦亚青译,上海世纪出版集团,2000,第382页。
[2] 随新民:《国际制度的合法性与有效性——新现实主义、新自由制度主义和建构主义三种范式比较》,《学术探索》2004年第6期,第17页。

第四章
地区主义与地区秩序：一种分析框架

法性表现为地区成员对秩序的接受和服从，承认秩序的控制力和约束力。作为地区秩序的主体，主权国家对地区秩序的创建依然起着至关重要的作用，这就可能使得地区秩序成为霸权国维护霸权利益的保障，为霸权国家谋求自身利益服务。但是，地区秩序要想获得霸权国以外其他国家的认可和愿意服从，还必须具有公共性，也就是代表一种公共意志，反映出所有成员的利益与要求。尽管当今世界各个地区，秩序内容较多地体现主导国的意志和利益，但为了维持秩序的持久性和稳定性，在秩序的建构过程中，都在倡导和遵循主权原则、国际法基本准则、集体安全观念和合作理念等。地区秩序正是从这里反映出其正当性与合理性。在传统型、魅力型和法理型合法性逻辑中，唯有法理型逻辑符合当前地区秩序的发展趋向，并且只有通过合作与协商所形成的法理框架才能得到所有成员的遵从，从而维持得更久。

地区主义的核心是地区内国家之间的合作，在地区主义进程中，合作、协调与相互妥协成为处理国家间关系的主流方式，一些规则、规范、原则以及决策程序逐渐为所有参与者接受，并通过制度化成为地区普遍认同的软性法则。这种制度化的途径使地区秩序的稳定成为可能。从动态的角度来看，地区主义表现为各行为体参与地区合作，并以此为载体形成地区共同价值和规范的过程；从静态的角度来看，地区主义表现为已经形成的制度网络和各种法律文件。地区主义将多边主义原则运用到地区层面，一方面调整着地区行为体之间的权力结构，另一方面又通过建立地区制度与观念规范和约束这种新的权力结构，从而确立一种相对稳定的结构关系。但地区主义对地区秩序的构建作用不仅仅体现在这两个方面，还应包括地区主义所蕴含的平等、公正、合理、协作理念植入地区秩序，这往往决定着地区秩序的本质属性。如前所述，地区主义代表了一种合法秩序的价值追求，并将拥有共同目的的行为体组织在一起，以构建、维持和修正特定地区的政治、经济和安全等秩序。此外，地区主义的各种安排与地区组织的建立，促进了"无政府"状态下的稳定，也使国家行为限定在这些法理和制度框架以内。让·莫内对欧共体曾做出这样的评价，"欧洲的统一是战后西方世界发生的最重要的事件，这不在于它创造了一个新的大国，而是因为它的制度方面创建的一个新的方法，正在永久地改善国家和人民之间的关系。人类的本性没有改变，但当国家和人类接受了同一个准则和机构而保证采用它们时，人类相互之间的行为就会改变"。[①] 这种改变源于共同的预期，是通过渐进方式而不需要通过强力来完成。

地区主义的产生与发展，很大程度上在于国家的自愿选择与国家之间的共识，这种运行方式维护了地区所有成员的利益，并且与合法性要素相一致。地区合作基础上形成的秩序，从本质上保证了地区秩序的有效性、合法性和持久性。

二 地区主义与地区秩序的构建

地区秩序体现了地区主义的政治意义，地区主义为地区秩序提供了一种法律和制度框架。地区主义与地区秩序关联性的一个重要体现是在地区主义因素的影响下，地区秩序的要素不断发展变化，从而实现对地区秩序的重新塑造。在一定意义上，地区主义的发展本身就意味着旧的地区秩序的转型和重构。

（一）地区秩序的构建模式

现实主义、自由主义和建构主义三种国际关系理论主流范式都

---

① Jean Monnet, "A Ferment of Change," *Journal of Common Market Studies*, Vol. 1, No. 3 (December, 1962), pp. 203–211.

第四章
地区主义与地区秩序：一种分析框架

对地区的特征变化提供了富有洞见的描述。现实主义者认识到大国之间的权力平衡与阻遏，强调军事力量的增长以及对"安全困境"的反应。自由主义者注意到地区内经济、社会和技术的相互依赖以及国家和非国家行为体之间多边制度安排的加强，能限制大国竞争和潜在的冲突。建构主义者认为共同规范和泛地区认同已植根于很多地区社会。在一定程度上，这些范式都能产生一定的效用，但都不能解释当今世界各种地区秩序形成的全部。

自然界和人类社会有着各式各样的秩序，但都有自己追求的目标、运行规则和利益基础，或由武力控制，或用法律维持，它可以区分为两大类：一种是强制性的，另一种是公平合理的。[1] 地区秩序也是一样，有通过大国的强制力建构的强制型秩序，也有通过各国平等合作的方式共同构建的合作型秩序。这一点与通常所说的国际秩序的构建方式是相同的，它以秩序是否使用强力、是否为地区成员所被动接受为标准。但与国际秩序相比，地区秩序的特殊性体现在地区与地区外国家和社会的联系上，地区秩序不可能孤立地存在，而是要受到外部世界的影响。综合这些情况，本书将地区秩序的构建模式分为以下四种：外源强制型、内源强制型、外源合作型与内源合作型（见图4.1）。

其中，强制还是合作依据国家建构秩序的主要手段来划分，外源与内源则是根据主导地区秩序的国家是否属于地区成员来划定的。这种组合也反映出地区秩序相对于世界秩序所具有的不同特性。这四种地区秩序形成模式在动力、条件、方法和途径上不尽相同（见表4.1）。

---

[1] 刘金质、梁守德、杨淮生主编《国际政治大辞典》，中国社会科学出版社，1994，第30页。

	强制	合作
外源	模式Ⅰ	模式Ⅲ
内源	模式Ⅱ	模式Ⅳ

图 4.1 地区秩序的建构模式

表 4.1 四种地区秩序建构模式比较

模式	动力	条件	方法和途径
Ⅰ	维护全球霸权地位,追求全球霸权利益	世界政治经济力量不平衡,世界霸权结构存在,地区政治经济力量整体落后,缺乏认同和信任	地区外大国作为地区秩序的领导者,并以使用强制力量为主,虽然存在一定范围的合作,但合作的层次以及对地区秩序的影响作用十分有限,权力因素起着关键作用
Ⅱ	维护地区霸权地位,追求地区霸权利益	地区政治经济力量不平衡,地区成员缺乏共识和互信	地区内大国作为地区秩序的领导者,以其在权力上的绝对优势来推行其地区秩序主张,地区内其他成员被动接受,合作的议题由占主导地位的大国设定
Ⅲ	追求与地区外大国的共同利益和共同价值观念	地区政治经济力量相对落后,与地区外大国相互信任,并存在政治、经济或文化上紧密联系的渊源	地区内成员积极主动谋求与地区外大国的合作,地区外大国对地区事务起主导作用,但这种主导作用不以强力为基础,而是在合作中体现出来
Ⅳ	追求地区共同利益和共同价值观念	地区政治经济力量相对均衡,地区成员之间政治、经济或文化上联系紧密,相互充满信任	地区内成员以地区共同利益为基础,通过平等合作促进地区发展,共同塑造地区秩序,地区问题的解决取决于地区成员的共同协商和努力,权力因素和地区外国家的影响居次要地位

  强制型体现了对霸权利益的追求,强调权力因素的作用;合作型则以共同价值观念和共同利益为基础。在国际关系史上,通过使用武力、发动战争的方式改变地区权力结构的例子屡见不鲜。近代以来,帝国主义用武力构建的殖民体系,就是强制型秩序的主要表

第四章
地区主义与地区秩序：一种分析框架

现。在20世纪上半叶的亚、非、拉、太等广大地区，殖民大国都是来自本地区以外的帝国，因此，地区秩序属于外源强制型。二战以后，苏美两个大国出于各自霸权利益的需要，构筑了以其为中心的两大阵营。与此同时，在苏联控制下的东欧，美国控制下的美洲，两个超级大国操纵地区大小事务，其他地区成员不得不按其意志行事，地区霸权大国成为地区秩序的主宰，并构筑体现其利益的地区秩序。

然而，从20世纪中叶起，由政府倡导的地区合作成为国际关系中的新现象，共同利益的追求使协商、对话与合作成为国家间交往的重要手段。地区和地区间合作改变了地区范围内国家之间的互动关系，产生和出现了地区成员之间政治、经济和社会各层面较为稳定的关系和结构状态，形成了秩序的变革与调整。当今欧洲，已不再仅仅是以权力分配为唯一标准的"硬性"格局，还要考虑内部成员间通过合作形成的价值理念与地区制度，这在一定程度上决定着欧洲地区秩序的重构与转型。而对于那些由发展中国家组成的地区，由于地区政治经济力量整体相对落后，还需要与拥有共同利益的地区外国家进行合作，由地区外大国主导地区进程，形成了地区秩序的特殊形态。

这四种地区秩序建构模式基本反映了地区秩序形成的实践，它为分析地区秩序的形成和演进提供了较为明晰的分析路径。

（二）地区主义与地区秩序的建构

无论是把地区秩序视为一种现实结构，还是一个演化进程，地区主义与地区秩序之间存在着明显的相互建构关系。实际上，地区主义的发展本身就构成了地区秩序变革的一个重要特征，更重要的是，地区主义为建构新的地区秩序提供了条件，是地区秩序实现渐进转型的内在动力。

地区主义与地区秩序
——以南太平洋地区为例

首先，地区主义的发展凸显了地区共同利益，构建了地区认同和共同价值理念。利益原则是国际关系的根本原则。传统上，由于主权国家意识的突出位置，国家利益常常作为民族国家价值判断的最高标准，也是决定国家行为的重要依据。大部分国际问题，都以国家利益为出发点和着眼点。在各国的战略目标中，如何实现和维护国家利益，以及如何尽可能减少国家利益的损害占据首要地位。世界历史上的霸权战争与大国间的争夺，其背后都反映着各有关国家的利益诉求。直到今天，一些国家对外推行霸权主义和强权政治，其根本动因依然是为了国家利益。在国家的国际化进程中，人们逐渐超越了国家层次的分析，从而将注意力放在全球治理的层面上。[1] 但由于确定和实现全球共同利益的复杂性，寻找地区利益和地区认同成为一种比较切合实际的折衷选择。虽然一定地区内的国家成员，各自的国家利益不尽相同，但它们之间依然能够进行合作，其原因在于地区共同利益或地区公共利益的存在，这也是地区主义的原动力。地区主义的产生以地区共同利益为基础，但地区主义的发展进程本身又是逐步寻求共同利益、扩大共同利益范围的过程，也就是说，地区主义的发展可以进一步促进地区成员意识到地区共同利益的存在，这种意识也就是地区意识，它塑造了地区共同价值理念与共同的行为方式。地区成员在地区主义进程中逐渐形成

---

[1] 关于"国家的国际化"，考克斯认为它包括三个方面的内容：一是国家间共识形成的过程，它与某种共同意识形态框架内产生的世界经济的需要有关；二是参与这种共识形成过程呈现分层结构；三是国家内部结构的调整，以尽可能将全球共识转化为国家政策和实践。参见：Robert W. Cox, *Production, Power, and World Order: Social Forces in the Making of History* (New York: Columbia University Press, 1987), p. 254. 考克斯的这些观点为国家寻求更高层次的认同提供了分析的基础。参见：Alexander Wendt, "Collective Identity Formation and the International State," *American Political Science Review*, Vol. 88, No. 2 (June, 1994), pp. 384 – 396.

第四章
地区主义与地区秩序：一种分析框架

共同分享的集体认同。按照建构主义的观点，认同是能够产生动机和行为倾向的有意识行为体的一种属性。① 地区认同和共同价值理念的形成，至少在两个方面产生效果：一是在地区安全层面，有助于增加互信，消除地区安全困境，并最终建立安全共同体。在国际社会无政府状态下，由于国家之间缺乏互信，为维护自身安全国家只能依靠自助，从而致使军备竞赛、军事对峙、武力行动频频发生。在此情况下，所谓的地区秩序，只能是强者的秩序。而国家互信和地区身份的建立，大大缓解了这一情势。如温特所言，"安全的困境就是缺少集体一致的身份认同和共有的知识，共有知识指行为体在一个特定环境中共同具有的理解和期望。行为体的共有知识使它们有着高度的相互信任，它们之间存在着利益冲突，但是它们都相信可以通过和平途径予以解决，结果就是安全共同体"。② 二是在地区经济与贸易层面，有助于构筑互惠关系和深化互利合作。毫无疑问，积极的、良性的认同可以建构出一种合作关系，并且使合作的观念内化到国家之间的交往当中，从而推动更深层次的合作。③ 当前，一些国家在地区合作中出现贸易保护主义倾向，合作机制建设停滞不前，在一定程度上，与地区认同感薄弱和缺乏不无关系。认同是通过塑造身份和利益进而影响行为体行为，它并非源于权力的强迫，而是出于自愿。地区共同价值观和集体认同的形成使地区秩序的特征从对抗转向缓和。

其次，地区主义的发展促进了包括地区组织、地区安排和地区

---

① 〔美〕亚历山大·温特：《国际政治的社会理论》，秦亚青译，上海人民出版社，2000，第224页。
② 〔美〕亚历山大·温特：《国际政治的社会理论》，秦亚青译，上海人民出版社，2000，第24页。
③ 关于认同与合作关系的深入讨论，参见：程又中主编，夏建平著《认同与国际合作》，世界知识出版社，2006。

规范在内的地区制度网络的形成。在全球化和地区化迅猛发展的今天，世界上各个地区，为了增加本地区的自主性和相对于其他地区的竞争优势，大力推进地区主义进程，形成了一系列的地区合作安排与机制。对于由此而形成的地区制度网络的地位与作用，学界一直争论不休。现实主义者依然坚信权力在国际关系中的核心变量地位，权力结构是国际制度形成的关键变量，制度是依附于权力结构的干预性变量，因此制度的作用是反映、维护和增加权力。[1] 建构主义强调制度与行为体之间的互相建构关系，行为体建构了制度，反过来，制度通过建构行为体的身份和利益来影响行为体的对外行为。[2] 参与制度的行为体、行为体的利益和行为体对制度的理解都是社会建构的。[3] 因此，制度代表了与行为体之间的共识，导致行为体间合作规范的形成，并改变行为体间的战略互动关系。自由主义者认为制度是可以摆脱权力因素影响的独立变量，它具有克服国际社会的"囚徒困境"和引导国家行为倾向合作的功能。从表面上看，权力、利益与观念三种角度的分析相互对立，但它们之间仍存在许多共通之处，甚至可以整合起来。[4] 制度作为国际社会中的一种

---

[1] See: Hans J. Morgenthau, *Politics among Nations: The Struggle for Power and Peace*, 5th edition (New York: Knopf, 1985), pp. 277 – 328; Stephen D. Krasner, "Structural Causes and Regime Consequences: Regime as Intervening Variables," in Stephen D. Krasner (ed.), *International Regimes* (Ithaca, N.Y.: Cornell University Press, 1983).

[2] Anthony C. Arend, *Legal Rules and International Society* (New York: Oxford University Press, 1999), pp. 142 – 148.

[3] Nicholas G. Onuf, *World of Our Making: Rules and Rule in Social Theory and International Relations* (Columbia, S.C.: University of South Carolina Press, 1989), p. 24.

[4] See: Andreas Hasenclever, Peter Mayer, and Volker Rittberger, "Integrating Theories of International Regimes," *Review of International Studies*, Vol. 26, No. 1 (January, 2000), pp. 3 – 33.

第四章
地区主义与地区秩序：一种分析框架

存在，其作用与影响，或者说有效性是毋庸置疑的。制度对国际行为的塑造与影响不是全有全无的问题，而只是表现在程度和范围上的差异。地区制度亦是如此。地区组织的建立是地区主义发展的重要标志与载体，许多重要的地区议题都要依托地区组织进行谋划和运作，并且内嵌于地区组织的基本组织和运行原则还发挥着规范整合功能。地区成员在共同规则的框架内行动，扩大了地区成员的行为预期，地区制度网络促使地区社会的规范化，为稳定地区国际关系、构建地区秩序提供基础和依据，也为地区新秩序的建立提供可能。

最后，地区主义的发展加快了地区内部整合，促进了地区政治、经济等领域的发展，从而提升了地区的影响力，增强了主导地区发展进程的能力。地区主义的发展，给地区政治经济带来深刻的影响：一方面，地区成员对地区事务的积极参与，对影响地区发展的重要议题进行磋商和共同决策，推动了地区国际关系朝着民主化方向发展，同时也带动了国家内部的民主化进程；另一方面，通过地区经济、贸易与金融合作，促进地区成员和整个地区政治经济力量的提升。诸如自由贸易协定、关税同盟等地区贸易安排还能够影响国际社会收益的重新分配，使地区成员受益更多。并且，在这一进程中，地区意识与地区内部的自主意志不断得到强化，地区成员的内聚力逐渐增强，地区性也逐渐得到充分体现，使地区作为一个独立的角色出现在国际舞台上，从而提高地区成员在国际事务中的地位和影响力。在一些发展中国家居多的地区，地区主义的发展还可以从客观上消解地区外大国的主导作用，最终使地区秩序回归地区本土控制的轨道。

地区主义对地区秩序的构建作用，正是通过以上三个方面展现出来的（见图4.2）。根据考克斯对国际秩序形成的分析，地区秩序也包含了以下三种力量的结合：权力的分配（物质力量）、制度的作用、规范行为界限的认同与意识形态。① 首先,地区内主要行为体,尤其是大国之间的权力分配是地区秩序形成的物质基础。在世界政治无政府状态下,主权国家仍保持国际关系最主要行为体的地位,各国之间综合实力的较量仍然占据世界政治的主题,在国际社会中,各种秩序的建立和维持都与国家权力分不开。正如星野昭吉所言,国际秩序的塑造、维持、转型是与权力结构密切相连的,国际秩序高度有序的存在意味着稳定的、制度化的权力分配结构状态。② 地区秩序的形成同样遵循这一逻辑,它是某一历史阶段各主要行为体基于实力造就的结果,是以各行为体尤其是主要国家之间实力对比为基础的,它在一定程度上反映了权力的分配。其次,各领域不同层次的制度安排是地区秩序的外在表现形式,也是地区无政府社会之所以有序的主要保障。秩序表现为稳定,秩序的基本特征也是稳定,稳定则需要行为规范的建立和维持。③ 这里的行为规范主要是指通常所说的国际制度。国际制度是一个外延较为宽泛的概念,它有以下三种表现形式:一是正式的政府间组织或跨国非政府组织,二是国际机制,三是国际惯例。④ 尽管制度的创建离不开

---

① Robert W. Cox, "Social Forces, States, and World Orders: Beyond International Relations Theory," *Millennium: Journal of International Studies*, Vol. 10, No. 2 (June, 1981), pp. 126 – 155.
② 〔日〕星野昭吉编著《变动中的世界政治——当代国际关系理论沉思录》,刘小林等译,新华出版社,1999,第422页。
③ 梁守德、洪银娴:《国际政治学理论》,北京大学出版社,2000,第237页。
④ 虽然在一些情况下,国际制度与国际机制可以等同起来加以运用,但国际制度所包括的范围更为广泛。国际制度是指"持续且相互关联的正式和非正式的规则体系,它们规定行为体角色、限制行动以及塑造预期"。参见: Robert O. Keohane, "Neoliberal Institutionalism: A Perspective on World Politics," in Robert O. Keohane, *International Institutions and State Power: Essays in International Relations Theory* (Boulder: Westview Press, 1989), p. 3. 国际机制是指在某个特定的国际关系领域中由围绕行为体预期形成的或隐含或明确的原则、规范、 (转下页注)

权力因素，但制度一旦建立起来，就具有了相对独立的运行方式。一方面，国际制度促成了国家权力的延伸；另一方面，国际制度对国家权力进行有效地制约，它是建构和维持地区秩序的决定性变量。最后，地区认同、价值追求、意识形态以及地区事务的认知对地区秩序具有塑造作用。地区认同的形成既包含文化、价值观和意识形态等观念性因素，又来源于地区各行为体的互动与实践。一定地理范围上的地区成长为政治或经济地区，以及地区共同体的建立，都有赖于地区认同的存在。因此，这些观念上的因素对地区秩序具有积极的建构意义。尤其是在东亚、拉美、非洲、南太平洋等发展中国家集中的地区，由于缺少欧洲所奉行的"硬性制度"，而强调地区秩序的"软性"构建，共同的价值理念和地区内在的凝聚力发挥的作用更加重要。地区秩序建构不仅基于权力关系和国家自我利益的追求，而且基于观念创新、集体认同和制度建构等进程性因素。①

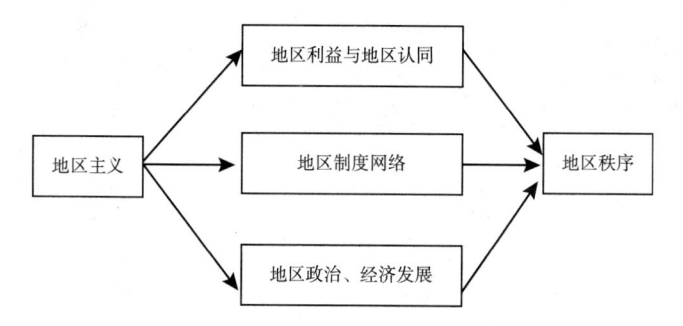

图 4.2 地区主义对地区秩序的作用

（接上页注④）规则和决策程序体系。参见：Stephen D. Krasner（ed.），*International Regimes*（Ithaca, N. Y.：Cornell University Press，1983），p. 2。它涉及国际关系中一些特定问题，如海洋法、国际货币体系等。国际惯例则是有着不言明的规则和谅解，并能塑造行为者预期的非正式制度。

① 门洪华：《东亚秩序建构：一项研究议程》，《当代亚太》2008 年第 5 期，第 74 页。

以上三个方面交织在一起,共同构成了地区旧秩序向地区新秩序的渐进性转型。这种转型的总体特征是地区主义的发展促使地区秩序的正常化和合理化,并最终实现由强制型向合作型转变,由外源型向内源型转变。

第五章　南太平洋地区主义的演进历程

南太平洋地区主义的历史演进伴随着地区政府间组织的建立与发展。依此，南太平洋地区主义可以追溯到20世纪40年代末期地区6个宗主国为管理和发展南太平洋殖民地而开展的政策协调，以及成立的第一个范围覆盖整个南太平洋地区的政府间机构——南太平洋委员会。但由于其时地区事务皆由地区外殖民大国支配，地区合作主要服务于各殖民大国在该地区的利益，因此，这一时期的地区主义还不能完全反映地区性。70年代初，南太平洋论坛的成立实现了地区主义的本土化，使地区主义具有实质意义上的地区性。[①] 其后，随着一些太平洋岛国的纷纷独立，人们不断探索利用由太平洋各国政府、各种培训机构、教会、商会、协会，以及其他组织进行联合行动的优势，通过联合自强，以自己的方式寻求团结和合作，各种地区组织应运而生，南太平洋国家与领地共同推进的地区合作在短时间内取得了快速发展，地区主义逐步迈上本土化和自主化的道路。

[①] See: Gregory E. Fry, *South Pacific Regionalism: The Development of an Indigenous Commitments*, M. A. thesis, Canberra: Australian National University, 1979, p. 143.

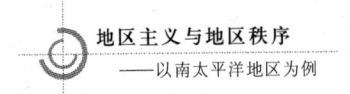

第一节　早期地区外大国主导的地区主义

南太平洋地区各国都经历了相当长时间的殖民历史，在殖民时期，各国在对外事务上都处于无权地位，不得不依赖于宗主国的安排和决定。从二战后到20世纪60年代末的这段历史时期中，地区合作只能由地区外殖民大国所主导，地区合作议程的选择也主要根据宗主国的利益进行判断。

一　南太平洋地区的殖民历史

南太平洋地区拥有丰富的海洋资源，一些岛屿还蕴藏丰富的自然资源，同时，很多岛屿处于海上运输和战略要道。正因如此，南太平洋岛屿地区成为西方帝国主义瓜分海洋的必争之地。自19世纪初期起，西方国家开始加紧了对南太平洋地区殖民地的争夺。此后，所有南太平洋国家和地区都陆续遭到西方大国的瓜分，沦为地区外部大国的殖民地（见表5.1）。

表5.1　南太平洋地区的殖民历史

殖民主体或事件	时间	殖民地的获得
西班牙	1565	殖民统治马里亚纳群岛，宣称对加罗林群岛拥有主权
英国	1788	英国居民进入无人居住的诺福克岛
	1808	负责皮特凯恩岛的管理
	1874	斐济成为殖民地
	1884	新几内亚东南部成为保护领地
	1888	库克群岛的南部成为保护领地
	1889	托克劳成为保护国
	1892	吉尔伯特群岛（基里巴斯）和埃利斯群岛（图瓦卢）成为保护国
	1893~1900	所罗门群岛成为保护国

第五章　南太平洋地区主义的演进历程

续表

殖民主体或事件	时间	殖民地的获得
法国	1842~1847	向风群岛、马克萨斯群岛、土阿莫土群岛、土布艾群岛的一部分成为保护领地
	1853	占领新喀里多尼亚
	1887	瓦利斯和富图纳群岛成为保护领地
	1888	背风群岛与土布艾群岛的余下部分成为保护领地
德国	1884	新几内亚东北部与俾斯麦群岛成为保护领地
	1886	马绍尔群岛成为保护国
	1888	瑙鲁并入马绍尔群岛保护国
智利	1888	吞并复活节岛
美西战争	1898	西班牙失去在太平洋地区的所有殖民地和领地
美国	1898	从西班牙处夺得关岛,吞并夏威夷
	1899	夺得东萨摩亚(美属萨摩亚)
德国	1898	从西班牙处购得北马里亚纳群岛和加罗林群岛
	1899	夺得西萨摩亚
英国	1900	纽埃成为保护国,与汤加签订保护协定
新西兰	1901	从英国处得到库克群岛(包括北部群岛)和纽埃
澳大利亚	1906	接管英属新几内亚(巴布亚)
英国和法国	1906	在新赫布里底(瓦努阿图)建立共管政府
第一次世界大战	1914~1918	德国失去太平洋地区的所有领地
澳大利亚	1914	占领德属新几内亚和瑙鲁
新西兰	1914	占领西萨摩亚
	1925	从英国处接管托克劳
日本	1914	占领北马里亚纳群岛、加罗林群岛和马绍尔群岛
英国	1916	建立英属吉尔伯特和埃利斯群岛殖民地(包括大洋岛以及曾短期包括托克劳)
第二次世界大战	1939~1945	日本失去太平洋地区所有领地
美国	1945	占领北马里亚纳群岛、加罗林群岛和马绍尔群岛
联合国	1947	建立托管地:太平洋岛屿托管地(美国)、瑙鲁托管地(澳大利亚)、新几内亚托管地(澳大利亚)和西萨摩亚托管地(新西兰)

资料来源:Reilly Ridgell, *Pacific Nations and Territories*: *The Islands of Micronesia, Melanesia and Polynesia* (Guam: Guam Community College, 1982), pp.46-47。

1842年，法国吞并塔希提岛，掀起了西方帝国主义在南太平洋地区实行殖民主义、进行殖民统治的高潮。1853年，法国兼并新喀里多尼亚，不久后，又将瓦利斯和富图纳群岛划入法国版图。1874年，英国安排地方酋长对斐济进行殖民统治，其后在1884~1906年，分别宣称对巴布亚、所罗门群岛、库克群岛、吉尔伯特和埃利斯群岛、纽埃、大洋岛、汤加提供保护，并与法国共管新赫布里底群岛。1884~1899年，德国吞并了新几内亚及其附近海岛、瑙鲁和西萨摩亚，并从西班牙手中夺得了马里亚纳群岛、加罗林群岛和马绍尔群岛。1898年美西战争后，美国夺得了关岛，并通过与英、德签订三方协定获得了拥有天然深水港的东萨摩亚地区。

第一次世界大战结束了德国在南太平洋地区的殖民统治，德国在密克罗尼西亚、美拉尼西亚以及西萨摩亚的殖民地分别由日本、澳大利亚和新西兰接管。瑙鲁由英国、澳大利亚和新西兰成立的一个委员会进行接管和开发。之后，美国宣称对中途岛、威克岛、豪兰岛、贝克岛、贾维斯岛、约翰斯顿岛拥有主权，英国宣称对坎顿和恩德伯里环礁拥有主权。至此，殖民大国完成了对南太平洋地区的瓜分。

第二次世界大战的爆发给南太平洋地区带来了深刻的影响，它一方面引起了南太平洋地区人民的政治觉醒，促进了争取自治和独立的进程；另一方面导致了殖民国与其自治领或殖民地之间关系的调整，使得殖民国不得不开始考虑其自治领或殖民地的利益。此外，南太地区重要的战略地位也开始凸显出来。

二 南太平洋委员会与地区合作

二战期间，在南太平洋地区拥有殖民地的外部大国就开始着手

第五章
南太平洋地区主义的演进历程

考虑如何在战后更好地维护南太平洋地区的安全与稳定。[①] 1944年，澳大利亚与新西兰签订《堪培拉协定》，双方议定在停战和善后安排、安全与防务、民用航空、属地和领地、太平洋原著居民福利与进步、有关西南太平洋和南太平洋的国际会议等领域展开合作，并就建立澳、新协调与合作的长效机制和常设的秘书处达成一致意见。[②] 在南太平洋地区共同关注的事务上，澳、新商定采取一致行动，并提议在南太平洋地区建立两种类型的地区组织：一是军事性质的组织，即建立包括西南太平洋和南太平洋地区在内的地区防御带，它以澳、新为基础，以弧形向外从澳大利亚北部和东北延伸至西萨摩亚和库克群岛；二是建立促进地区人民福利性质的组织，即筹建包括澳、新以及一些外部大国在内的"南海地区委员会"（South Seas Regional Commission）以促进太平洋地区的社会、经济、政治发展。由于二战的结束，在南太平洋地区组建军事组织的提议没有得到其他国家的响应，而对于建立社会福利性质的组织，引起了当时在南太平洋地区拥有领地的西方国家的兴趣。

1947年1月，当时在南太平洋地区拥有属地和托管地的英国、法国、美国、荷兰、澳大利亚和新西兰6国在堪培拉召开会议讨论澳、新关于"南海地区委员会"的提议，经过一个多星期的谈判，最后于2月6日签订《堪培拉协议》，决定成立一个地区咨询组织，定名为南太平洋委员会（South Pacific Commission，

---

① Thomas Richard Smith, *South Pacific Commission: An Analysis after Twenty-five Years*, Wellington: Price Milburn for the New Zealand Institute of International Affairs, 1972, pp. 28 – 52.
② "The Australian-New Zealand Agreement, 21 January 1944", in Robin Kay (ed.), *Documents on New Zealand External Relations (Volume I)* (Wellington: Government Printer, 1972), pp. 140 – 148.

SPC)。① 1948年7月，协议生效，6国政府正式宣布成立南太平洋委员会，并将总部设在新喀里多尼亚首府努美阿。② 南太平洋委员会的正式运行标志着6个地区外大国实现了对南太平洋地区事务管理的制度化。③ 这种完全由地区外大国推动的地区合作一直持续到20世纪60年代中后期。1965年，西萨摩亚（现为萨摩亚）以独立国家的身份加入南太平洋委员会，成为其中第一个南太平洋地区国家成员，这使得南太平洋委员会成员国组成发生了实质性的变动。并且，萨摩亚的加入，使南太平洋委员会框架下的地区合作出现了地方化的趋势，并为其后新独立的岛国平等参与地区事务树立了典范。

南太平洋委员会的成立为南太平洋地区主义的发展起到了重要的推动作用。首先，南太平洋地区作为一个整体在世界政治中第一次得到世界大国的承认，南太平洋委员会将东至法属波利尼西亚，西至荷属新几内亚，北至马里亚纳群岛，南至汤加王国的区域划为南太平洋区域，这种对南太平洋地区的清晰界定唤醒了南太平洋地区各民族的地区意识，一定程度上促进了地区认同的建构。其次，南太平洋会议为太平洋岛屿居民提供了一个合作交流的平台。为了使南太平洋地区的属地和托管地有发表意见的机会，南太平洋委员会决定从1950年起每3年召开一次南太平洋会议（South Pacific Conference），1967年后改为每年召开一次。南太平洋会议是南太

---

① *Agreement Establishing the South Pacific Commission* (Canberra, February 6, 1947), http://www.austlii.edu.au/au/other/dfat/treaties/1948/15.html.
② 1962年，荷兰把西伊里安移交给印度尼西亚后，从南太平洋委员会退出。
③ 南太平洋委员会的最高决策机构是全体委员会，有权任命南太平洋委员会主要官员，下设3个主要部门，分别负责土地、海洋资源和社会事务。在斐济首都苏瓦设有地区办事处，并在多数岛国设有办事处，负责具体实施有关项目。此外，还设有一个行政小组，负责协助总干事和2名副总干事工作。

平洋委员会的一个附属机构，与南太平洋委员会不同，它包括来自太平洋岛屿的代表，并通过召开定期会议为南太平洋委员会制定工作计划，提供决策建议。尽管这些活动仅限于咨询和建议作用，但南太平洋地区各岛屿可以在其中增进相互了解、合理表达地区利益和地区抱负，以及就地区内一些重要问题进行协商和合作。最后，南太平洋委员会以促进南太平洋地区国家和地区的经济发展、社会福利和进步为宗旨，在医疗卫生、社会进步、经济发展、青年事务、乡村发展、体育文化交流、海洋资源开发和研究等方面提供技术咨询和顾问服务，并落实各国和各国际组织对南太平洋地区的经济援助项目，它的发展与完善本身就构成了南太平洋地区主义进程的一部分。

但是，总的来看，南太平洋委员会从建立之初就受到殖民大国的控制，在促进南太平洋地区发展的同时，更多的是考虑殖民国家的利益。因此，这一时期的地区主义还不完全反映地区性。

第二节　地区主义的本土化时期

20世纪七八十年代，随着地区非殖民化进程的推进，南太平洋地区主义的发展进入了崭新的历史时期。一些新独立的国家都开始致力于现存地区结构的非殖民化，致力于建立代表本土利益而不是殖民国利益的地区组织。与此同时，南太平洋地区主义得到迅速发展，地区主义的性质逐步实现了本土化转变，初步形成了涵盖整个地区、涉及各个领域的地区合作网络。

一　地区非殖民化进程与南太平洋委员会性质的改变

1962年1月1日，萨摩亚成为二战后南太平洋地区第一个获得独立地位的国家。1965年,库克群岛摆脱了新西兰政府的殖民统治,建立了自治政府,实现了内部完全自治,享有完全的立法权和行政权,与新西兰政府保持自由联系。1968年,英、澳、新三国政府在瑙鲁民族主义和国际社会的压力下,承认了瑙鲁共和国的独立地位。20世纪七八十年代,在南太平洋地区掀起了非殖民化运动的高潮,一些殖民地相继脱离殖民国的统治成立独立的自治政府(见表5.2)。至20世纪90年代初,萨摩亚、库克群岛、瑙鲁、汤加、斐济、纽埃、巴布亚新几内亚、所罗门群岛、图瓦卢、基里巴斯、瓦努阿图、马绍尔群岛、密克罗尼西亚联邦和帕劳14个国家分别脱离宗主国的统治宣布独立,其中有12个新独立的国家已加入联合国并与其他成员拥有平等的地位。

表5.2 南太平洋地区国家的独立情况

时间	国家	主权地位
1962	萨摩亚[a,b]	独立
1965	库克群岛	自由联系国(新西兰)
1968	瑙鲁[a,b]	独立
1970	汤加[a,b]	独立
	斐济[a,b]	独立
1974	纽埃	自由联系国(新西兰)
1975	巴布亚新几内亚[a,b]	独立
1978	所罗门群岛[a,b]	独立
	图瓦卢[a,b]	独立
1979	基里巴斯[a,b]	独立
1980	瓦努阿图[a,b]	独立
1986	马绍尔群岛[b]	自由联系国(美国)
	密克罗尼西亚联邦[b]	自由联系国(美国)
1994	帕劳[b]	独立

注:a为英联邦成员国;b为联合国成员国;2006年12月,斐济被取消英联邦成员资格。

资料来源:根据太平洋岛国论坛秘书处网站(www.forumsec.org)、联合国网站(www.un.org)以及英联邦秘书处网站(www.thecommonwealth.org)资料整理。

第五章
南太平洋地区主义的演进历程

殖民时期，由于经济和政治上对宗主国的依附，南太平洋岛屿国家的外交权都处在宗主国的掌控之中。随着南太平洋地区逐渐实现非殖民化和一些国家获得独立，在地区事务上，新独立的国家拥有了更大的发言权，地区各国之间相互孤立的状况得到根本改变，国家之间的联系与合作也更加广泛。地区形势的变化，使南太平洋委员会的组织结构和活动性质发生了较大改变，使得地区外大国在南太平洋地区主义发展中的主导权逐渐减弱。这表现在以下几个方面。

一是本土成员迅速增加，几乎涵盖了整个南太平洋地区，在数量上占据了绝对优势。1965年以来，南太平洋地区新独立的国家以及一些属地、托管地相继加入南太平洋委员会。到1983年，这一地区内几乎所有国家、属地和领地都成为南太平洋委员会正式成员（见表5.3）。本土成员的增加，从根本上改变了南太平洋委员会的结构，这直接导致了南太平洋委员会活动性质与方针的改变，也影响到南太平洋委员会全体委员会决策的制定与实施。

表5.3 南太平洋委员会新加入成员

时间	新加入成员
1965	萨摩亚
1969	瑙鲁
1971	斐济
1975	巴布亚新几内亚
1978	所罗门群岛、图瓦卢
1980	库克群岛、纽埃
1983	美属萨摩亚、法属波利尼西亚、关岛、新喀里多尼亚、密克罗尼西亚、马绍尔群岛、北马里亚纳群岛、帕劳、基里巴斯、托克劳、汤加、瓦努阿图、瓦利斯和富图纳群岛、皮特凯恩群岛

注：英国曾于1995年退出，1998年重新加入。

资料来源：根据 *South Pacific Commission: History, Aims and Activities*, 12th edition (Noumea: South Pacific Commission, 1993) 有关内容整理。

二是南太平洋会议的作用加强。1973年，澳大利亚政府提出建议，自1974年起南太平洋委员会和南太平洋会议每年举行一次联席会议，通称为"南太平洋会议"。在1983年第23届南太平洋会议上，南太平洋会议的成员国选举权由此前的美国、英国、法国、澳大利亚、新西兰、萨摩亚、斐济、巴布亚新几内亚、库克群岛、所罗门群岛、瑙鲁、图瓦卢和纽埃13个政府成员扩大到现有的27个成员。财政预算、资金使用方向、优先项目、吸收合作伙伴、选举和任命委员会主要官员等关系到地区发展和组织机构的重大事务都由南太平洋会议做出决策。

三是合作领域拓宽。20世纪70年代以前，南太平洋委员会的工作重点主要在医疗卫生、社会进步、经济发展等方面，起着协调和顾问作用。在1976年举行的第16届会议上，委员会的活动范围和合作领域扩大到乡村发展、青年和团体事务、文化教育、体育交流、海洋资源的开发和研究等方面。并且，以前尽量回避的政治问题，也逐渐进入委员会讨论的重要议题。

四是加强与其他国际组织和机构的联系。南太平洋委员会在成立后的最初20多年中，一直与联合国等国际组织没有组织上的联系。但是，在1969年10月举行的南太平洋会议第9次会议上，大会邀请了联合国各专门机构的14名观察员出席会议，并且邀请了国外科学考察处、夏威夷大学东西方研究中心以及南太平洋人民援助基金会等社会机构与团体参加会议。此后，南太平洋委员会越来越重视与其他国际组织之间的合作，为其他国际组织向南太平洋岛国进行经济技术援助提供便利。这表明南太平洋委员会在地区联合和发展规划中已具有一定程度的开放性。

南太平洋委员会的这些变化，对促进南太平洋地区的社会经济发展、加强本地区各民族之间的相互了解与合作，以及实现地区事务的本土化起到了积极作用。

二 南太平洋论坛成立

20世纪60年代末，南太平洋委员会将合作的议题限定在经济和社会发展问题上，而政治争议和安全问题则排除在外，并且当时对岛国人民要求在南太平洋事务上有更大发言权的要求置之不理，引起了南太平洋地区新独立国家的不满。在1967～1970年的南太平洋会议以及1970年斐济独立庆典大会上，一些岛国领导人曾十分清楚地意识到：需要成立一个新的地区组织，来促进地区政治层面上更广泛的利益合作，以迎接国家独立带来的挑战。并且这种组织能够在地区和国际问题上提供一个开放和自由讨论的论坛。[①] 为了给讨论更广泛的共同关注问题提供一个新的舞台，斐济总理拉图·卡米塞塞·马拉（Ratu Sir Kamisese K. T. Mara）提议建立一个政府间的论坛，以便讨论那些在南太平洋委员会上无法得到表达的政治议题。这一提议很快得到了西萨摩亚和库克群岛领导人的支持，并邀请澳大利亚和新西兰加入其中，但将其他宗主国排除在外。

1971年8月5日至7日，在新西兰的倡议下，斐济、萨摩亚、汤加、瑙鲁、库克群岛和澳大利亚在新西兰首都惠灵顿召开南太平洋七方会议，正式宣布成立"南太平洋论坛"（South Pacific Forum，SPF）[②]。1972年，论坛常设机构——南太平洋经济合作局

[①] Te'o I. J. Fairbairn, et al., *The Pacific Islands: Politics, Economics, and International Relations*, Honolulu, Hawaii: East-West Center, International Relations Program, 1991, p. 71.

[②] 2000年10月，在基里巴斯塔拉瓦岛举行的第31届论坛首脑会议上，南太平洋论坛更名为太平洋岛国论坛（Pacific Islands Forum，PIF）。

(SPEC)成立,其职能是协调各成员之间的活动,争取逐步建成南太平洋共同市场。1988年,SPEC改称南太平洋论坛秘书处。南太平洋论坛旨在加强各成员国在贸易、经济发展、航空、海运、电讯、能源、旅游、教育等领域的合作和协调,以及在政治和安全等领域的对外政策协调与地区合作,强化政府之间与国际机构之间的合作,提升南太平洋经济与社会的福利,并代表各论坛成员所协商的利益。为落实地区合作计划,论坛决定每年召开一次会议。在定期的论坛会议上,所有成员国政府领导人都如约出席,并且在一些非正式会议上吸引了高层次的代表团。会议讨论的范围十分广泛,但大多数都是事关地区发展的议题。一些得到持续关注的议题,包括法国核试验、地区非殖民化、运输、民用航空、通讯、贸易促进、大宗商品采购、渔业资源的管理等。[1] 论坛成立后,一些新独立的岛国或者与宗主国保持自由联系的自治政府相继被邀请加入,至1987年马绍尔群岛和密克罗尼西亚联邦加入后,成员国增加至15个,帕劳独立后成为截至目前最后一个加入的成员国。1989年起,论坛成员国开始邀请包括法国、加拿大、英国、日本、中国和美国等地区外国家参加每年论坛后的对话会议,将地区内合作扩展到地区间合作。

南太平洋论坛是继南太平洋委员会后,南太平洋地区又一个具有重要影响的地区组织,如瓦努阿图总统在1990年于瓦努阿图首都维拉港举行的第21届南太平洋论坛会议上所言,南太平洋论坛已成为协调本地区活动的最重要的地区性政治组织。由于南太平洋论坛完全由本地区成员发起并组建,因此,它的成立标志着南太

---

[1] Gregory E. Fry, "Regionalism and International Politics of the South Pacific," *Pacific Affairs*, Vol. 54, No. 3 (Autumn, 1981), p. 464.

洋地区主义的发展步入了崭新的历史阶段。① 并且，自此以后，地区合作也具有了实质性意义。

三 地区和地区间合作网络的形成

20世纪七八十年代，随着一些太平洋岛国的纷纷独立，南太平洋地区各民族的自主意识不断加强。在此背景下，南太平洋地区出现了大量的地区组织，到20世纪80年代后期，有超过250个地区组织活跃在太平洋地区。② 除了南太平洋论坛秘书处和南太平洋委员会秘书处等综合性的地区合作组织，在一些功能领域，地区合作发展势头迅猛，并逐渐形成了几乎涵盖所有领域的地区合作网络。

在经济与贸易合作方面，1979年成立了地区贸易委员会（RCT），1980年论坛岛国与澳、新签订了《南太平洋地区贸易与经济协定》（SPARTECA），同年成立了协助太平洋岛屿开展有关发展的行动、促进经济和社会发展的太平洋岛屿发展署（PIDP）。在海洋和陆地资源合作方面，1972年成立了协助成员国评估、勘探和开发近岸近海矿产和其他海洋非生物资源的南太平洋应用地学委员会（SOPAC）；1979年，在所罗门群岛首都霍尼亚拉举行的第10届南太平洋论坛会议上，各成员国签订协定，正式组建论坛渔业局（FFA），它为地区范围内渔业的发展和渔业政策的协调提供了便利，并促进成员国与远洋渔业国之间的合作，提高了成员国对进入地区内的外国船只进行监督和管理的能力。在环境合作方面，1980年成立了促进南太平洋地区合作，协助保护和改善该地区环

---

① Michael Haas, *The Pacific Way: Regional Cooperation in the South Pacific* (New York: Praeger Publishers, 1989), p. 94.
② Ron G. Crocombe, *The South Pacific: An Introduction* (New Zealand: Longman Paul Ltd., 1987), p. 169.

境，以确保经济、社会等方面可持续发展的南太平洋地区环境规划署（SPREP）。在旅游合作方面，1975年成立了太平洋岛屿旅游发展委员会（PITDC），1983年成立了南太平洋旅游委员会（TCSP）。[①] 在交通运输合作方面，1974年成立了南太平洋地区运输委员会（SPRSC）；1976年成立了南太平洋地区民用航空委员会（SPRCAC）；1977年太平洋论坛航运公司（PFL）成立，次年正式投入运营。在通讯合作方面，1973年成立南太平洋地区通讯会议（SPRMT），1983年南太平洋经济合作局下设南太平洋电讯发展署（SPTD）。在教育与卫生合作方面，1968年组建了南太平洋大学（USP），惠及12个论坛成员国；1981年成立南太平洋教育评审委员会（SPBEA），将地区教育纳入统一规划。在警务与司法合作方面，1970年召开第一届南太平洋警方领导人会议（SPCPC），1972年开始举行南太平洋司法会议（SPJC），并延续至今。

1988年，南太平洋论坛为了协调各地区组织的相关政策，进一步加强地区合作网络的形成，经过与论坛成员国和相关地区组织进行广泛协商，在考虑南太平洋各岛国利益和各地区组织要求的基础上，成立了南太平洋地区组织协调委员会（SPOCC）。[②] 该委员会由南太平洋地区主要地区组织的负责人组成，每年举行一次会

[①] 1999年南太平洋旅游委员会更名为南太平洋旅游组织（SPTO），也称为南太平洋旅行社（South-Pacific Traval）。该组织目前拥有库克群岛、斐济、法属波利尼西亚、基里巴斯、瑙鲁、新喀里多尼亚、纽埃、巴布新几内亚、所罗门群岛、萨摩亚、汤加、图瓦卢、瓦努阿图和中国等14个国家（地区）成员和大约200个私营企业成员。South-Pacific Traval, *Marketing and Developing Tourism in the South Pacific*, 2006 Annual Report, http://www.south-pacific.travel。

[②] 1999年，南太平洋地区组织协调委员会更名为太平洋地区组织理事会（Council of Regional Organisations in the Pacific, CROP），它聚集了太平洋岛国论坛（前南太平洋论坛）秘书处（PIFS）、太平洋岛国论坛渔业局、太平洋岛屿发展署、南太平洋应用地学委员会、南太平洋教育评审委员会、太平洋地区环境规划署、太平洋共同体（前南太平洋委员会）、南太平洋旅游组织、南太平洋大学、斐济医（转下页注）

第五章
南太平洋地区主义的演进历程

议，统筹安排和协调各地区组织的工作项目。

此外，南太平洋国家还加入了一些重要的地区间组织和全球组织（见表5.4）。到20世纪80年代末，南太平洋国家加入的主要国际组织和机构包括：非加太集团（ACP）、亚洲发展银行（ADB）、英联邦秘书处与技术合作基金、联合国粮农组织（FAO）、国际货币基金组织（IMF）、国际劳工组织（ILO）、国际金融公司（IFC）、国际电信联盟（ITO）、国际海事组织（IMO）、国际民航组织（ICAO）、国际农业发展基金会（IFAD）、国际发展协会、洛美协定、联合国开发计划署（UNDP）、联合国教科文组织（UNESCO）、联合国大会、万国邮政联盟（UPU）、世界银行（WB）、世界卫生组织（WHO）、世界气象组织（WMO）。[①]

各种功能领域合作组织的成立，构筑了南太平洋地区合作的制度网络。这些组织促进了各成员国合作的深化和合作效率的提高，逐步使各个成员国在国际事务中达成一致看法、形成共同态度，促进了地区集体外交政策的形成。集体外交政策的重要表现是，一系列地区法律机制的建立，将太平洋岛国和外部国家之间达成的共识制度化，这包括《南太平洋无核区条约》（1985）、《南太平洋地区自然资源和环境保护协定》（1986），以及《禁止在南太平洋使用长漂网捕鱼公约》等国际条约的签订。[②] 制度的发展和完善，为南

（接上页注②）学院（FSMed）和太平洋电力协会（PPA）11个主要的地区政府间组织，太平洋岛国论坛秘书长为该委员会常任主席。参见：*Pacific Islands Forum Secretariat*, 2007 Annual Report, Suva, 2007。

① See: Arthur. S. Banks (ed.), *Political Handbook of the world 1987* (Birmingham, N. Y.: CSA Publications, 1987), pp. 823–826.

② Greg Fry, "'Pooled Regional Governance' in the Island Pacific: Lessons from History", in Satish Chand (ed.) *Pacific Islands Regional Integration and Governance* (Canberra: ANUE Press and Asia Pacific Press, 2005), pp. 96–97.

表 5.4 南太平洋地区各国加入国际组织数量统计

国家（地区）	第一类国际组织	第二类国际组织
美属萨摩亚	1	7
库克群岛	6	27
密克罗尼西亚联邦	2	11
法属波利尼西亚	2	7
斐济	26	113
关岛	1	12
基里巴斯	9	53
马绍尔群岛	1	10
瑙鲁	7	40
新喀里多尼亚	2	8
纽埃	2	16
北马里亚纳群岛	1	9
帕劳	2	10
巴布亚新几内亚	33	127
所罗门群岛	16	85
汤加	12	73
图瓦卢	3	38
瓦努阿图	2	61
萨摩亚	13	78

注：第一类国际组织包括全球组织、跨地区组织和地区政府间组织；第二类国际组织除包括第一类国际组织外，还包括不完全独立的机构、各种基金会和各种发展计划；表中所列为1989年数据。

资料来源：Union of International Associations, *Yearbook of International Organizations 1988/89*, 6th edition (Munchen: K. G. Saur, 1988), Table 4。

太平洋国家对外争取各种援助、对内促进经济和社会发展提供了方便，从而大大减少了对外部世界的依赖。

第三节　冷战后地区主义的新发展

冷战结束后，地区主义在全球化大潮的推动下，势不可当。欧

第五章
南太平洋地区主义的演进历程

洲一体化与北美自由贸易区稳步发展，非洲、拉美、亚洲等发展中国家的地区主义呈现出迅猛的发展态势，南太平洋地区也不例外。一定意义上，在南太平洋地区主义发展的历史进程中，冷战的结束是太平洋地区合作的重要转折点。①

一 冷战后地区形势的变化

20世纪90年代初，南太平洋地区主义面临着巨大挑战，这一方面来自南太平洋国家与地区外大国关系的变化，另一方面来自地区内部形势的改变。

冷战结束后，意识形态的对抗已不再作为世界政治的重要组织原则，世界大国对待国际事务越来越趋于实用主义的考虑。虽然南太平洋各岛国和领地以及整个地区发展的目标变化不大，但大国与太平洋岛国的援助关系发生了显著变化。在政治层面上，政治上的"可见性"不再如以前那样作为额外的地区利益加以追求，因此不能再吸引额外的发展援助费用。这表现在：俄罗斯关闭了前苏联花了很大代价且运作不过几年的驻莫尔兹比港大使馆，并终止了与巴布亚新几内亚的渔业合同；美国撤回了驻霍尼亚拉代表团和驻苏瓦援助办事处；英国从南太平洋委员会退出，在1998年重新加入时宣布结束双边援助，转而支持多边援助。在经济层面上，援助在经济上的合理性被看得更为审慎，它取决于所给援助的相关需要和可能后果。对于地区经济发展的优先领域，援助国不再依据当地的决定而是进行自己独立的评估，在发展援助和发展计划中希望更多地依赖于自

---

① Ian Frazer and Jenny Bryant-Tokalau, "Introduction: The Uncertain Future of Pacific Regionalism," in Jenny Bryant-Tokalau and Ian Frazer (eds.), *Redefining the Pacific? Regionalism Past, Present and Future* (Burlington, V.T.: Ashgate, 2006), p.12.

由市场的力量。① 虽然冷战的结束没有改变各个岛国和整个地区发展的重点,但实现这些目标时所需要的援助减少,使地区发展受到了一定程度的制约,尤其是限制了资源的开发与利用。

在地区内部,一些国家与岛屿民族主义兴盛,出现种族冲突、政局不稳,导致经济出现衰退。在南太平洋岛国中,斐济、巴布亚新几内亚和所罗门群岛等一些影响较大的国家都不同程度地发生过种族或部族冲突,使其经济遭受重创。20世纪80年代末,斐济在短短几个月的时间内发生了两次政变,种族问题变得日益突出,造成政局不稳,并且宪政改革的失败与民主进程的后退对经济发展产生了直接的负面影响。② 在巴布亚新几内亚的布干维尔岛,由于政府和采矿公司在开采过程中对当地环境造成破坏较大,并且没有建立有效的利益回馈和补偿机制,致使当地岛民产生强烈的反抗情绪。1990年,当地岛民领导的反抗组织继1975年自行宣布成立北所罗门共和国以来再次宣布独立,由于巴布亚新几内亚政府对该岛实施经济封锁,并派兵加以镇压,反抗行动于是升级为旷日持久的武装冲突。③ 在所罗门群岛以及其他小岛国也出现了不同程度的骚乱。经济发展的速度缓慢成为地区内部局势恶化的诱因,同时又是地区形势不稳定的结果。

---

① Richard A. Herr, "The Pacific Islands Region in the Post-Cold War Order: Some Thoughts from a Decade Later," *Revue Juridique Polynesienne*, Vol. 2 (2002), p. 51.
② See: Ganesh Chand and Vijay Naidu (eds.), *Fiji: Coups, Crises and Reconciliation, 1987 – 1997*, Suva: Fiji Institute of Applied Studies, 1997; Robert1998, *Suva: Fiji Institute of Applied Studies*, 1998; Sumit K. Lodhia, "Coups in Fiji: A Personal Perspective," Fijian Studies, Vol. 1 No. 1 (2003), pp. 163 – 176.
③ Anthony J. Regan, "The Bougainville Conflict: Political and Economic Agendas," in Karen Ballentine and Jake Sherman (eds.), *The Political Economy of Armed Conflict: Beyond Greed and Grievance* (Boulder: Lynne Rienner Publishers, 2003), pp. 133 – 166; Alexander Downer, *The Bougainville Crisis: An Australian Perspective*, Canberra: Dept. of Foreign Affairs and Trade, 2001.

第五章
南太平洋地区主义的演进历程

基于这些因素，加大地区合作与联合对维护地区稳定与促进地区发展显得更为必要。也正因如此，在地区各个国家和领地的推动下，地区主义的发展变得更加深入，并取得了较好的成效。

二 冷战后地区主义的深入发展

冷战结束初期，南太平洋国家所面临的种种挑战与困境，更加凸显出小国经济发展的种种弊端，同时也增加了各岛国联合自强意识，通过寻求更深层次和更大范围的合作来谋求发展。合作机制是弥补小规模经济发展弊端的可行机制之一，地区合作不仅不会是一种奢望，而且相反，变得更为需要。[①] 冷战后，南太平洋地区主义在外延和内涵上都得到了更为深入的发展。

一是南太平洋地区合作的参与国不断增加，逐步推行开放性地区主义。冷战以前，南太平洋地区组织往往是内向发展与排他的，除了在该地区有切身利益的前宗主国，很少有其他国家成员加入。冷战后这一状况得到了改变，地区组织逐渐具有了外向性和开放性。以太平洋论坛为例，从1989年起，论坛决定邀请中国、美国、英国、法国、日本和加拿大等国出席论坛首脑会议后的对话会议；从1991年起，论坛陆续接纳欧盟、韩国、马来西亚、菲律宾、印度尼西亚、印度、英国、法国、日本、美国、中国和加拿大等国家和区域性组织为对话伙伴；1989年APEC成立时，论坛即成为该组织观察员；1994年，论坛成为联合国观察员。近年来，地区外

---

① Richard A. Herr, "South Pacific Microstate Sovereignty in the Post-Cold War Oder: The Day after Waterloo?" in Donald H. Rubinstein (ed.), *Pacific History*: *Papers from the 8th Pacific History Association Conference* (Mangilao, Guam: University of Guam Press & Micronesian Area Research Center, 1992), p. 256.

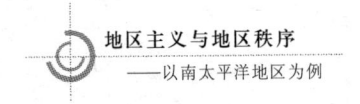

大国和地区组织加大了对南太平洋地区的投入，这也使得该地区越来越重视与域外国家与组织的关系。

二是不断推进"太平洋岛国＋X"框架下的务实合作。从1997年起，太平洋岛国不断探索与外部大国和地区建立长期稳定的对话机制，目前主要有"日本—太平洋岛国论坛首脑峰会"，"法国—大洋洲峰会"，以及所谓的"台湾—太平洋岛国峰会"。2006年，首届"中国—太平洋岛国经济发展合作部长级会议"在斐济举行，并签署了《中国—太平洋岛国经济发展合作行动纲领》。同年，欧盟出台了"欧盟—太平洋诸岛伙伴关系战略计划"，以促进欧盟与太平洋岛国之间在共同关注的全球安全、贸易、经济、社会发展等方面的合作。与此同时，太平洋岛国还积极探讨与中国、日本建立"太平洋岛国—中国"与"太平洋岛国—日本"自由贸易区的设想。当前，这种务实的合作模式保持着良好的发展势头，合作效果显著，影响不断扩大。

三是确立以地区一体化为地区主义发展的目标。基于地区团结和联合，南太平洋各国依托太平洋岛国论坛和其他地区机制等地区主义发展的平台，聚集各种力量，不断开创地区制度建设的新局面。2001年8月，第32届太平洋岛国论坛首脑会议通过了关于地区自由贸易与经济合作安排的《太平洋紧密经济关系协定》（PACER）和《太平洋岛国贸易协定》（PICTA），为南太平洋地区经济、社会、文化一体化发展目标奠定了坚实基础。2003年8月，在新西兰奥克兰市举行的第34届太平洋岛国论坛首脑会议上，南太平洋各国首脑就地区合作与一体化议题进行商讨，相互交换了看法，并初步确定将地区一体化作为未来地区主义发展的方向。时隔两年，南太平洋各国领导人相聚巴布亚新几内亚，共同签署了以加强地区合作与地区一体化为目标的纲领性文件——

第五章
南太平洋地区主义的演进历程

《太平洋计划》[①]。《太平洋计划》的出台与实施，标志着南太平洋地区主义开始向地区经济、社会一体化的轨道迈进，为南太平洋地区合作注入了新的动力。

综上所述，南太平洋地区主义经过半个多世纪的发展，逐步实现了从外部大国主导向内部国家自主的成功转型，在内涵上主要表现为各个领域的跨国合作以及促进地区合作的各种组织的建立与制度安排，在功能上涉及政治、经济、安全、社会、文化、旅游、教育、科学等各个领域的合作，并朝着地区一体化的方向发展。

[①] *The Pacific Plan 2005*, http：//www.forumsec.org/_resources/article/files/A%20Pacific%20Plan.pdf。为了推动该计划的有效执行，在2006年太平洋岛国论坛会议上，各国领导人总结了一年来执行该计划取得的进展和需要克服的问题，结合实际对该计划进行了修订。参见：*The Pacific Plan 2006*, http：//www.forumsec.org/_resources/article/files/The Pacific Plan, updated Dec 2006.pdf。

第六章　地区利益与共同观念的建构

　　南太平洋地区所面临的主要问题涉及政治、经济、安全和国内建设等诸多方面，这些都关乎地区的共同利益，不同程度地制约着地区发展，并对社会安定构成很大威胁。各国联合起来加强经济合作、促进经济发展、维护地区安全、反对腐败和提高行政效能成为地区主义发展的优先目标。在地区共同利益和地区主义的战略目标上达成共识的过程中，也逐步形成了本地区独特的合作理念。

第一节　战略目标：共同的地区利益

　　对于涉及地区共同利益的重大事务，南太平洋地区各国领导人取得了一致共识，他们认为"南太平洋地区国家所面临的严重挑战值得认真和仔细地研究如何集中稀缺的地区资源来加强国家能力"，为了面临这些挑战，"太平洋岛国论坛的主要目标是经济增长、可持续发展、良治和安全，并且这些目标应成为论坛与论坛秘

第六章　地区利益与共同观念的建构

书处的主要焦点"。① 以太平洋岛国论坛为依托,推动地区经济增长、可持续发展,良政建设和加强地区安全涉及南太平洋地区的共同利益,也是南太平洋地区主义在当前优先发展的战略目标。

一　经济增长

经济增长速度缓慢是当前南太平洋地区各岛国和领地的总体特征。尽管各国都采取各种手段维持经济的平稳增长,但几乎所有太平洋岛国在过去10年间都曾经出现过经济负增长(见表6.1)。从总体来看,除了2009年受国际金融危机的影响太平洋小岛国平均GDP增长率降至-1.0%之外,在此前的2000年,曾出现更为严重的负增长,GDP增长率为-1.3%。从国别来看,2000年所罗门群岛GDP增长率低至-14.3%,斐济和巴布亚新几内亚等地区重要经济体也均为负增长,GDP增长率分别为-1.7%和-2.5%。对多数岛国来讲,即便是出现经济增长,也主要归功于不可再生自然资源的开采以及一些一次性投资计划的实行,因此,经济形势很不稳定。尽管在包括人均GDP在内的人类发展指标方面表现尚好,但南太平洋地区很多岛屿的总体情况仍处于欠发展或贫困状态,贫困率比拥有相同人均收入的国家都要高,甚至有些国家20%~30%的人口生活在贫困线以下。② 因此,在南太平洋地区,经济增长主要是指可持续性的和扶贫性的经济增长。③

---

① Pacific Islands Forum Secretariat, *The Auckland Declaration*, *Pacific Islands Forum Leaders' Retreat*, April 6, 2004, pp. 1 – 2.
② Andie Fong Toy, "The Pacific Islands Forum and Regional Cooperation," in Bryant-Tokalau, Jenny, and Ian Frazer (eds.), *Redefining the Pacific? Regionalism Past, Present and Future*, Aldershot, Hants, England; Burlington, V. T.: Ashgate, 2006, p. 34.
③ Pacific Islands Forum Secretariat, *The Pacific Plan: For Strengthening Regional Cooperation and Integration*, November, 2007, p. 3.

表 6.1　部分岛国 GDP 与上年同比实际增长率

国家＼年份	2000	2001	2002	2003	2004	2005	2006	2007	2008	2009	2010	2011
斐济	-1.7	2.0	3.2	1.0	5.3	0.7	1.9	-0.9	1.0	-1.3	-0.2	2.0
基里巴斯	7.2	-3.1	6.2	4.5	0.9	-2.5	-0.4	2.1	-2.4	-2.3	1.4	1.8
马绍尔群岛	5.9	5.4	2.6	0.2	-0.1	2.6	1.9	3.0	-1.9	-1.3	5.2	5.0
密克罗尼西亚联邦	4.6	1.7	0.6	1.8	-3.2	2.2	-0.2	-2.1	-2.6	1.0	2.5	2.1
帕劳	0.3	1.3	-3.5	-1.3	4.9	5.5	3.0	-0.5	-6.1	-4.6	0.3	5.8
巴布亚新几内亚	-2.5	-0.1	-0.2	2.2	2.7	3.6	2.6	7.2	6.7	5.5	8.0	9.0
萨摩亚	7.0	7.1	4.4	4.8	4.8	4.1	2.0	1.8	4.3	-5.1	0.4	2.0
所罗门群岛	-14.3	-8.0	-2.8	6.5	4.9	5.4	6.9	10.7	7.3	-1.2	7.0	9.0
汤加	3.4	3.6	3.4	2.2	1.0	2.4	-1.6	-4.1	1.2	2.9	2.7	4.9
图瓦卢	-1.0	1.6	7.9	-3.3	-1.4	-3.8	2.6	6.0	6.9	-1.7	-3.0	1.2
瓦努阿图	5.9	-3.5	-4.4	3.7	4.5	5.2	7.4	6.5	3.5	1.5	2.5	
太平洋小岛国	-1.3	0.7	1.6	2.2	4.0	2.2	2.6	1.4	2.0	-1.0	1.6	3.5

资料来源：World Bank, WDI database, December, 2012。

经济增长作为南太平洋地区主义发展的战略目标，其具体目标是增加可持续的贸易（包括服务）和投资；提高基础设施发展的效率以及在公益设施的供给上进行协作；扩大私营部门的参与并使之为发展作贡献。[①] 在 2006~2008 年分阶段的计划中，经济增长包含了以下 9 个方面：（1）在《南太平洋地区贸易和经济合作协定》（SPARTECA）、《太平洋岛国贸易协定》（PICTA）、《太平洋紧密经济关系协定》（PACER）框架内扩大商品贸易市场，并与非论坛贸易伙伴扩大贸易交往；（2）将服务业（包括临时性的劳动

---

① Pacific Islands Forum Secretariat, *The Pacific Plan: For Strengthening Regional Cooperation and Integration*, November, 2007, p.3.

第六章
地区利益与共同观念的建构

力流动）整合到《太平洋岛国贸易协定和经济伙伴关系协定》（EPA）框架内；（3）及时和有效地实施地区贸易便利化计划（RTFP）；（4）研究《太平洋紧密经济关系协定》转向在澳大利亚、新西兰和论坛岛国之间开展贸易（包括服务业）和经济合作的全面框架所带来的潜在影响；（5）通过发展以生态系统为基础的渔业管理计划框架、鼓励高效的渔业发展（包括增值措施），以及立法合作来促进可持续的渔业收益的最大化；协调准入框架；（6）加强发展本地区石油的大宗采购、储存和分配计划与战略；（7）执行地区运输业的论坛标准（FPRTS），包括促进太平洋航空安全办公室（PASO）的发展，并注重改善小岛屿国家的航运服务；（8）加强实施提高地区信息和通讯技术的数字化战略；（9）通过太平洋岛屿私营部门组织（PIPSO）等机构来支持私营部门机构。[①]

实施这些地区性措施是所有岛国应对经济增长挑战、减少单位成本的必然选择。通过《南太平洋地区贸易和经济合作协定》《太平洋岛国贸易协定》《太平洋紧密经济关系协定》等地区和跨地区经济合作安排，能够扩大经济规模，降低投资成本，并实行公共服务和公共产品的共享与高效利用，从而得到有效的经济增长。

二 可持续发展

为了在人与环境、环境与经济建设、当代人与后代人之间建立一种协调发展的关系，各国、各地区乃至国际社会都在探索可持续发展道路。早在1972年斯德哥尔摩联合国人类环境研讨会上就曾正式讨论可持续发展议题。此后，不同国家和地区都对可持续发展

---

① Pacific Islands Forum Secretariat, *The Pacific Plan: For Strengthening Regional Cooperation and Integration*, November, 2007, p. 6.

地区主义与地区秩序
——以南太平洋地区为例

提出了自己不同的理解，范围涉及全球、国际、地区、国家、地方等各个层面。直到1987年，联合国世界环境与发展委员会（WCED）在一篇题为"我们共同的未来"的报告中第一次全面阐述了可持续发展的概念，得到了国际社会的广泛认同。报告认为，可持续发展是"在不危及后代人需求的前提下，寻求满足当代人需求的发展途径"。[①] 换言之，就是指经济增长、社会进步、资源利用和环境保护协调发展，这些方面是一个不可分割的系统，既要实现发展经济的目的，又要保护好人类赖以生存的大气、淡水、海洋、土地和森林等自然资源和环境，使子孙后代能够永续发展和安居乐业。因此，可持续发展的重要方面是环境保护，但又不局限于此，其核心是发展，是要求在控制人口数量、提高人口质量、保护环境与资源的前提下，进行经济和社会的发展。

可持续发展作为地区主义的战略目标，在南太平洋地区具有重要的意义。在人的发展方面，根据联合国《1999年太平洋人类发展报告》，在参与评估的175个国家（地区）中，只有帕劳、库克群岛和纽埃等3个太平洋岛国（地区）的人类发展指数（HDI）位居中等或中等偏上，其余11个岛国排名都居100名以后。南太平洋地区面积最大、人口最多的巴布亚新几内亚居第164位，整个地区平均排名110位。[②] 在环境的可持续性方面，环境变化与自然灾害对南太平洋地区经济产生了巨大的负面影响。环境恶化导致的海岸侵蚀、海平面升高，以及由此导致的干旱、台风、沿岸洪灾、海啸等自然灾害的频繁发生，都对经济和社会发展产生直接的影

---

① World Commission on Environment and Development, *Our Common Future* (New York and Oxford: Oxford University Press, 1987), p. 8.
② United Nations Development Programme, *Pacific Human Development Report 1999*, Suva: UNDP, 1999.

第六章
地区利益与共同观念的建构

响。例如，瓦努阿图在1987年遭受台风袭击后，几年内GDP实际增长率下降9个百分点；萨摩亚于1990年和1992年两次遭受台风袭击，导致1990～1992年连续3年GDP实际增长率分别下降7.5%、27.9%和4.3%。①

在《太平洋计划》中，可持续发展定义为在经济发展、社会发展和环境保护（保护意味着在一定条件下明智地利用和保护）三个支柱之间进行整合和互相加强。可持续发展的基本要求包括：在维护潜在的生态发展进程的同时，作为利益相关者积极参与、消除贫困、改变非持续发展的生产和消费模式、管理和保护作为经济和社会发展基础的自然资源。② 因此，可持续发展被看做一种处理经济和社会发展以及环境保护的新方式。它可以被看做一种新的生活方式，一种文化，一种哲学，它指导每个人每一天的决定，并在地方、社区、次地区、国家以及国际等各个决策层次加强每项政策、战略和决定的基础。为了实现可持续发展，需要采取各种途径，包括调动政府、私营部门和社区等各种力量。③

太平洋岛国论坛秘书处在协助成员国通过有效利用有限的国家和发展伙伴的资源以最大限度地为其国民谋利方面承担了重要责任，起到了单个国家不可替代的作用。论坛秘书处可持续发展方案的重点是在国际、地区和国家层次提供政策咨询和协调，并在其具有相对优势的领域提供技术援助，包括为了加强自然资源和环境管理而提供以经济和政策分析为基础的综合性政策咨询意见。可持续

---

① United Nations Development Programme, *Pacific Human Development Report 1999*, Suva: UNDP, 1999.
② Pacific Islands Forum Secretariat, *The Pacific Plan: For Strengthening Regional Cooperation and Integration*, November, 2007, p.3.
③ 参见太平洋岛国论坛秘书处网站相关资料，http://www.forumsec.org。

发展的战略目标要求南太平洋地区各国联合起来共同采取各种措施和行动以减少贫困；加强自然资源和环境管理；改善卫生条件；发展教育和培训；促进性别平等；扩大青年的社会参与；提高体育参与的水平和体育成绩的层次；认识和保护文化价值观、认同和传统知识。[①]

在2006~2008年可持续发展规划中，南太平洋国家致力于完成以下方面的目标：（1）完善和实施国家可持续发展战略（NSDS），包括促进地区政策框架和行动计划走上正轨，使用与《千年发展目标》（MDGs）相符的适当捷径和相关地区指标等；（2）完善和实施国家和地区对渔业资源可持续利用的保护和管理措施；（3）完善和实施各种废物管理政策和计划；（4）加强实施太平洋岛屿能源政策，协调各种为所有太平洋岛屿社区可持续发展提供可资利用的、安全可靠的、价格低廉的、对环境无害的能源战略行动计划；（5）完善和实施关于可持续水资源管理的太平洋地区行动计划；（6）通过全球环境机构为国际上资助可持续发展、生物多样性和环境保护、太平洋地区气候变化的行动提供便利；（7）协调根据"萨摩亚承诺"（Samoa Commitment）在卫生部门采取的各种举措，包括实施HIV/AIDS和STI战略，更加重视各种非传染性疾病，就应征医疗工作人员达成一致意见，等等；（8）调查研究发展地区职业技术教育培训（TVET）计划（包括在太平洋地区建立一个澳大利亚太平洋岛屿技术学院）以促进利用在卫生保健、航海、优良环境/旅游、维护和平等方面机遇的潜力、加强地区培训计划并使之标准化的潜力、确保技术资格的可移植性方面的潜力；

---

① Pacific Islands Forum Secretariat, *The Pacific Plan: For Strengthening Regional Cooperation and Integration*, November, 2007, p.3.

第六章
地区利益与共同观念的建构

（9）加持支持和协调青年发展计划，对青年发展状况进行监控；
（10）发展地区体育运动网络以支持体育事业的发展作用。①

可持续发展战略目标的实施，把社会进步和环境保护提高到与经济增长同等重要的地位，这也将改变南太平洋地区传统的环境与资源管理模式，使资源的利用不超过环境的承载能力，逐步实现经济效益与社会效益、环境效益的统一。

三 良政建设

良政（good governance）也被译为"善政""善治""良治"等，意即"良好的治理"。20世纪90年代，这一概念开始在南太平洋地区流行和应用，并成为南太平洋地区主义发展的战略目标之一。作为国际社会科学的一个新名词，"治理"首先被运用到对发展中国家内部公共与行政管理事务的评估与研究中。1989年，世界银行在考察当时非洲撒哈拉沙漠以南地区的情形时，首次使用了"治理危机"（crisis in governance）这一名词。② 1995年，全球治理委员会在一份题为"我们的全球伙伴关系"的研究报告中对"治理"做出了如下界定：治理是各种公共的或私人的机构管理其共同事务的诸多方式的总和，它是使相互冲突的或不同的利益得以调和，并且采取联合行动的持续的过程，它既包括有权迫使人们服从的正式制度和规则，也包括各种人们同意或认为符合其利益的非正式的制度安排。③ 治理概念的广泛使用与其内涵的不断扩展，促

---

① Pacific Islands Forum Secretariat, *The Pacific Plan: For Strengthening Regional Cooperation and Integration*, November, 2007, pp. 6-7.
② World Bank, *Sub-Saharan Africa: From Crisis to Sustainable Growth: A Long-term Perspective Study*, Washington, D. C.: World Bank, 1989, p. 60.
③ The Commission on Global Governance, *Our Global Neighborhood: The Report of the Commission on Global Governance* (Oxford: Oxford University Press, 1995), p. 23.

进了良政理论的产生。

概括地说,良政就是"使公共利益最大化的社会管理过程",其本质特征"在于它是政府与公民对公共生活的合作管理,是政治国家与公民社会的一种新颖关系,是两者的最佳状态"。具体来讲,良政的基本要素包括合法性(legitimacy)、透明性(transparency)、责任性(accountability)、法治(rule of law)、回应(responsiveness)、有效(effectiveness)等六个方面。[1] 随着世界经济市场化和政治民主化的日益推进,良政已成为发展中国家成功实现经济和社会发展所必备的政治条件,也反映了冷战后人们对建立新的国际政治经济秩序的良好愿景。

在这种新的世界潮流和发展趋势下,南太平洋地区领导人已经充分认识到,良政建设是可持续发展和经济增长的前提条件,只有搞好良政建设,才能为社会经济发展提供和平与稳定的环境,没有良政作为保障,地区发展规划就无法落实,地区一体化目标就会流于空谈。因此,南太平洋地区领导人对良政予以高度重视,提出了适合南太平洋地区各国国情的新的良政建设模式和良政建设的规范性标准,以求在南太平洋地区探索出一条"注重治理质量、资源的可持续管理,充分尊重民主价值观,保护和促进人权"的道路。[2] 对南太平洋地区国家而言,良政意味着透明、负责和平等地管理所有资源。[3] 良政建设工作方案的战略目标是提高太平洋地区

---

[1] 俞可平主编《治理与善治》,社会科学文献出版社,2000,第9~11页。
[2] "Kalibobo Roadmap on the Pacific Plan," in Pacific Islands Forum Secretariat, *The Pacific Plan: For Strengthening Regional Cooperation and Integration*, November, 2007, p. 36.
[3] "Kalibobo Roadmap on the Pacific Plan," in Pacific Islands Forum Secretariat, *The Pacific Plan: For Strengthening Regional Cooperation and Integration*, November, 2007, p. 3.

资源管理和利用上的透明性、责任性、平等性和有效性。[1]

南太平洋岛国 2006~2008 年良政建设计划重点如下：(1) 通过司法培训和教育等措施，在地区范围内加强审计和调查机关、领导法规（leadership codes）、反腐败机构、检察部门等重要机构的责任；(2) 在地区范围内支持太平洋岛国论坛关于优秀领导人与领导人问责制的标准；(3) 完善在资源管理、协调传统与现代价值观和结构等方面的管理机制；(4) 改造和扩展国家和地区统计信息系统以及跨部门的数据库；(5) 选择适当时机批准和实施国际和地区人权公约、条约和协议，支持报告制度和其他必要条件；(6) 发展一项支持民主参与，咨询决策（包括非国家行为者、青年、妇女和伤残人员），选举进程的战略。[2]

就目前情况来看，良政建设的上述目标取得了较为显著的进展。在新近出台的太平洋岛国论坛 2008~2010 年良政建设工作方案中，除了继续巩固和推进这些动议，还进一步提出促进地区共同财务条例的制定，设立独立且负责任的宏观和微观经济技术援助，以加强财政和金融部门的作用等一系列新的计划，使地区良政建设合作的领域更加广泛。[3]

四 地区安全与稳定

安全意味着和平与稳定的社会（或人类）和政治环境，它以

---

[1] "Kalibobo Roadmap on the Pacific Plan," in Pacific Islands Forum Secretariat, *The Pacific Plan: For Strengthening Regional Cooperation and Integration*, November, 2007, p. 3.

[2] "Kalibobo Roadmap on the Pacific Plan," in Pacific Islands Forum Secretariat, *The Pacific Plan: For Strengthening Regional Cooperation and Integration*, November, 2007, p. 7.

[3] Pacific Islands Forum Secretariat, *Pacific Plan Good Governance Work Program 2008 - 2010*, http://www.forumsec.org.fj.

良政建设和可持续发展为基础,安全的环境是对实现良治和可持续发展的反映。[1] 可见,对南太平洋地区领导人来说,安全主要是政治和经济上的安全。[2] 在经济上,除了美属萨摩亚、关岛、瓦利斯和富图纳群岛、新喀里多尼亚等地区外大国领地外,所有南太平洋独立国家的财政和金融都存在一定程度的风险,其中所罗门群岛、瑙鲁和马绍尔群岛存在非常严重的问题。[3] 在政治上,由于治理不善,一些岛国处在"失败国家的边缘"。例如,斐济、巴布亚新几内亚、所罗门群岛和瓦努阿图等岛国在过去几年中都曾经历过严重的暴力冲突、内乱和政治危机。汤加、瑙鲁等其他岛国也多次出现国内秩序不安定和经济崩溃的征兆。这些对内部稳定和可持续发展造成了严重后果,并且,冲突和危机所产生的影响还波及整个地区。所罗门群岛的骚乱就曾由临时组建的地区干涉委员会出面进行平息。在地区范围内,社会经济差距加大、领土纠纷以及良政建设滞后等隐藏冲突和危机的经济、政治问题与人类安全问题往往交织在一起,使地区安全面临着种种挑战。

近年来,由于经济全球化,通讯和信息技术的发展,以及人口、商品和服务的加剧流动,南太平洋地区的安全环境日益复杂多样。

---

[1] Pacific Islands Forum Secretariat, *The Pacific Plan: For Strengthening Regional Cooperation and Integration*, November, 2007, p. 3.

[2] David Hegarty and Peter Polomka (eds.), *The Security of Oceania in the 1990s*, Canberra: Strategic and Defence Studies Centre, Research School of Pacific Studies, Australian National University, 1989; David Hegarty, *South Pacific Security Issues: An Australian Perspective*, Canberra: Strategic and Defence Studies Centre, Australian National University, 1987; Stephen Henningham and Desmond Ball (eds.), *South Pacific Security: Issues and Perspectives*, Canberra: Strategic and Defence Studies Centre, Australian National University, 1991.

[3] Pacific Islands Forum Secretariat, *Issues in Country Risk Assessments*, Forum Economic Ministers Meeting Paper No. 3, Suva: Pacific Islands Forum Secretariat, June 11 – 12, 2003.

第六章
地区利益与共同观念的建构

人口和商品的非法流动、非法金融交易、有组织的跨国犯罪活动逐年增加。并且，一些恐怖主义集团也可能会利用太平洋地区的安全环境去支持国际社会更大范围的恐怖活动。冲突和危机威胁着太平洋岛屿国家的稳定，地区安全已越来越与更广泛的人类安全相联系。因此，地区安全的具体目标是促进政治和社会的和平与稳定。[1]

为了逐步消除影响地区安全的各种因素，营造良好的安全环境，南太平洋岛国论坛成立了地区安全委员会（FRSC），每年举行一次地区安全会议，地区领导人可以就地区安全问题进行广泛交流与磋商，并为地区安全计划提出建议。根据地区安全会议的建议，在地区安全问题上，南太平洋地区各国近几年将重点加强以下几个方面的合作：（1）发展和实施海洋与航空安全及监管的各种战略和联合立法；（2）在边境安全方面实施太平洋岛屿地区安全技术合作战略（PIRSTCS），包括跨国犯罪、生物安全，以及为国家金融情报部门提供指导；（3）加强执法培训（例如地区治安倡议）、协调与配合；（4）完善和实施减少与处理自然灾害的各种政策和计划；（5）发展各种城市化、生物安全和保险计划，增加对政治和人类安全问题的广泛关注。[2]

太平洋地区应该是一个和平、和谐、安全和经济繁荣的地区，这是南太平洋各国领导人所达成的共识。为此，实现经济增长和可持续发展、加强良政建设、维护地区安全成为地区主义优先发展的战略目标，这符合地区各国人民的利益。在这四个目标中，安全和良政建设是经济增长和可持续发展的前提条件，经济增长和可持续

---

[1] Pacific Islands Forum Secretariat, *The Pacific Plan*: *For Strengthening Regional Cooperation and Integration*, November, 2007, p. 3.

[2] Pacific Islands Forum Secretariat, *The Pacific Plan*: *For Strengthening Regional Cooperation and Integration*, November, 2007, p. 7.

发展反过来为安全和良政建设提供保障,它们相辅相成,相互促进。它们作为南太平洋地区各国的共同利益之所在,成为联系各国的纽带,以此为目标推动南太平洋地区主义向更深层次发展。

第二节 共同观念:"太平洋方式"

共同的利益追求和共同的战略目标将南太平洋地区各成员紧密地联系在一起,正是在通过合作寻求实现共同利益的过程中,逐渐塑造了地区认同,促进了地区共同观念的形成。1970年,斐济总理卡米塞塞·马拉在联合国大会的致辞中首次向国际社会提出"太平洋方式"(the Pacific Way)①,此后这一名词在太平洋地区政治、经济、社会等领域得到广泛运用。在南太平洋地区,人们逐渐意识到,通过合作可以促进地区各民族共同利益的实现,有效的联合能够减少岛国对地区富庶国家的依赖。"太平洋方式"的提出,在政治上满足了促进太平洋地区联合的需要,在精神上满足了形成地区认同的需要,它为南太平洋地区主义的发展、南太平洋地区国际秩序的构建发挥了积极作用,并成为南太平洋地区特有的交往和决策方式。

一 多样性与"太平洋方式"

南太平洋地区的地理、历史、政治等因素影响了南太平洋国家之间的相互交往过程,但正是在这样的背景下,逐渐形成了处理相

---

① 所罗门诗人和小说家阿尔伯特·温特(Albert Wendt)曾建议使用太平洋语言而不是英语来表达这一术语。因此,Pacific Way 也可表述为 Fa'a Pasifika 或 Vaka Pasifika。并且,在大约1200种太平洋岛国语言中,fa'a 的方言表述还有 va'a, vaka, faka, haka, mbaka, paka, aka, ka, ha, 等等。参见:R. G. Crocombe, *The Pacific Way: An Emerging Identity*, Suva: Lotu Pasifika Productions, 1976, p.1。

第六章
地区利益与共同观念的建构

互关系、促进相互合作的"太平洋方式"。从根本的意义上讲,"太平洋方式"形成的基础来源于南太平洋地区的多样性特征,多样性是"太平洋方式"形成的历史背景和客观条件。南太平洋地区的多样性主要体现在各岛国和领地的地理、文化、历史、政治和经济等方面。

一是历史上的差异。虽然所有南太平洋国家和地区都曾沦为西方国家的殖民地,但所经历的殖民历史不尽相同。不同的宗主国对殖民地产生着不同的影响,宗主国的改变也部分改变了殖民地的历史进程。由于各岛国的具体情况不同,在非殖民化进程中,选择了不同的自治或独立道路:斐济受英国政治制度以及国内社会多元化的影响,通过宪政改革逐步走向独立;西萨摩亚、瑙鲁、巴布亚新几内亚等托管地通过结束托管赢得独立;新赫布里底群岛通过结束殖民共管实现独立;吉尔伯特群岛和埃利斯群岛走向分治,建立了各自的独立主权国家;所罗门群岛通过渐进方式摆脱英国的殖民统治宣告独立;汤加通过主权移交获得了独立;等等。[①] 此外,马绍尔群岛共和国和密克罗尼西亚联邦于 1986 年、帕劳于 1994 年分别与美国签订自由联系协定成立了自治政府,库克群岛与纽埃分别于 1965 年和 1974 年成为新西兰的自由联系国,从而获得了自治。

二是地理上的差异。在南太平洋地区,各国和领地所属的水陆面积和人口数量相差很大,并且自然资源分布极不均匀(见表 6.2)。巴布亚新几内亚是该地区人口最多、陆地面积最大的国家,其人口是纽埃和托克劳的 2500 多倍,其陆地面积是托克劳的 4500 多倍,即使加上专属经济区,前者亦是后者的 1500 多倍。除了巴

[①] 汪诗明、王艳芬:《太平洋英联邦国家:处在现代化的边缘》,四川人民出版社,2004,第 205~229 页。

125

布亚新几内亚、所罗门群岛、新喀里多尼亚、斐济、瓦努阿图、法属波利尼西亚和萨摩亚外，其余国家和领地的陆地面积都在1000平方公里以下，图瓦卢、瑙鲁和托克劳甚至只有几十平方公里。自然资源和矿产资源主要分布在巴布亚新几内亚、斐济、所罗门群岛、新喀里多尼亚和瓦努阿图，其他岛国的资源主要是专属经济区中的渔业资源。

表6.2 太平洋岛屿地区人口与地理指标

单位：万人，平方千米

国家与地区	人口	陆地面积	专属经济区
美属萨摩亚	7.0	197	390
库克群岛	2.0	240	1830
密克罗尼西亚联邦	11.2	701	2978
法属波利尼西亚	27.4	3265	5030
斐济	86.8	18272	1290
关岛	17.6	541	218
基里巴斯	10.1	690	3550
马绍尔群岛	5.5	179	2131
瑙鲁	0.9	21	320
新喀里多尼亚	21.4	19103	1740
纽埃	0.1	259	390
北马里亚纳群岛	6.1	471	777
帕劳	2.1	494	629
巴布亚新几内亚	701.4	462840	3120
所罗门群岛	52.2	28369	1340
托克劳	0.1	10	290
汤加	10.5	699	700
图瓦卢	1.0	26	900
瓦努阿图	24.6	11880	680
瓦利斯和富图纳群岛	1.5	255	300
萨摩亚	18.4	2935	120

注：人口数据为2008~2011年所能获得的最新数据。
资料来源：World Bank, WDI database, December, 2012; United Nations, *World Population Prospects* (New York: United Nations, 2003); Te'o I. J. Fairbairn et al., *The Pacific Islands: Politics, Economics, and International Relations* (Honolulu, Hawaii: University of Hawaii Press, 1991), pp. 6-7。

第六章
地区利益与共同观念的建构

三是种族和文化上的差异。在南太平洋岛屿，居住着不同种族的土著居民，他们从总体上可分为三个类别：居住在北部诸岛的密克罗尼西亚人，居住在东部诸岛的波利尼西亚人，以及居住在西部诸岛的美拉尼西亚人（见表6.3）。但这只是一个初步的分类，实际的情况要复杂得多。一方面，在这三个文化区的交界处，各文化区彼此存在着一定的联系和一定程度的融合。例如，斐济处在美拉尼西亚和波利尼西亚的过渡区，虽然一般将其划属到美拉尼西亚，但土生土长的斐济人对美拉尼西亚人和波利尼西亚人都有密切的亲缘关系。另一方面，在三个文化区的内部，社会与文化等方面也存在着很大的区别，尤其是在密克罗尼西亚和美拉尼西亚。在语言上，整个南太平洋地区总共才大约800万人，却使用着1000多种语言，平均每六七千人就有一种语言。在社区结构上，既保留着各种原始的部族制度，又逐渐形成了现代的城市社区文化。与此同时，一些非土生的外来移民在该地区也占很大比例，例如，印裔斐济人差不多占了整个斐济人口的一半；新喀里多尼亚的欧洲后裔约占总人口的1/3。此外，菲律宾人、日本人、印尼人在一些岛屿也拥有重要影响。

表6.3 南太平洋地区种族文化区

种族文化区	国家与地区
波利尼西亚	美属萨摩亚　库克群岛　法属波利尼西亚　纽埃　萨摩亚　托克劳　汤加　图瓦卢　瓦利斯和富图纳群岛
密克罗尼西亚	密克罗尼西亚联邦　关岛　基里巴斯　马绍尔群岛　瑙鲁　北马里亚纳群岛　帕劳
美拉尼西亚	斐济　新喀里多尼亚　巴布亚新几内亚　所罗门群岛　瓦努阿图

四是政治和经济发展水平上的差异。政治上，多数岛国在向自治政府的过渡中总体平稳，但政治体制深受宗主国的影响，形式多

127

种多样，其中包括王国、军人政府、议会制和总统制，还有多种形式的领地行政机关。独立后的岛国在宪政安排上，都一定程度地暴露出各种弊病，由于当地传统不同，给政治发展形成了不同的阻力，种族、地区、文化上的差异也助长了各种形式的政治不稳定：斐济的多次政变，法属波利尼西亚、瓦努阿图、所罗门群岛的骚乱，新喀里多尼亚的暴力运动，巴布亚新几内亚的非法活动，布干维尔的游击战争，等等。① 在国家主权控制上，大部分岛国已经取得独立或自治，但还有一些岛屿是地区外大国的属地，仍在争取完全独立和自治。经济上，由于人口和自然资源分布不均，岛国的经济形势各不相同。在南太平洋地区，只有斐济第二产业相对比较发达，诸如库克群岛、斐济、所罗门群岛、汤加、瓦努阿图、萨摩亚和巴布亚新几内亚等国都是农业、林业和渔业在国民经济中占主导地位；而在其他岛屿地区，尤其是北马里亚纳群岛、关岛和美属萨摩亚等美国领地，初级产业部门几乎不存在。只有巴布亚新几内亚、所罗门群岛等面积较大的岛国在经济上基本能够自足，其他岛国主要依靠外部援助来维持国民经济的运转。国内生产总值从纽埃的1000万美元到新喀里多尼亚的70多亿美元不等，国内人均生产总值悬殊更大，最少的基里巴斯只有650多美元，而新喀里多尼亚则近3万美元。②

南太平洋地区是一个多样性的地区。一方面，多样性意味着差异和矛盾；另一方面，多样性意味着相互间的互补性和包容性。尽管各个岛国和领地之间存在各种各样的差异，但它们之间一直存在

---

① See: Te'o I. J. Fairbairn, et al., *The Pacific Islands: Politics, Economics, and International Relations* (Honolulu, Hawaii: University of Hawaii Press, 1991), pp. 10–11, 15–38.

② *The 2008 Pocket Statistical Summary*, Noumea, New Caledonia: Secretariat of the Pacific Community, 2008.

第六章
地区利益与共同观念的建构

着紧密的联系。在文化和生活方式上，大部分岛国居民深受基督教传教士的影响，教堂在社会生活中起着重要的作用；在制度建设上，所有岛国都经历了一段殖民历史，除了瓦努阿图由英法共管，其他岛国之前都是澳、新、英、美的殖民地，这种背景使得它们的国家制度具有广泛的相似性；在当地传统中，尤其是波利尼西亚的一些岛国，对争议的解决热衷于通过协商达成一致。① 在总体上，南太平洋地区各岛国和领地拥有共同的传统、共同的利益和共同的价值观，因此，从最基本的意义上，南太平洋地区主义是一种"多样性的联合"。② 正是这种多样性的统一，孕育了"太平洋方式"，并使其不断发展完善。

二 "太平洋方式"的内涵和核心要素

"太平洋方式"是南太平洋地区特有的交往和决策思维方式，它维系着南太平洋地区国家之间的合作与发展，也成为南太平洋地区区别于世界上其他地区主义进程的独特特征。从一定意义上，南太平洋地区主义是伴随着"太平洋方式"的内涵不断丰富而向前发展的。

(一)"太平洋方式"的内涵

"太平洋方式"是一个重要的概念，但与此同时，又是一个模糊的概念。③ 正如 1974 年新西兰总理华莱士·罗林（Wallace

---

① Stephen Henningham, *The Pacific Island States: Security and Sovereignty in the Post-Cold War World* (Hampshire: Macmillan Press, 1995), pp. 14 – 15.
② E. Macu Salato, "South Pacific Regionalism: 'Unity in Diversity'," *South Pacific bulletin* (4th Quarter 1976), p. 31.
③ Ron G. Crocombe, "Seeking a Pacific Way," in Sione Tupouniua, Ron Crocombe, and Claire Slatter (eds.), *The Pacific Way: Social Issues in National Development*, Suva: South Pacific Social Sciences Association, 1975, p. 1; Ron G. Crocombe, *The Pacific Way: An Emerging Identity*, Suva: Lotu Pasifika Productions, 1976, p. 2.

地区主义与地区秩序
——以南太平洋地区为例

E. Rowling)在出席拉罗汤加岛举行的南太平洋会议之后所指出的,他所体会到的"太平洋方式"是一种内容"很不明确"的事物。[1] 这从另一个侧面反映了"太平洋方式"所具有的丰富内涵,它承载着一些基本观念和情绪反映的核心以及在特定背景下所赋予的一些含义。[2]

"太平洋方式"提出之初,就始终与南太平洋地区的政治、经济和社会发展相互关联、相辅相成。20世纪70年代初,卡米塞塞·马拉总理首次提出"太平洋方式"时,其含义是与当时南太平洋地区的国家独立浪潮紧密联系在一起的。从60年后期开始,南太平洋地区的一些殖民地和保护国开始纷纷脱离宗主国的统治走向独立和自治,国家独立是整个70年代南太平洋地区殖民地发展的主题。与世界上其他许多地方的民族独立不同,在南太平洋地区,国家的独立是通过和平方式而非诉诸武力完成的,马拉认为这就是"太平洋方式"最重要的表现之一。因此,他宣称,"太平洋方式"首先是一种地理上的和观念上的概念,具体内容是指国家主权从殖民国向南太平洋殖民地的和平过渡,以及南太平洋国家稳定有序地走向独立。[3] 因此,早期关于"太平洋方式"的理解就包含了"和平"与"稳定"等内在要素。

马拉提出"太平洋方式"后,出于地区政治、经济和社会发展的需要,这一理念得到南太平洋地区人民的广泛认同,其内涵也随着地区发展的实践不断充实和发展。在社会领域,"太平洋方

---

[1] Ron G. Crocombe, *The Pacific Way: An Emerging Identity*, Suva: Lotu Pasifika Productions, 1976, p. 4.

[2] Ron G. Crocombe, *The Pacific Way: An Emerging Identity*, Suva: Lotu Pasifika Productions, 1976, p. 2.

[3] Ratu Sir Kamisese Mara, "Address to the United Nations," in *The Pacific Way: A Memoir* (Honolulu: University of Hawaii Press, 1997), p. 238.

第六章
地区利益与共同观念的建构

式"描述了以下三个方面:(1)尽管居住在南太平洋地区的人们具有很多共同特点,但处理事务的途径是多种多样的;(2)尽管太平洋文化存在几大主要种类,但各太平洋岛屿有一些共同的重要主题;(3)所有南太平洋岛民不仅有权,而且也必须尽最大限度地努力,积极参与塑造自己的未来。因此,"太平洋方式"不是一种东西,也不是一种状态,而是一个解决问题的过程。[1] 这也是一个促进性别平等、文化发展和社会可持续发展的过程。[2] 它将人的共性与个性结合起来,强调不同种族、不同观点、不同文化的人在一起生活和工作,有差异但不对立,共同承担为所有人服务的义务。[3]

"太平洋方式"还具有政治上的动机,其目标是促使那些在地区以外接受培训的当地领导者抛弃用西方模式来解决地区冲突的思想与行动,而将地区内业已存在的一些解决争议的惯例进行重新构建。"太平洋方式"号召日益增加的地区合作,当地区外大国对南太平洋地区还怀有野心时,通过合作使所有南太平洋国家凝聚在一起。"太平洋方式"成为一种各个民族意识到命运相投、联合一致的象征。[4] 作为一种解决争端的方式,"太平洋方式"表现在各项议题都在非正式会议中通过从容不迫的方式进行讨论,以寻求达到

---

[1] Ron G. Crocombe, "Seeking a Pacific Way," in Sione Tupouniua, Ron Crocombe, and Claire Slatter (eds.), *The Pacific Way: Social Issues in National Development*, Suva: South Pacific Social Sciences Association, 1975, p. 1.

[2] Peggy Fairbairn-Dunlop, "Gender, Culture and Sustainable Development—the Pacific Way," in Antony Hooper (ed.), *Culture and sustainable development in the Pacific* (Canberra, A. C. T.: ANUE Press and Asia Pacific Press, 2005), pp. 62 – 75.

[3] 关于种族之间的联合,参见: R. S. Milne, " 'The Pacific Way: Consociational Politics in Fiji," *Pacific Affairs*, Vol. 48, No. 3 (Autumn, 1975), pp. 413 – 431。

[4] Michael Haas, *The Pacific Way: Regional Cooperation in the South Pacific* (New York: Praeger, 1989), pp. 9 – 10.

地区主义与地区秩序
——以南太平洋地区为例

所有参与者都能接受的共识,因此强调相互协作的重要性。① 在1975年瑙鲁举办的一次讨论大洋岛地位的会议中,巴纳巴岛代表团领导人特科提·罗坦(Tekoti Rotan)指出,"太平洋方式"的精华是在宽容和友善的气氛中通过对话和讨论提出解决分歧的前景。② 因此,"太平洋方式"所体现的国家间交往与合作进程是建立在非正式、非对抗性和高度一致的基础之上的,它与其他地区多边合作安排中的对抗性态度和投票的"多数决"程序形成了鲜明的对比。

从更深的层次来讲,"太平洋方式"是一种居于国家与世界层次之间的集体认同。但由于现实的经济和政治利益太多、地理与文化差异太大,因此它不能导致联邦,也不可能会导致文化上的大一统。"太平洋方式"有助于实现更有效的地区合作,并有可能导致文化认同在一定程度上的增加。它既用来描述存在的现实,也用来表示将要实现的理想,并且事实上这两者常常融合在一起,因为这种理想业已实现。③

从"太平洋方式"提出至今,已有近40年的历史。当前,"太平洋方式"已成为理解南太平洋地区人民生活交往和国家对外行为的钥匙,同时也是理解南太平洋岛国合作的进程与状态的基本线索。

(二)"太平洋方式"的核心要素

虽然人们对"太平洋方式"的理解会时有分歧,但一般认为,

---

① Stephen Henningham, *The Pacific Island States: Security and Sovereignty in the Post-Cold War World* (Hampshire: Macmillan Press, 1995), p. 15.
② Ron G. Crocombe, *The Pacific Way: An Emerging Identity*, Suva: Lotu Pasifika Productions, 1976, p. 15.
③ Ron G. Crocombe, *The Pacific Way: An Emerging Identity*, Suva: Lotu Pasifika Productions, 1976, p. 2.

第六章
地区利益与共同观念的建构

"太平洋方式"包含以下几个核心要素。这些核心要素的组合,展现了南太平洋地区主义发展的特色。

一是用和平方式解决争端。国际争端的和平解决,是现代国际法规定的国家解决其争端的一种基本原则和制度,它是指国家之间在交往和合作过程中,一旦发生争执或纠纷,当事国应当通过和平的政治方法或法律方法加以解决,禁止任何使用武力或武力威胁的方法。和平解决国际争端的原则是互不侵犯原则的直接引申。[①] 和平解决国际争端的实践最早可以追溯到《威斯特伐利亚和约》的签订,和约开创了以国际会议的方式和平解决国际争端的先例。自威斯特伐利亚体系建立以来,和平商议、和平谈判成为解决国际争端的主要模式。第二次世界大战以后,和平解决国际争端作为国际法基本原则得到了更多国家的认可。《联合国宪章》第1条所载的是联合国的宗旨,其中第1款规定"以和平方法且依正义及国际法之原则,调整或解决足以破坏和平之国际争端或情势";第2条载明的是联合国及各会员国应遵循的原则,其中第3款重申"各会员国应以和平方法解决其国际争端,避免危及国际和平、安全及正义"。[②] 虽然倡导和平方式解决国家之间争端并不为南太平洋地区所特有,但以和平方式解决太平洋地区的各种问题,是"太平洋方式"最基本的含义。具体来讲,这里的争端主要是殖民地与宗主国之间的政治争端,它涉及国家和民族的根本政治利益,是因政治利益的冲突而引起的。因此,用和平方式解决争端,也就是通过和平方式来推动地区非殖民化进程,从而获得主权独立或政府自治。南太平洋地区中第一个获得独立的岛国萨摩亚,在1954年就

[①] 曹建明、周洪均、王虎华主编《国际公法学》,法律出版社,1998,第56页。
[②] 见《联合国宪章》,http://www.un.org/chinese/aboutun/charter/chapter1.htm。

开始实行内部自治，经过 8 年的和平过渡，新宪法最终于 1962 年正式生效，成为一个拥有完全主权的独立国家，并定国名为"西萨摩亚独立国"。其后，库克群岛、瑙鲁、汤加、斐济等岛国都通过和平方式解决了国家主权问题。这种用传统的和平方式解决争端的国际关系准则在南太平洋地区的具体实践，一定程度上也反映出南太平洋地区国家处理地区问题的独特之处，因此成为"太平洋方式"的基本构成要素之一。

二是平等。"太平洋方式"强调平等，反映了南太平洋地区国际政治的现实，经历漫长殖民历史的各个岛国的主权和独立来之不易，各国不分大小强弱，在决策过程中绝对平等，成为充分尊重并维护各国主权和独立最基本的表现形式之一。总体来看，平等体现在两个方面：一方面，平等是指南太平洋地区各岛国和领地的地位平等，在地区组织中，各成员国都以平等的主体身份参加协商和决策，不存在从属关系。在太平洋共同体和太平洋岛国论坛两大地区组织中，成员国实力悬殊巨大，前者的成员国中有美国、英国、法国等综合国力十分强大的发达国家，后者的成员国中有澳大利亚和新西兰两个地区大国。但是，包括一些未独立的领地在内的所有成员在处理相关的地区事务时，都享受同等的投票权和决策权。另一方面，平等意味着南太平洋地区各种文化之间的相互尊重和平等对待。如前所述，南太平洋地区由美拉尼西亚、密克罗尼西亚和波利尼西亚三大文化区组成，三大文化区内又包含多个不同的种族，它们使用不同的语言，遵从不同的风俗习惯，但就在这样一个多元文化共存的地区，各种文化之间可以求同存异，平等共处。

三是协商一致。协商一致是平等意识的延伸，它承认每一个国家都有参加制定国际规则的平等权利。协商是所有参与者的共同协商，协商一致是和平解决争端的一种方式，但除了适用于争端解决

第六章
地区利益与共同观念的建构

机制外,还体现在其他很多方面。无论是调整国家间关系的各种法律文件和合作协议,还是各种地区动议和发展计划,都是在各参与方广泛协商的基础上形成的。没有各参与方平等、自愿的协商,或者虽经协商而未达成一致,地区合作与一体化就不可能呈现如此迅速而稳定发展的趋势。协商一致作为一种组织原则,为很多国际组织所采用,但其作为南太平洋地区国际政治文化的一个特色,主要表现在南太平洋国家对协商一致的特别强调和广泛运用。在南太平洋地区,任何领域的提议只有在全体成员都没有反对意见的情况下才能够通过,成为对全体成员都具有约束力的正式决议,并加以执行。1975年,库克群岛总理艾伯特·亨利爵士创造了"达成一致的妥协"(unanimous compromise)这一具有太平洋地区特色的概念,它表明人人都参与其中,"没有人排除在外"。[1] 这一原则的充分运用,成为南太平洋地区合作的鲜明特色。

四是泛太平洋精神(pan-Pacific spirit)。在南太平洋地区,共同优先发展的事项高于国家的自我利益,这是因为广泛的地区合作不仅是巩固团结的方式,而且也是经济发展的需要。泛太平洋精神有助于将各国的注意力从关注内部的纷争转移到热衷于各国的共同需要。[2] 毛利·吉吉(Maori Kiki)曾指出,义务分担和财富共享是整个太平洋地区的特征。[3] 以1988年该地区发展电话和电视系统为例,作为人口众多岛国的斐济和巴布亚新几内亚应该容易得到通讯卫星公司的支持,并可以首先建立电视通讯设施,但后来与之

---

[1] Michael Haas, *The Pacific Way: Regional Cooperation in the South Pacific*, (New York: Praeger, 1989), p. 11.
[2] Michael Haas, *The Pacific Way: Regional Cooperation in the South Pacific*, (New York: Praeger, 1989), p. 12.
[3] Ron G. Crocombe, *The Pacific Way: An Emerging Identity*, Suva: Lotu Pasifika Productions, 1976, p. 24.

谈判的是地区所有国家组成的一个团体。这种"要么全有，要么全无"的方法使得最后所有南太平洋岛国共同与通讯卫星公司签订了一个综合协定，将电视和电话覆盖到该地区的所有岛国，就连纽埃这样的小岛国也建立了地面基站，能够享受到与其他大岛国相同的服务。

五是渐进主义。南太平洋各国经济发展水平、政治发展进程、文化与风俗习惯各不相同，这导致各国的综合国力和参与地区合作的能力存在很大差别。并且，南太平洋地区市场规模和地区范围可调动的各种资源非常有限，经济的发展对原宗主国以及其他区外大国的依赖性很强，地区内部凝聚力的塑造仍在进程之中，内部各种资源和优势的整合还有待加强。因此，南太平洋地区主义只能走循序渐进的发展道路，在渐进发展过程中不断加深地区融合。

"太平洋方式"为建立南太平洋地区国际政治经济秩序发挥了积极作用，处理国际关系不采用军事干预等强硬措施，而是以论坛的形式构建各国平等参与对话的平台，这在维持地区稳定形势、减少对大国的依赖和抵制大国的干预等方面发挥了独特作用。1971年南太平洋地区成立"南太平洋论坛"，成员除独立后的南太平洋岛国，还包括澳大利亚和新西兰这两个在南太平洋地区起着重要影响的大国。1989年，论坛还邀请中国、美国、英国、法国、日本和加拿大等国出席论坛首脑会议后的对话会议，从1991年起，论坛陆续接纳欧盟、韩国、马来西亚、菲律宾、印度尼西亚、印度、英国、法国、日本、美国、中国和加拿大等国家为对话伙伴。通过与地区内外各国的协商对话，在地区安全方面，寻求适合地区情况的争端解决机制；在地区发展方面，寻求地区一体化的新路径，对外争取各种发展援助，营造有利于各国发展的良好环境。

第七章 合作议题与制度体系的形成

冷战后,南太平洋地区主义发展日趋成熟,合作议题涉及关切地区利益的各个领域,形成了一套联系地区内外的稳定的制度体系。各种地区制度的建立有利于地区各行为体克服集体行动困境,采取合作行为,从而促进行为体利益合作,并在一定程度上改变地区权力的分配,构建行为体的身份和利益。

第一节 合作议题:多领域的地区合作

南太平洋地区政治主要涉及以下三个相互关联的领域:一是地区合作的各种动议,如地区计划与行动;二是形塑国家实践的各种地区规范,它们涉及安全、发展和主权等地区事务;三是各种利益的竞争与建立地区组织的象征意义,尤其是关于地区机制的形式、成员资格、主要职位的确定等。[1] 其中前两者更具有实质性意义,

---

[1] Gregory E. Fry, "International Cooperation in the South Pacific: From Regional Integration to Collective Diplomacy," in W. Andrew Axline (ed.), *The Political Economy of Regional Cooperation: Comparative Case Studies* (London: Pinter Publishers, 1994), pp. 149 – 163.

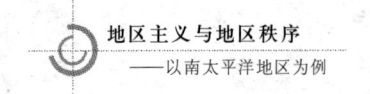

也是岛国领导人关注的重点。具体而言,这些领域涉及地区经济一体化、地区功能部门合作、资源管理与环境保护以及地区安全合作。

一 经济一体化

经济一体化指的是宏观经济政策的一体化、生产要素的自由移动以及成员国之间的自由贸易,它通过共同商品市场、共同生产要素市场,或者两者之间的结合,达到生产要素价格的均等。[①] 从经济学的分析视角看,地区主义主要指的是地区经济一体化。在内涵上,地区经济一体化既有地区保护主义和排他性的一面,又有推进贸易自由化和经济全球化的一面,其中后者更为重要。因此,推动地区贸易的自由化是地区经济一体化的基本内容。

太平洋岛国论坛建立之初就强调地区经济一体化的重要性,这反映出 20 世纪 70 年代自由主义经济思潮在发展中国家的盛行。对南太平洋地区国家领导人而言,在该地区实行经济一体化,主要是基于以下几个近乎常识性的假定:较大的单元比较小的单元做得更好,跨地区的产业合理化能促使经济规模最大化,或者至少能够因为经营规模扩大而使单位成本减少;小国没有单独创办运输公司、航空公司、大学和发展银行等机构的能力;通过商品的大批采购能够减少成本。[②] 但由于一些岛国在独立之初,国家建设相对落后、

[①] 〔美〕彼得·林德特、查尔斯·金德尔伯格:《国际经济学》,谢树森等译,上海译文出版社,1985,第 191、204 页。

[②] Gregory E. Fry, "International Cooperation in the South Pacific: From Regional Integration to Collective Diplomacy," in W. Andrew Axline (ed.), *The Political Economy of Regional Cooperation: Comparative Case Studies*, (London: Pinter Publishers, 1994), p. 150; Gregory E. Fry, "'Pooled Regional Governance' in the Island Pacific: Lessons from History," in Satish Chand (ed.), *Pacific Islands Regional Integration and Governance* (Canberra, A. C. T.: ANUE Press and Asia Pacific Press, 2005), p. 92.

第七章
合作议题与制度体系的形成

产业基础不完善、产业结构不合理、市场机制发育缓慢、缺乏国际竞争力,并且各国经济发展水平不同,给推进地区经济一体化带来了较大障碍。在地理上,南太平洋地区各国相互远离:22个国家与领地的共约800万人口和50多万平方公里面积的陆地,分布在近5000万平方公里的洋面上。与那些各国陆地相连的地区相比,南太平洋地区各岛屿在地理上的相互分离,使商品流通的费用大大增加,整合一些小岛国的国内市场与地区大市场还要面临运输费用上的问题。鉴于以上原因,有学者认为当前在南太平洋地区深化地区一体化的动议还不成熟。[①]

事实上,从1947年澳大利亚、法国、新西兰、荷兰、英国和美国建立南太平洋委员会之时起,该委员会就在为地区经济一体化创造条件。1971年,南太平洋岛国论坛的成立加快了这一进程。进入20世纪80年代,在世界各个地区经济一体化进程加速发展的背景下,南太平洋地区经济一体化也逐步迈出了实质性步伐。

在地区经济合作上,南太平洋岛国论坛成员国为了实现加强地区经济合作的愿望,于1980年签订了《南太平洋地区贸易与经济合作协定》,其目标是逐步实现论坛岛国免除关税,尽可能使更多种类的产品不受限制地进入澳大利亚和新西兰市场;加快论坛岛国的发展,尤其是通过扩大对澳、新商品的出口,并使出口商品多样化;通过消除贸易壁垒来促进和推动出口的扩大和多样化;通过增加在论坛岛国的投资来促进出口的增长和扩大;促

[①] Philip T. Powell, "Too Young to Marry: Economic Convergence and the Case against the Integration of Pacific States," in Satish Chand (ed.), *Pacific Islands Regional Integration and Governance* (Canberra, A. C. T.: ANUE Press and Asia Pacific Press, 2005), pp. 218 – 239.

进和推动农业、工业、商业、林业、渔业的发展和技术合作。①根据这一协定,论坛专门成立了地区贸易委员会,负责执行协定各条款项,以及监督协定的落实情况。进入21世纪,由于各国经济的发展以及国内市场机制的日趋完善,南太平洋地区各国开始致力于自由贸易区的建设。2001年8月,第32届论坛首脑会议在瑙鲁举行,会议通过关于地区自由贸易与经济合作安排的《太平洋紧密经济关系协定》(PACER)和《太平洋岛国贸易协定》(PICTA)。这两个协定的签订,使南太平洋地区经济一体化的方向更加明确,两协定的实施,也必将推动地区经济一体化的深入发展。

在跨地区经济合作上,南太平洋岛国与非洲、加勒比国家,一道分别于1975年、1979年、1984年、1989年与欧洲共同体(欧盟)签订了四个《洛美协定》,此后于2000年签订了《科托努协定》。根据《科托努协定》,在地区经济一体化领域,欧盟逐步取消对非加太地区国家提供单向贸易优惠政策,以推动双方向自由贸易平稳过渡,并最终建立自由贸易区,完成与世贸规则接轨;通过合作提高和加强非加太地区合作和一体化机构和组织的运行能力、国家政府和议会处理地区一体化事务的能力;促进最不发达国家参与地区市场的建立,并分享由此带来的利益;在地区层次执行部门改革政策;实现贸易和国际支付的自由化;促进跨国投资以及其他地区与次地区的一体化动议,并考虑地区一体化的净交易成本对预算收入和国际收支平

---

① *South Pacific Regional Trade and Economic Cooperation Agreement*, Tarawa, July 14, 1980。1989年,各签字国对该协定中的一些涉及具体操作问题的条款进行了修订,参见:*Amendments to the South Pacific Regional Trade and Economic Cooperation Agreement of 14 July 1980*, April, 1989。

第七章
合作议题与制度体系的形成

衡的影响。①

在次地区经济合作上，斐济、巴布亚新几内亚、所罗门群岛和瓦努阿图4个美拉尼西亚国家于1993年签订《美拉尼西亚先锋集团贸易协定》，以促进指定商品和服务的自由流动，并为其提供便利，确保各方在尽可能公平竞争的条件下进行贸易，以利于世界贸易的协调发展和扩大，并逐步消除各种贸易壁垒。②

近年来，关于在太平洋地区建立单一货币的讨论越来越多。③ 2003年澳大利亚议会外交与贸易委员会提议建立一个太平洋经济与政治共同体，其中包括采用一种共同货币。④ 当前，一些南太平洋岛国和领地，正在使用相同的货币。例如，关岛、北马里亚纳群岛、美属萨摩亚、帕劳、密克罗尼西亚联邦和马绍尔群岛使用的是美元；瑙鲁、基里巴斯和图瓦卢使用的是澳元；托克劳、库克群岛、纽埃和皮特凯恩群岛使用的是新西兰元；新喀里多尼亚、瓦利斯和富图纳群岛以及法属波利尼西亚使用的是太平洋法郎。澳大利亚政府认为，太平洋岛国应使用澳元作为统一货币，但许多岛民担

---

① Partnership Agreement between the Members of the African, Caribbean and Pacific Group of States of the One Part, and the European Community and Its Member States, of the Other Part, Cotonou, June 23, 2000.

② *Melanesian Spearhead Group Trade Agreement*, Article 3.

③ See: Ron C. Duncan, "Dollarising the Solomon Islands Economy," *Pacific Economic Bulletin*, Vol. 17, No. 2 (2002), pp. 143 – 46; T. K. Jayaraman, "Prospects for a Currency Union in the Pacific: A Preliminary Study," *Journal of Pacific Studies*, Vol. 25, No. 2 (2001), pp. 173 – 202; T. K. Jayaraman, "Is There a Case for a Single Currency for the South Pacific Islands," *Pacific Economic Bulletin*, Vol. 18, No. 1 (2003), pp. 41 – 53; C. Bowman, "Pacific Island Countries and Dollarisation," *Pacific Economic Bulletin*, Vol. 19, No. 3 (2004), pp. 115 – 132.

④ Commonwealth of Australia, *A Pacific Engaged: Australia's Relations with Papua New Guinea and the Island States of the South-west Pacific*, Canberra: Senate Foreign Affairs, Defense and Trade References Committee, Commonwealth of Australia, August, 2003.

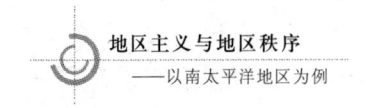

心这会导致进入一个殖民主义的新时代,而不提倡使用澳大利亚、新西兰、美国和法国等前殖民大国的货币。虽然目前在南太平洋地区建立共同货币区的条件还不成熟,但地区经济一体化的深入发展必然会将共同货币问题提上地区主义发展的议事日程,当前学界和政界的热烈讨论正是对这一发展趋势的积极响应。

二 功能合作

功能合作是功能主义理论的一个重要概念,其理论中的"外溢"效应正是通过功能合作实现的。"外溢"效应表明,一个功能部门内合作的成功将刺激其他功能部门内进一步合作的要求,具体来说,就是某一技术领域里开展合作,便会引起其他技术领域的合作,因此合作会自动扩展。对地区一体化来说,功能合作是最简单易行又最容易成功的选择,它将一般性地区合作组织宽泛的合作领域具体化,通过在交通、农业、卫生、教育、科技等领域建立稳定权威,以部门一体化逐步促进地区一体化。

功能合作既是地区一体化的检验,也为全面的地区一体化提供经验。20世纪70年代起,南太平洋地区综合性的经济一体化与功能(部门)一体化并行,共同推进地区主义向前发展。其中,功能合作的成功案例主要体现在交通运输和教育培训部门。

(一) 交通运输合作

地理上的相互远离,给南太平洋地区贸易的发展带来了巨大的限制,加之定期高效运输服务的缺乏,严重阻碍了产品的出口和各种设备的进口。因此,对南太平洋地区经济与贸易发展来说,交通运输部门的合作十分迫切。交通运输部门的合作主要从以下两个方面展开:一个是民用航空,另一个是海上运输。对于前者的地区性合作,可追溯到20世纪60年代。20世纪60年代末,英国、澳大

第七章
合作议题与制度体系的形成

利亚、新西兰和斐济四国政府提出建立一个地区性的航空公司，具体操作是将原有的斐济航空公司进行扩大，由澳大利亚堪塔斯航空公司（Qantas）、新西兰航空公司、英国海外航空公司（BOAC）和斐济政府入股合伙经营。1968 年，西太平洋高级委员会（英国）代表英属所罗门群岛保护国、吉尔伯特和埃利斯群岛殖民地以及汤加加入原四国股东的行列，其后，萨摩亚和瑙鲁也成为航空公司的股东。[①] 1971 年，斐济航空公司更名为太平洋航空公司（Air Pacific），将民用航空业务覆盖到南太平洋大部分地区，扩大了南太平洋地区人员交流以及人口与劳动力的流动。1976 年，南太平洋地区民用航空委员会正式成立，它规划了地区民用航空事业的长期发展目标，为地区民用航空事业的发展提供了合作的平台，并使其纳入制度化轨道。

关于南太平洋地区海上运输合作的尝试，最先在库克群岛、纽埃和新西兰三国之间进行。1974 年 8 月，新西兰岛国事务部长和库克群岛总理共同起草了临时的三国运输公司运行方案。次年 6 月，三国交通部长和其他官员在拉罗汤加岛召开三国运输问题会议，确定了成立库克群岛—纽埃—新西兰联合运输公司（JJS）的各项安排，并决定由新西兰运输公司（SCONZ）根据合同负责三国联合运输公司的经营。[②] 三国联合运输公司的机构由三级组成：一是由三国交通部长组成的运输委员会，它每年召开一次会议，负责总体政策的制定；二是由政府官员组成的运输委员会，它每年召

[①] Gregory E. Fry, "International Cooperation in the South Pacific: From Regional Integration to Collective Diplomacy," in W. Andrew Axline (ed.), *The Political Economy of Regional Cooperation: Comparative Case Studies* (London: Pinter Publishers, 1994), p. 151.

[②] Michael Haas, *The Pacific Way: Regional Cooperation in the South Pacific* (New York: Praeger, 1989), p. 85.

143

开两次会议,负责具体执行和实施部长委员会的决议和建议;三是新西兰运输公司,它负责公司的经营并每年就公司运营情况向两级委员会提交报告。三国联合运输公司的组建并投入运营使库克群岛和纽埃更多的产品能够及时地运送出去并实现创收,对其各种发展计划的实施创造了条件、提供了便利。而对整个南太平洋地区来说,库克群岛—纽埃—新西兰联合运输公司在改善地区运输环境方面所起的作用还十分有限,不过它却给后来更大范围的地区运输合作提供了实践经验。1974年,南太平洋论坛经济合作局(论坛秘书处)开始进行建立地区性联合运输公司的可行性分析。1976年,在南太平洋论坛会议上,与会各国领导人同意建立一个太平洋论坛航运公司。1977年3月,南太平洋地区运输委员会通过了一个关于建立太平洋论坛航运公司的谅解备忘录。同年6月,除澳大利亚之外的南太平洋地区运输委员会所有成员国政府都签署了这份备忘录,共同宣告太平洋论坛航运公司成立,次年1月1日航运公司正式开始运营。[1] 根据备忘录,太平洋论坛航运公司的主要目标是:为促进地区经济发展提供定期、可靠的运输服务;限制运输费用的升高;在成员国港口和其他港口之间合作建立合理化的航线;为满足南太平洋地区特定地区的特殊需求提供运输服务;促进和发展南太平洋地区的贸易,尤其是出口贸易等。[2] 太平洋论坛航运公司目前开辟了5条连接太平洋岛屿到新西兰和澳大利亚以及重要的南太

---

[1] 1977年加入太平洋论坛航运公司的成员有库克群岛、斐济、基里巴斯(吉尔伯特群岛)、瑙鲁、新西兰、巴布亚新几内亚、汤加和西萨摩亚,后来新加入的成员有所罗门群岛、图瓦卢、马绍尔群岛和纽埃,截至目前,共有12个成员。见 http://www.pflnz.co.nz/。

[2] Economic and Social Commission for Asia and the Pacific, *Inter-Country Institutional Arrangements for Economic and Technical Cooperation Among Developing Asian and Pacific Countries*, Vol. Ⅲ, Pacific Institutions, Bangkok: ESCAP, 1981, p. 143.

第七章
合作议题与制度体系的形成

平洋岛屿之间的航线,此外,还设立了很多代理分支机构。1985年起,由于服务和代理协议的合理化,太平洋论坛航运公司开始实现持续盈利。太平洋论坛航运公司既是一个公司,设有部分成员国组成的董事会,又是一个地区政府间组织,其总体政策由南太平洋地区运输委员会制定。虽然每个成员国所持有的股份不同(例如,新西兰拥有23%),但都拥有同等的投票权。太平洋论坛航运公司的成功运营开创了地区合作的新模式,既整合了地区外大国的运输和经济资源,又在南太平洋地区实现了运输领域的本土控制。[1]

(二) 教育培训合作

20世纪50年代初,夏威夷大学太平洋岛屿研究署(PIP)曾提出建立一个太平洋岛屿培训学校(PITS)的设想,为托管地职员提供文化、经济、政治和社会知识方面的培训,但由于各种原因,计划最后宣告流产。[2] 直到60年代中期,随着南太平洋地区一些国家逐渐走上独立的道路,地区高等教育设施缺乏的问题逐渐凸显出来,建立地区性大学的计划才迈出决定性的一步。1965年,英国和新西兰政府组建南太平洋高等教育代表团,[3] 对南太平洋地区(除了巴布亚新几内亚)未来高等教育的需求进行调研,为满足这些需求的各类教育机构推荐合适的类型与层次设置,并就如何在各类教育机构的各教育层次之间建立联系提出建议。[4] 1966年5

---

[1] Gregory E. Fry, *South Pacific Regionalism: The Development of an Indigenous Commitments*, M. A. thesis, Canberra: Australian National University, 1980, p. 143.

[2] Agnes Quigg, *History of the Pacific Islands Studies Program at the University of Hawaii, 1950–1986*. Manoa: Pacific Islands Studies Program, Centers for Asian and Pacific Studies, University of Hawaii at Manoa, 1987, p. 25.

[3] 南太平洋高等教育代表团(Higher Education Mission to the South Pacific)是一个代表英国和新西兰政府的联合团体,其中也任命了一名澳大利亚政府成员。

[4] South Pacific Commission, *South Pacific Bulletin*, 2nd Quarter, Noumea: SPC, 1968, p. 15.

地区主义与地区秩序
——以南太平洋地区为例

月，该代表团团长查尔斯·莫里斯爵士（Sir Charles Morris）提出一份《莫里斯报告》，强烈建议成立一个"完全独立的大学"，它除了包括自身之外，还将包括各种文理学院、斐济医学院、斐济农学院、中学教师教育与培训学院、太平洋神学院、技术学院，并开展与外交课程有关的教学活动。① 其后，诺曼·亚历山大爵士（Sir Norman Alexander）被任命为学术策划，负责将《莫里斯报告》的各项内容进行具体化。1967年，诺曼根据太平洋地区的实际情况提交了一份具体实施报告，对《莫里斯报告》的部分内容进行了修正。在这两份报告的基础上，南太平洋大学次年在斐济首都苏瓦宣告成立。②

南太平洋大学的组织形式，在世界上独一无二。南太平洋大学为12个岛国政府所共同拥有，其校园和中心分布在所有12个成员国，从人口不到2000人的托克劳，到人口超过800万的斐济，在地域上覆盖了3000多万平方公里的海洋区域。③ 在行政上，南太平洋大学由学校管理委员会负责管理，委员会由来自各成员国政府、大学教师和学生、社区和企业领导、太平洋岛国论坛秘书处、太平洋共同体秘书处、美国教育委员会、英国枢密院，以及澳大利亚和新西兰政府的代表组成。委员会有权任命大学校长和委员会副主席，决定非教学人员任用、职员工资和聘用期限、职员与学生福利等人事安排，以及财务、会计、投资和其他行政事务。在学术上，南太平洋大学成立了学术理事会，它负责管理教学、咨询和研

---

① South Pacific Commission, *South Pacific Bulletin*, 2nd Quarter, Noumea: SPC, 1968, p. 15.
② 1970年2月，第一个学期计划正式开始执行，它表明南太平洋大学正式开始运行。
③ 这12个成员分别是：库克群岛、斐济、基里巴斯、马绍尔群岛、瑙鲁、纽埃、所罗门群岛、托克劳、汤加、图瓦卢、瓦努阿图和萨摩亚。

究等学术事务，其组成包括当然成员（副校长、副校长助理、大学所有教授和图书管理员），各院、系和分设机构领导，高级职员和学生代表，大学附属和联系机构代表，以及由理事会选定的其他人员。南太平洋大学是一所综合性的教学与研究型高等学校，由若干院、系、所和中心组成，它们分属于文法学部、商业与经济学部、岛屿与海洋学部和科技学部等四个学部。在教学领域，学科涵盖教育、旅游、新闻、农业、科学与环境管理、技术、计算机与信息系统、银行与金融、公共行政与管理，以及咨询与社会服务等；在研究领域，主要承担商业管理、师范教育、太平洋研究、海洋研究、农业研究，以及科学和技术等方面的研究。[①] 南太平洋大学的成立，提高了地区教育水平和人口素质，为地区各个领域的发展培养了大量人才，并且开创了世界上弱小国家进行教育合作的一种独特模式。

1988年，南太平洋大学加入南太平洋地区组织协调委员会，从而成为太平洋岛国论坛的附属机构之一。从此，南太平洋大学的发展被纳入整个地区合作计划与安排。

三 资源管理与环境保护

20世纪70年代中期，南太平洋地区两个大的发展形势引起了南太平洋国家对合作管理海洋资源的注意：一是美国、韩国、日本、中国台湾和苏联的大规模舰队进入南太平洋海域大肆捕捞金枪鱼。二是太平洋岛国根据联合国海洋会议对外宣称200海里专属经济区。由于南太平洋是一个多岛海，这一宣称几乎使南太平洋地区各岛国和领地拥有了对整个南太平洋海域海洋资源进行

---

① 相关内容参见南太平洋大学网站，http://www.usp.ac.fj。

控制的权利。① 南太平洋地区拥有丰富的海洋资源,但开发和利用能力都十分有限,因此需要对其进行联合管理,特别是在远洋捕捞方面,还需要与地区外大国进行合作。为此,自1976年起,南太平洋地区各国开始协商建立一个地区组织来保护和管理200海里专属经济区内的生物资源。

1976年7月,南太平洋论坛首脑会议在瑙鲁召开,与会各国首脑在会后共同发表了《瑙鲁宣言》,一致强调在监视和管辖地区渔业资源等事务上采取联合行动,并通过成立一个政府间组织更好地开展有关合作。1976年10月,在苏瓦召开的一次论坛会议上,论坛成员国讨论了海洋法问题,开始意识到渔业对国家发展的重要性,并表达了通过建立南太平洋地区渔业局来促进保护和合理利用该地区渔业资源、建立各自的200海里专属经济区,以及加强各国渔业政策协调的强烈愿望。但是,各国政府在渔业局成员国组成问题上出现了分歧。波利尼西亚地区各政府主张成员国应该将诸如美国等一些远洋捕鱼国家包括在内;澳大利亚和新西兰由于与美国存在联盟关系,不愿意公开反对美国的加入;美拉尼西亚地区各政府反对包括远洋捕鱼国家,认为远洋捕鱼国家的加入会弱化渔业局的地区性,削弱在洄游金枪鱼所有权问题上与外部大国讨价还价的地位。另外,一些较大的岛国希望自行开发渔业资源,而一些较小的国家只希望出让捕捞权而收取使用费。1977年8月,在莫尔兹比港召开的南太平洋岛国论坛会议上,各国领导人开始讨论南太平洋地区渔业局的成立问题,并决定所有论坛成员国都将拥有渔业局的

---

① Gregory E. Fry, "International Cooperation in the South Pacific: From Regional Integration to Collective Diplomacy," in W. Andrew Axline (ed.), *The Political Economy of Regional Cooperation: Comparative Case Studies* (London: Pinter Publishers, 1994), p. 155.

第七章
合作议题与制度体系的形成

成员资格。同年 11 月,论坛成员国开始就《太平洋岛国论坛渔业局成立协定》举行正式协商。1979 年 5 月,论坛渔业局第一次会议召开。同年 7 月,在霍尼亚拉举行的南太平洋岛国论坛首脑会议上,各成员国签订《太平洋岛国论坛渔业局成立协定》,论坛渔业局正式宣告成立。① 论坛渔业局总部设在所罗门群岛首都霍尼亚拉,现有 17 个成员。② 论坛渔业局的功能包括:为渔业发展提供便利,协调地区渔业政策;收集、分析、评估和发布统计和生物信息;收集和发布鱼类和鱼产品价格、运输、加工和营销方面的信息;提高成员国监测和管辖该地区外国船只活动的能力;在渔政发展、捕捞权和使用费谈判等方面提供技术援助;促进成员国与远洋捕鱼国之间的合作关系;等等。③ 在国家层面,论坛渔业局对其成员提供直接支持;在地区层面,论坛渔业局广泛征询地区领导人意见,区分已达成共识的领域和正在产生分歧的领域,并在地区领导人进行地区金枪鱼管理决策和进行各种条约与协议谈判前做简要汇报。论坛渔业局成立后,促成了成员国与日本、韩国、美国、苏联(俄罗斯)、中国台湾等国家和地区的一系列渔业合作谈判。④ 论坛

---

① Uentabo Fakaofo Neemia, *Cooperation and Conflict: Costs, Benefits and National Interests in Pacific Regional Cooperation*, Suva, Fiji: Institute Of Pacific Studies, 1986, pp. 33 – 35.
② 太平洋岛国论坛渔业局 17 个成员分别是:库克群岛、密克罗尼西亚联邦、斐济、基里巴斯、马绍尔群岛、瑙鲁、纽埃、帕劳、巴布亚新几内亚、萨摩亚、所罗门群岛、托克劳、汤加、图瓦卢、瓦努阿图,以及澳大利亚和新西兰。
③ Forum Fisheries Agency, *Director's Report 1979/80*, Honiara: FFA, 1980; Richard A. Herr (ed.), *The Forum Fisheries Agency: Achievements, Challenges and Prospects*, Suva: Institute of Pacific Studies, University of South Pacific, 1990.
④ See: F. Bugota, "A Review of the Achievements of the Forum Fisheries Agency in Its First Decade of Operations," in Richard A. Herr (ed.), *The Forum Fisheries Agency: Achievements, Challenges and Prospects*, Suva: Institute of Pacific Studies, University of South Pacific, 1990, p. 11.

渔业局的成立,推动了地区渔业管理、渔业发展、渔业业务和组织服务功能等方面的合作。

20世纪90年代,南太平洋地区渔业合作进一步扩大到与地区外捕鱼国之间的合作。2000年9月,在西部和中部太平洋地区沿海国家与所有太平洋捕鱼国进行4年谈判的基础上,《西部和中部太平洋高度洄游鱼类种群保护与管理公约》在檀香山(火奴鲁鲁)对外公布,供参加"西部和中部太平洋高度洄游鱼类种群保护与管理"多边高层会议的各国代表签署。① 该公约于2004年6月正式生效,并根据公约成立了西部和中部太平洋渔业委员会(WCPFC)。② WCPFC的成立,进一步加强了对太平洋地区渔业资源的保护、利用和管理。总之,地区海洋资源方面的合作为发展地区经济和维护地区利益起到了十分重要的作用。

南太平洋地区的环境问题可以分成两种类型:一种是外部引起的问题,主要是气候变化引起的海平面升高;另一种是内部引起的问题,主要是土地退化。③ 海平面升高给南太平洋地区一些小

---

① 这些国家(地区)包括:澳大利亚、加拿大、中国、库克群岛、密克罗尼西亚联邦、斐济、法国、印度尼西亚、日本、基里巴斯、马绍尔群岛、瑙鲁、新西兰、纽埃、帕劳、巴布亚新几内亚、菲律宾、韩国、萨摩亚、所罗门群岛、汤加、图瓦卢、英国(含皮特凯恩、亨德森岛、迪西岛和奥埃诺群岛)、美国和瓦努阿图。

② 西部和中部太平洋渔业委员会包括25个成员(澳大利亚、中国、加拿大、库克群岛、欧盟、密克罗尼西亚联邦、斐济、法国、日本、基里巴斯、韩国、马绍尔群岛、瑙鲁、新西兰、纽埃、帕劳、巴布亚新几内亚、菲律宾、萨摩亚、所罗门群岛、中国台湾、汤加、图瓦卢、美国和瓦努阿图),7个参与领地(美属萨摩亚、北马里亚纳群岛、法属波利尼西亚、关岛、新喀里多尼亚、托克劳,以及瓦利斯和富图纳群岛)和2个合作方(伯利兹和印度尼西亚),参见 http://www.wcpfc.int。

③ Economic and Social Commission for Asia and the Pacific, *Integrating Economic and Environmental Policies: The Case of Pacific Island Countries*, New York: United Nations, 2004, p.8.

第七章
合作议题与制度体系的形成

的环礁国带来了巨大威胁,这些国家一般只比海平面高出几米。例如,整个马绍尔群岛最高处离海平面只有10米,而托克劳还不足5米。1996年,联合国环境规划署(UNEP)政府间气候变化专门委员会(IPCC)在一份报告中宣称,预计到2100年,海平面上升的中间值为46厘米。[①] 届时,诸如基里巴斯、马绍尔群岛、托克劳和图瓦卢等小岛国将面临消失的糟糕局面,从而导致地区大量的人口迁徙,并给其他国家造成严重影响。同时,海平面上升也将导致热带风暴的频繁发生、耕地减少和土壤侵蚀。土地退化从广义上讲,与农业集约化、不合理的耕作习惯、滥伐森林等有关,它导致生物多样性减少、淡水减少和质量下降,以及一定程度上引导气候变化等环境问题。[②] 环境的恶化,给地区社会、经济造成了直接的负面影响,环境问题也是地区各国所面临的共同问题。

20世纪60年代中期起,一些岛国陆续脱离宗主国的统治而走向独立,独立后的岛国政府逐渐意识到管理该地区脆弱的环境条件的重要性。1973年,在太平洋岛国的共同协商和努力下,南太平洋会议同意南太平洋委员会增加一个职位,留给生态学家,并计划建立一个地区环境管理机构。但南太平洋委员会与太平洋岛国论坛秘书处之间对拟成立的环境机构的控制权的争夺,推迟了地区环境机构的成立。直到1978年,在南太平洋委员会和南太平洋经济合作局(论坛秘书处)经过多次磋商的基础上,通过了一个全面的环境管理计划,并确定于1980年1月正式成立南太平洋地区环境

---

① Intergovernmental Panel on Climate Change, *The Science of Climate Change*, *Climate Change 1995*: *IPCC Assessment Report*, Vol. 1 (Cambridge: Cambridge University Press, 1996).
② Economic and Social Commission for Asia and the Pacific, *Integrating Economic and Environmental Policies*: *The Case of Pacific Island Countries*, New York: United Nations, 2004, p. 9.

规划署（SPREP）[1]。南太平洋地区环境规划署是南太平洋委员会与南太平洋论坛合作的产物，在某些方面，这也是南太平洋地区未来联合行动的新模式。[2] SPREP 由南太平洋委员会和论坛秘书处两个地区机构、联合国环境规划署（UNEP）和亚太经济与社会委员会（ESCAP）两个资助机构共同组成。截至目前，太平洋地区环境规划署成员包括21个太平洋岛屿成员国（地区）和4个在该地区有直接利益的国家（见表7.1）。太平洋地区环境规划署主要是为了促进太平洋岛屿地区的合作，为保护和改善环境以确保当代和后代的可持续发展提供必要的援助，其运作主要依靠外部捐款。[3]

1982年，太平洋地区环境规划署通过了第一份行动计划，其中的活动包括：推动地区环境状况评估；发展与地区环境相适应的管理方法；完善国家立法和促成签订地区环境管理条约；加强国家和地区能力建设、完善机构设置和争取各种资助以利于行动计划的实施。[4] 最近一次的行动计划于2005年出台，它将自然资源管理、污染控制，以及气候改变与变异、海平面升高、平流层臭氧耗损作为重点关注的领域。[5] 根据太平洋地区环境规划署2007年度报告，

---

[1] 2004年，南太平洋地区环境规划署更名为太平洋地区环境规划署（Pacific Regional Environment Programme），"SPREP" 的缩写仍然被保留下来，但用来指其秘书处。

[2] Jeremy Carew-Reid, *Environment, Aid and Regionalism in the South Pacific*, Canberra: National Centre for Development Studies, Research School of Pacific Studies, Australian National University, 1989, p. 72.

[3] 2008年，太平洋地区环境规划署吸纳外部资助550多万美元，占整个资金来源的71.3%，成员国分摊费用90多万美元，占12.1%。参见：Secretariat of the Pacific Regional Environment Programme, *Approved Work Programme and Budget for 2008 and Indicative Budgets for 2009 and 2010*, http://www.sprep.org/.

[4] SPREP, *Conference on the Human Environment in the South Pacific: Report*, Noumea: SPREP, 1982, p. 36.

[5] SPREP, *Action Plan for Managing the Environment of the Pacific Islands Region: 2005 – 2009*, Apia, Samoa: SPREP, 2005, pp. 10 – 15.

第七章
合作议题与制度体系的形成

表 7.1 2008 年太平洋地区环境规划署成员费用分配情况

单位：美元，%

成员	金额	比例	成员	金额	比例
美属萨摩亚	10184	1.09	巴布亚新几内亚	20360	2.18
库克群岛	10184	1.09	萨摩亚	20360	2.18
密克罗尼西亚联邦	10184	1.09	所罗门群岛	20360	2.18
斐济	20360	2.18	托克劳	10184	1.09
法属波利尼西亚	20360	2.18	汤加	10184	1.09
关岛	20360	2.18	图瓦卢	10184	1.09
基里巴斯	10184	1.09	瓦努阿图	20360	2.18
马绍尔群岛	10184	1.09	瓦利斯和富图纳群岛	10184	1.09
瑙鲁	10184	1.09	澳大利亚	185106	19.79
新喀里多尼亚	20360	2.18	新西兰	134202	14.34
纽埃	10184	1.09	法国	134202	14.34
北马里亚纳群岛	10184	1.09	美国	185106	19.79
帕劳	10184	1.09	总计	935572	100.00

资料来源：SPREP, *Approved Work Programme and Budget for 2008 and Indicative Budgets for 2009 and 2010*, p.6。

上述领域的合作都取得了一些进展。[1] 可见，南太平洋地区的环境合作领域不断拓展，朝着切合地区实际、讲求实效，以及技术性与专业性越来越强的方向发展。

四 地区安全合作

地区安全合作主要包括三个方面：一是军事安全合作，二是环境安全合作，三是政治、经济与社会安全合作。由于太平洋岛国远离世界权力政治的角斗场，受到侵略和攻击的可能性很小，其军事

---

[1] SPREP, *2007 Annual Report: Conserving and Managing Our Pacific Environment in Changing Times*, Apia: SPREP, 2008.

地区主义与地区秩序
——以南太平洋地区为例

领域的安全主要依赖于美国、澳大利亚、新西兰等外部大国。除了巴布亚新几内亚、斐济和汤加3国之外，其他岛国都没有发展正式的军事力量，也没有参加军事联盟，而是依赖警务建设来处理内部混乱以及走私、洗钱等小规模的外部威胁。因此，长期以来，军事安全并非地区安全合作的主要议题，它主要是通过各种协定和独立机构来进行合作。但在2003年，由澳大利亚、新西兰、斐济和巴布亚新几内亚四国军队组成的"地区援所团"（RAMSI）[①]进驻所罗门群岛进行维和行动，对所罗门群岛内乱进行干涉。经过一段时间，维和部队平定了所罗门群岛各地方军阀，使该国局势恢复稳定。RAMSI开创了地区联合军事行动的独特形式，也是地区军事合作的重要表现。但是，对所有南太平洋地区国家来说，环境和社会政治经济方面的不安全因素对地区稳定和发展往往造成更为严重的影响。在这一方面的合作，主要是通过地区组织协调委员会的各专门机构来组织和开展。

南太平洋地区的安全合作安排主要体现在一系列的条约和公约的签订以及联合宣言的共同发布上，也体现在地区安全机构太平洋岛国论坛地区安全委员会（FRSC）的成立与运作上（见表7.2）。

20世纪80年代以来，南太平洋地区为一些或大或小的安全问题所困扰。例如，瓦努阿图的叛乱，巴布亚新几内亚持续10余年的布干维尔内战，斐济和所罗门群岛的军事与平民政变，以及斐济军方和巴布亚新几内亚国防军倒戈，等等。引发这些事件的原因多

---

① "地区援所团"的全称是"地区援助所罗门群岛特派团"（Regional Assistance Mission to Solomon Islands），现有成员包括：库克群岛、密克罗尼西亚联邦、斐济、基里巴斯、马绍尔群岛、瑙鲁、纽埃、帕劳、巴布亚新几内亚、美属萨摩亚、汤加、图瓦卢、瓦努阿图以及澳大利亚和新西兰。RAMSI被认为是对地区挑战的一种地区应对，见http://www.ramsi.org/node/5。

154

第七章　合作议题与制度体系的形成

表7.2　南太平洋地区安全合作安排

年份	条约与宣言	目标
1985	《拉罗汤加条约》(《南太平洋无核区条约》)	在南太平洋地区划定一个无核区,该区域内禁止使用、测试和拥有核武器
1992	《霍尼亚拉宣言》	执法合作
1995	《瓦伊加尼公约》	禁止危险性和放射性有害废物进入太平洋岛国,控制南太平洋地区内有害废物的跨国运输
1997	《艾图塔基宣言》	广泛的地区安全合作
2000	《比克塔瓦宣言》	设定良政的标准和建立公共危机反应机制
2002	《纳索尼尼地区安全宣言》	打击国际恐怖主义和跨国犯罪,执行国际公认的反恐措施
2004	《太平洋岛屿民用航空安全和安保条约》	保障民用航空器的安全,在太平洋地区建立一个常设的安全和安保合作组织

资料来源:根据太平洋岛国论坛秘书处网站资料整理。

种多样,它反映出地区人口结构变化、种族关系紧张、社会经济差距加大、政府管理失败、传统社会结构破坏以及全球化发展趋势的影响,这些都是来自非传统和非军事安全领域的挑战。[①] 1987年5月,斐济发生首次政变,其后一架新西兰航空公司的飞机遭到空中劫持,这些影响地区安全的国内和国际事件,引起了南太平洋地区各国领导人的深切关注。在5月底举行的第18届论坛首脑会议上,与会各国领导人一致同意在论坛成员国之间建立一个地区安全信息交流机制,提议年底召开首次安全官员会议。[②] 此后,南太平洋论坛成立了地区安全信息交流委员会。次年2月,成立大会隆重召

[①] Gramham Fortune, "New Zealand's Approach to Pacific Security," in Jenny Bryant-Tokalau and Ian Frazer (eds.), *Redefining the Pacific? Regionalism Past, Present and Future*, Aldershot, Hants, England; Burlington, V. T.: Ashgate, 2006, p. 58.
[②] Eighteenth South Pacific Forum, *Forum Communiqué*, Apia, Western Samoa, May 29–30, 1987.

开，会议提出了范围广泛的安全问题，并从一开始就给安全下了一个十分宽泛的定义。1990年，该委员会更名为论坛地区安全委员会（FRSC）。[①] 为了提高各成员国应对内部和外部安全威胁的能力，论坛地区安全委员会每年召开一次会议，以确定地区安全领域优先实现的目标和设定新的地区安全议程。

太平洋岛国论坛前秘书长格雷格·厄尔文（Greg Urwin）认为，太平洋岛国论坛地区安全委员会是南太平洋地区确定宽泛的安全威胁和通过战略规划的主要协商论坛。论坛经济部长会议（FEMM）为"良政"确定了标准，以寻求促进太平洋国家的经济安全。FRSC成立时主要关注执法问题，但是从1997年《艾图塔基宣言》开始，该委员会开始讨论更为广泛的安全议题，并成为太平洋岛国论坛最为重要的委员会之一。9·11事件后，在太平洋岛国论坛行动计划中，安全问题占据了更重要的地位。[②] 2005年，FRSC年度会议的议程所涉及的内容十分广泛，其中包括：（1）太平洋岛国论坛、大洋洲海关组织（OCO）、太平洋移民局长会议（PIDC）和南太平洋警察局长会议（SPCPC）秘书处关于FRSC执法会议预备会成果的联合报告；（2）太平洋岛国论坛、大洋洲海关组织、太平洋移民局长会议和南太平洋警察局长会议秘书处关于跨国有组织犯罪的联合报告，涉及毒品、电子犯罪、金融犯罪、诈骗、走私和人口拐卖、野生动物买卖、性犯罪、小型武器、恐怖主义、销售和使用化学品、太平洋跨国犯罪协调中心、太平洋岛屿地

[①] Sheryl Boxall, *Pacific Islands Forum: Facilitating Regional Security Cooperation*. M. A. thesis, University of Canterbury, 2006, p. 143.

[②] Dirk Nabers, "The 'War on Terrorism' and Security Cooperation in the Pacific," Jenny Bryant-Tokalau and Ian Frazer (eds.), *Redefining the Pacific? Regionalism Past, Present and Future*, Aldershot, Hants, England; Burlington, V. T.: Ashgate, 2006, p. 73.

第七章
合作议题与制度体系的形成

区安全技术合作战略、太平洋地区认同保护工程等；（3）打击恐怖主义；（4）太平洋地区治安倡议；（5）先进的旅客信息系统；（6）太平洋移民局长会议、南太平洋警察局长会议、大洋洲海关组织和太平洋岛屿执法官员会议等地区专门执法机构的陈述；（7）地区安全环境（全球安全威胁及其对太平洋地区的影响）；（8）国家安全问题；（9）关于执行《比克塔瓦宣言》的倡议；（10）秘书处的其他倡议（例如，地区人权机制研究会，联合国—太平洋岛国论坛秘书处预防和解决地区冲突、发展地区领导法规会议等）。①

2008年6月，FRSC年度会议在苏瓦举行，参加会议的岛国代表讨论了跨国犯罪、恐怖主义、边境管理、洗钱、人类安全问题、土地管理以及南太平洋地区当前存在的政治和安全挑战。

此外，为了侦查诸如不合法、无管制和未报告的捕捞行动，以及走私和人口拐卖等非法活动，库克群岛、基里巴斯、萨摩亚、所罗门群岛、汤加、图瓦卢、瓦努阿图与澳大利亚、新西兰、法国、美国等11个国家于2008年在所罗门群岛举行了为期超过12天的联合海上监视行动。太平洋岛国论坛渔业局，太平洋跨国犯罪协调中心，国家军事、渔业、移民、警务、海关和检疫部门，美国海军，美国海岸警备队，澳大利亚国防部队，新西兰国防军等机构和组织参加了这一联合演习。演习动用了8艘太平洋岛国的巡逻艇、4艘美国的海岸巡逻艇和1艘法国的护卫舰，覆盖了该地区1000多万平方公里的海域，是历史上由南太平洋地区国家主办的规模最

---

① Graham Hassall, "An Assessment of the Scope for Regional Cooperation, Integration and Collective Provision on Security Issues," in Asian Development Bank-Commonwealth Secretariat Joint Report to the Pacific Islands Forum Secretariat, Toward a New Pacific Regionalism Volume 3: Working Papers, pp. 2 – 3.

157

大的海上演习活动。① 这表明安全领域的合作与资源的保护和利用，与维护国家的经济利益紧密地联系在一起。

总体来看，南太平洋地区安全合作虽然比其他领域的合作起步要晚，并且地区各国都面临"执行成本高昂，相互协作缺乏，执法能力低下"等合作难题。② 但是发展势头很快，安全议题涉及执法（国内和跨国犯罪及海关和出入境）、跨国恐怖主义、国家安全、地区安全、环境安全和社会经济与政治安全等各个领域，并且在这些方面都取得了一些实质性进展。

第二节　制度体系：多层次的制度安排

南太平洋地区国家建立了一种松散的地区一体化功能系统，根据传统的均势体系对国际关系进行分类在南太平洋地区并不适用。因为岛国力量微小，不能建立庞大的军事力量或者参与联盟。南太平洋地区主义最显著的表现是政府间地区组织的发展和各种地区安排的有效实施。很大程度上，这些组织和安排在本质上是自愿的和功能性的，主要集中于贸易、交通、通信、医疗、教育、海洋资源和环境。它们通过公开宣布的计划，提醒政府注意共同关注的问题和机遇，为专业领域的信息交流提供动力和途径；为地区领导人提供达成共识和协调政策的机会。尽管南太平洋地区组织的发展还有待深入、各种制度还有待完善，并且由于一些岛国政治前景各异，

---

① http://www.ffa.int/operation_kurukuru.
② Neil Boister, "Regional Cooperation in the Suppression of Transnational Crime in the South Pacific," in Geoff Leane and Barbara von Tigerstrom (eds.), *International law issues in the South Pacific*, Aldershot, Hampshire, England; Burlington, V.T.: Ashgate, 2005, pp. 41–129.

第七章
合作议题与制度体系的形成

民族主义十分强盛，南太平洋地区还未迈上政治融合之路，但是南太平洋地区组织，尤其是政府间组织仍具有很强的潜在政治功能。地区制度安排和地区间制度网络为地区各国政府提供了公平竞争的良好场所，并且扩大了小国在与外部大国和国际组织交往时的政治影响。在"一个成员一票制"原则下运行的各种制度，让小岛国与大的邻国在很多地区事务上保持着平等地位，从而逐步实现对地区事务的有效控制与管理。

一 地区制度安排

在南太平洋地区，已形成了覆盖事关地区发展的各个关键领域的组织和协商网络。早在1947年，在宗主国的支持下，南太平洋地区建立了南太平洋委员会，为地区合作迈向组织化道路奠定了基础。从20世纪60年代中期起，南太平洋岛国和领地陆续加入南太平洋委员会，逐渐改变了这一组织的殖民特征。1971年，南太平洋论坛的成立，成为维系地区合作与发展的又一重要依托。一方面，各种地区组织是地区主义发展进程的产物；另一方面，地区组织又反来过成为地区合作不断扩展的推进器。在渔业、贸易、运输、环境、教育、安全、外交、地区治理等领域的一系列制度安排，塑造了地区独有的结构与特征。

（一）地区组织网络

当今世界，地区主义的发展大都是由一个起主导作用的地区组织或机构来推动的。例如欧洲的欧盟，东南亚的东盟，南亚的南盟（SAARC），非洲的非盟（AU），加勒比地区的加盟（ACS），以及阿拉伯国家联盟，等等。但在南太平洋地区，地区主义并非由单一组织进行领导，而是呈现出多头性，也就是说，地区合作所依托的是一个地区组织网络。这是南太平洋地区主义发展的一个独特之处。

1. 太平洋岛国论坛

太平洋岛国论坛前身是"南太平洋论坛",至今已有40多年的历史。1971年8月成立"南太平洋论坛"时,创始会员国只有7个,发展至今日,其成员已包括南太平洋地区所有独立国家以及澳大利亚和新西兰,此外还有2个准成员、10个观察员、1个特别观察员和14个对话伙伴,成为目前南太平洋地区影响力最大的地区组织(见表7.3)。①

表7.3 太平洋岛国论坛成员

成员	澳大利亚* 库克群岛* 斐济* 瑙鲁* 新西兰* 汤加* 萨摩亚* 密克罗尼西亚联邦 基里巴斯 纽埃 马绍尔群岛 帕劳 图瓦卢 巴布亚新几内亚 所罗门群岛 瓦努阿图
准成员	新喀里多尼亚(2006) 法属波利尼西亚(2006)
观察员	托克劳(2005) 瓦利斯和富图纳群岛(2006) 英联邦(2006) 联合国(2006) 亚洲开发银行(2006) 世界银行(2010) 非加太(ACP)集团(2011) 美属萨摩亚(2011) 关岛(2011) 北马里亚纳群岛(2011)
特别观察员	东帝汶(2002)
对话伙伴	加拿大 中国 欧盟 法国 印度 印度尼西亚 意大利 日本 韩国 马来西亚 菲律宾 泰国 英国 美国

注:*为创始成员国,截至2013年5月。
资料来源:根据太平洋岛国论坛秘书处网站(http://www.forumsec.org)资料整理。

太平洋岛国论坛常设机构为论坛秘书处,设在斐济首都苏瓦。论坛秘书处受论坛官员委员会(由各成员国政府代表组成)管辖,

---

① 论坛成立后,该地区的领地和托管地一直被排除在成员国范围之外,但2005年论坛首脑会议修改了这一原则,准许该地区未独立的领地申请成为论坛准成员(associate membership),这一决定被写进新的《太平洋岛国论坛成立协定》第1款第3条:如果申请得到论坛领导人的同意,太平洋岛屿地区的各个领地可以被接纳为论坛的准成员。成为准成员的标准,以及准成员权利和义务的性质与范围由论坛领导人视情况而定。参见:Pacific Islands Forum Secretariat, *Agreement Establishing the Pacific Islands Forum 2005*。

第七章
合作议题与制度体系的形成

并且所开展的各项活动受其监督。论坛秘书处设秘书长1名，秘书长同时也是太平洋地区组织理事会（CROP）的常任主席。在2008年举行的第39届论坛首脑会议上，论坛任命前萨摩亚驻美大使和驻联合国常任代表斯雷德（Tuiloma Neroni Slade）为新一任秘书长。[①] 按照惯例，论坛秘书长应从太平洋岛国中选出，但上届秘书长由来自澳大利亚的厄尔文担任，打破了这一惯例。因此，这一届秘书长重新选任太平洋岛国国籍人士，具有回归太平洋岛屿地位的象征意义。论坛秘书处下设协同服务司，发展和经济政策司，贸易和投资司，以及政治、国际和法律事务司，此外还包括分设在奥克兰、北京、悉尼、东京以及日内瓦的5个驻外机构（见图7.1）。这些驻外机构为太平洋岛国开展对外贸易和经济合作提供了便利。

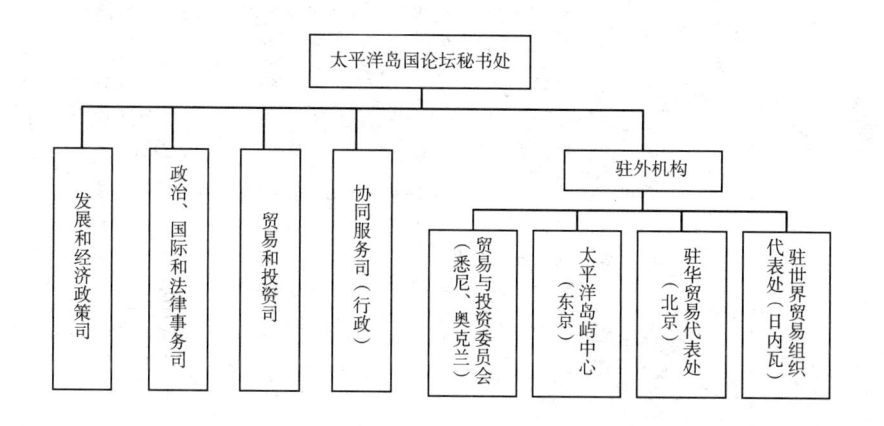

图7.1 太平洋岛国论坛秘书处组织结构

资料来源：http://www.forumsec.org。

---

① Pacific Islands Forum Secretariat, *New Forum Secretary General Commences 3-year Contract*, Press Statement (108/08), October 9, 2008.

太平洋岛国论坛一般每年在各成员国轮流举行一次首脑会议，截至 2008 年底，论坛共举行了 39 届首脑会议。首脑会议主要就近期地区面临的重要问题和长远规划进行协商，会议决议一般以会议公报的形式于会后公开发表。从最近 2000 年以来的太平洋论坛首脑会议所讨论的议题来看，涉及地区事务的各个方面（见表 7.4）。虽然经济贸易、环境气候、交通等成为关乎地区生存与发展的重要问题，但一些与南太平洋地区有关的安全、政治和军事等问题也常常占据重要地位。

表 7.4　太平洋岛国论坛首脑会议（2000～2012 年）

届数与时间	地点	主要议题与成果
第 30 届 1999.10	帕劳 科罗尔	东帝汶问题、气候改变和海平面上升等环境问题、《联合国海洋法公约》执行情况、南太平洋地区核不扩散与放射性材料运输、地区安全合作以及发展与对话国关系等
第 31 届 2000.10	基里巴斯 塔拉瓦	地区安全（斐济和所罗门群岛问题）、经济问题（渔业、自由贸易区、设立驻华贸易代表处）、环境问题、对外关系等，会议通过设定良政标准和建立公共危机反应机制的《比克塔瓦宣言》
第 32 届 2001.8	瑙鲁	地区经贸合作与自由贸易区建设，布干维尔、斐济、伊里安查亚等国家和地区的安全问题，核不扩散和裁军，人口与气候问题等；会议通过了《太平洋紧密经济关系协定》和《太平洋岛国贸易协定》，呼吁有关国家尽快批准和实施《京都议定书》
第 33 届 2002.8	斐济 苏瓦	地区安全与治理、环境保护、经济贸易与社会发展问题等；会议通过关于地区安全的《纳索尼尼宣言》，敦促地区各国尽早批准 PICTA 和 PACER 两协定
第 34 届 2003.8	新西兰 奥克兰	地区安全、良政、环保、经济和社会发展、地区合作与一体化、论坛职能审议等议题，会议在关于向所罗门群岛派遣维和部队和在斐济设立地区警察训练基地等问题上达成共识，并发表《论坛关于所罗门群岛的声明》《论坛良政原则》《第十二次小岛国领导人会议声明》和《美拉尼西亚先锋集团声明》等 4 个文件
第 35 届 2004.8	萨摩亚 阿皮亚	讨论了《太平洋计划》，以促进地区经济增长和可持续发展，加强成员国在安全和良政建设领域的合作，会议还通过了《论坛关于地区运输服务的指导原则》

第七章 合作议题与制度体系的形成

续表

届数与时间	地点	主要议题与成果
第36届 2005.10	巴布亚新几内亚 莫尔斯比港	讨论并通过了旨在推进地区合作和一体化的《太平洋计划》,根据这一计划,南太平洋地区将扩大在经济增长、可持续发展、良政建设和安全等领域的合作;此外,还讨论了跨国安全、修订《太平洋岛国论坛成立协定》、艾滋病防治与卫生等问题
第37届 2006.10	斐济 楠迪	《太平洋计划》实施一年以来的问题与进展,地区能源、运输和信息技术等方面的合作;会议确定了该地区今后一年中加强地区合作、落实《太平洋计划》的主要工作任务
第38届 2007.10	汤加 瓦瓦乌	渔业、能源、贸易和经济一体化,气候变化和交通运输等,并就地区热点政治问题进行磋商;会议确定继续落实《太平洋计划》,以推动地区协调发展,通过《关于太平洋计划的瓦瓦乌决议》和《关于太平洋地区渔业资源的瓦瓦乌宣言》
第39届 2008.8	纽埃 阿洛菲	食品和能源安全、石油大宗采购、千年发展目标、劳动力转移、气候变化等,会议对气候变化给太平洋岛国经济、社会、文化、环境和安全所带来的影响和威胁深表关切,会后发表《关于气候变化的纽埃宣言》
第40届 2009.8	澳大利亚 凯恩斯	太平洋海洋安全、气候变化、石油大宗采购、渔业、贸易、健康、体育、残疾人援助、可再生能源、地区制度框架、地区合作伙伴机制等,会议通过《太平洋领导人关于气候变化行动的号召》《关于加强太平洋地区开发合作的凯恩斯条约》和《关于推进〈太平洋计划〉的建议》等文件
第41届 2010.8	瓦努阿图 维拉港	千年发展目标、气候变化、体育、残疾人援助、可再生能源、劳动力流动、地区制度框架、地区合作伙伴机制、地区安全、跨国犯罪、性暴力、国际裁军等,会议发表《关于加快推进实现千年发展目标的维拉港宣言》
第42届 2011.9	新西兰 奥克兰	经济可持续发展、渔业、交通与能源、旅游、教育、贸易、劳动力流动、气候变化等,会议发表《关于可持续经济发展的激流岛宣言》《关于非传染性疾病的论坛领导人声明》和《太平洋岛国论坛领导人和联合国秘书长联合声明》等文件
第43届 2012.8	库克群岛 拉罗汤加岛	《太平洋计划》、论坛条约以及"激流岛宣言"的执行情况、联合国可持续发展会议(RIO+20)、地区渔业、气候变化、生物多样性、地区贸易、地区基础设施、教育、健康等,会后发表《论坛领导人关于性别平等的宣言》

资料来源:根据1999~2012年太平洋岛国论坛首脑会议公报等资料整理。

地区主义与地区秩序
——以南太平洋地区为例

　　太平洋岛国论坛的成立和发展从两个方面改变了地区结构与进程。一是在成员国的构成上,排除了在南太平洋地区具有重要影响的美、英、法等老牌殖民大国,而只允许澳大利亚和新西兰两个相邻的地区大国加入。① 地区主义的政治意义主要在于谁控制着地区结构,其最重要的政治议题是成员身份、地区结构中的权力分配,以及地区组织的政治象征,而往往不是地区合作计划本身。② 实现各岛国在地区事务上的自决是南太平洋地区主导地区事务、控制地区议程的重要原则,论坛的成立正是出于对这一原则的全面表达。基于这一原则,论坛应该由拥有主权的岛国组成,因此将诸如美、英、法等前宗主国排除在外。二是太平洋岛国论坛摒弃了南太平洋委员会不讨论政治事务的原则,而允许各成员国首脑就所有有关本地区的重要议题进行讨论和磋商。成立论坛的初衷是为地区各国领导人提供一个平台,以便于对所关心的问题发表看法和交换意见,并借此协助新独立的国家发展经济和扩大小国在诸如核试验、政治独立等政治问题上的外交影响。③ 太平洋岛国论坛成立后,在发展

---

① 关于澳大利亚和新西兰作为太平洋岛国论坛成员,一些岛国领导人认为这对扩大岛国的影响十分必要。例如,斐济前总理马拉曾声称:"我们为澳大利亚和新西兰加入论坛感到高兴,⋯⋯实际上,我们需要它们是出于一个特别的理由,那就是论坛的部分雄伟计划已经改变了整个贸易关系的平衡。" Ratu Mara, Grail Address, Corpus Christi College, Suva, January, 1973, as cited in Gregory E. Fry, "International Cooperation in the South Pacific: From Regional Integration to Collective Diplomacy," in W. Andrew Axline (ed.), *The Political Economy of Regional Cooperation: Comparative Case Studies* (London: Pinter Publishers, 1994), p. 140.
② Gregory E. Fry, "The Politics of South Pacific Regional Cooperation," in Ramesh Thakur (ed.), *The South Pacific: Problems, Issues, and Prospects: Papers of the Twenty-Fifth Otago Foreign Policy School, 1990* (New York: St. Martin's Press, 1991), p. 174.
③ Gregory E. Fry, "International Cooperation in the South Pacific: From Regional Integration to Collective Diplomacy," in W. Andrew Axline (ed.), *The Political Economy of Regional Cooperation: Comparative Case Studies* (London: Pinter Publishers, 1994), p. 141.

第七章 合作议题与制度体系的形成

的不同阶段，分别使南太平洋地区主义在以下方面取得了重要进展：全面的经济一体化（1971～1974）、部门一体化（1971～1978）、集体外交（1979～1990）、地区安全共同体（1984～1989）以及国家政策的协调（1994～2003），[①]从而推动了地区经济、政治、社会等领域的全面发展。

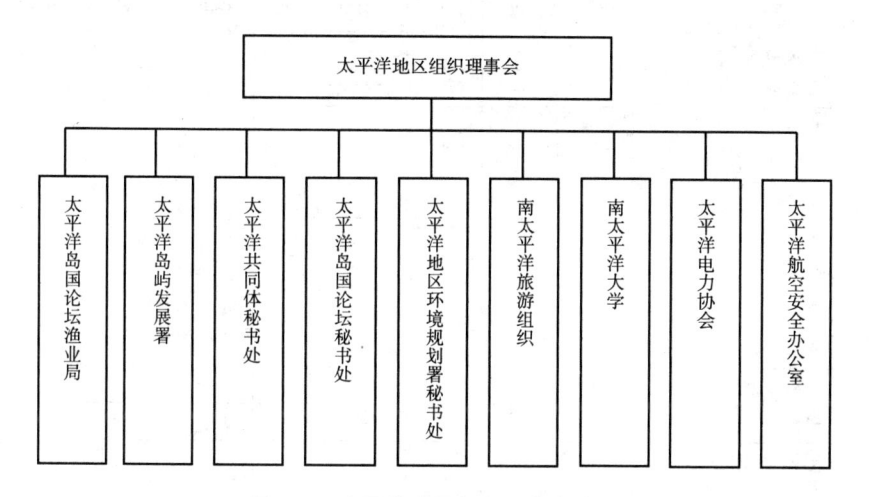

2. 太平洋地区组织理事会

太平洋地区组织理事会（CROP）成立于1988年，其前身是南太平洋地区组织协调委员会（SPOCC），1999年改为现名。截至2013年5月，其成员主要包括南太平洋地区9个主要地区组织（见图7.2）。太平洋地区组织理事会是一个地区组织间的磋商机构，其目的是促进太平洋地区各个政府间组织之间的合作与协调，

```
                太平洋地区组织理事会
    ┌────┬────┬────┬────┬────┬────┬────┬────┐
  太平    太平   太平   太平   太平   南太   南太   太平   太平
  洋岛    洋岛   洋共   洋岛   洋地   平洋   平洋   洋电   洋航
  国论    屿发   同体   国论   区环   旅游   大学   力协   空安
  坛渔    展署   秘书   坛秘   境规   组织          会     全办
  业局           处     书处   划署                        公室
                                秘书
                                处
```

图 7.2 太平洋地区组织理事会成员

资料来源：http://www.forumsec.org。

[①] Greg E. Fry, "'Pooled Regional Governance' in the Island Pacific," in Satish Chand (ed.), *Pacific Islands Regional Integration and Governance* (Canberra, A. C. T.: ANUE Press and Asia Pacific Press, 2005), p. 92.

为地区资源的经济高效利用提供便利，减少成员组织工作计划之间可能存在的消极重复和交叉，并且鼓励各成员组织之间的紧密合作，以实现促进地区可持续发展的共同目标。[1]

太平洋地区组织理事会不是一个新的地区组织，也不具有国际法的主体地位。它不制定政策，只对地区重要政策和地区组织的运行等问题行使咨询和建议功能。因此，太平洋地区组织理事会所构筑的是一个地区组织体系，它将地区所有独立国家和未独立领地都包括其中，各领域合作议题的分布涵盖了整个地区（见表7.5）。

表7.5 太平洋地区组织理事会成员

成员	FFA	PIDP	SPC	PIFS	SPREP	SPTO	USP	PPA	PASO
美属萨摩亚		+	+		+			+	
库克群岛	+	+	+	+	+	+	+	+	+
密克罗尼西亚联邦	+	+	+	+	+			+	
斐济群岛	+	+	+	+	+	+	+	+	+
法属波利尼西亚		+	+	*	+	+		+	
关岛		+	+		+			+	
基里巴斯	+	+	+	+	+	+	+	+	+
马绍尔群岛	+	+	+	+	+	+	+	+	
瑙鲁	+	+	+	+	+	+	+	+	+
新喀里多尼亚		+	+	*	+	+		+	
纽埃	+	+	+	+	+	+	+	+	+

[1] Secretariat of the Pacific Community, *Council of Regional Organisations in the Pacific: Working together* (Nouméa, New Caledonia: The SPC Publications Section, 2002), p. 2.

续表

成员	FFA	PIDP	SPC	PIFS	SPREP	SPTO	USP	PPA	PASO
北马里亚纳群岛		+	+		+			+	
帕劳	+	+	+	+	+			+	
巴布亚新几内亚	+	+	+	+	+	+		+	+
皮特凯恩群岛			+						
萨摩亚	+	+	+	+	+	+	+	+	
所罗门群岛	+	+	+	+	+	+	+	+	+
托克劳	+		+		+		+		
汤加	+	+	+	+	+	+	+	+	
图瓦卢	+	+	+	+	+	+	+	+	+
瓦努阿图	+	+	+	+	+	+	+	+	
瓦利斯和富图纳群岛			+		+			+	
澳大利亚	+		+	+	+				+
法国			+		+				
新西兰	+		+	+	+				+
美国			+		+				
英国					+				
中国						+			

注：表中缩写分别为太平洋岛国论坛渔业局（FFA）、太平洋岛屿发展署（PIDP）、太平洋共同体秘书处（SPC）、太平洋岛国论坛秘书处（PIFS）、太平洋地区环境规划署秘书处（SPREP）、南太平洋旅游组织（SPTO）、南太平洋大学（USP）、太平洋电力协会（PPA）和太平洋航空安全办公室（PASO）；*表示准成员国；截至2013年5月。

资料来源：根据各地区组织官方网站资料整理。

太平洋地区组织理事会组织起来的地区组织网络将地区内所有国家和地区及其与在本地区有重大影响的国家之间的合作行动和目标整合到一个组织框架下，使地区主义的发展具有了整体上的规划性（见表7.6）。

表 7.6　南太平洋地区主要地区组织

地区组织	成立时间	总部	主要目标与任务
太平洋岛国论坛秘书处（PIFS）	1973	斐济	协调和支持该地区各国政府促进在贸易、经济发展、航空、海运、电讯、能源、旅游、教育等领域及其他共同关心问题上的合作与发展
太平洋岛国论坛渔业局（FFA）	1979	所罗门群岛	通过提高国家能力与增强地区联合来管理、保护和利用各成员国在专属经济区内外的金枪鱼资源
太平洋共同体秘书处（SPC）	1947	新喀里多尼亚	联合不同学科专家，通过技术援助、教育和培训等形式促进开发该地区陆地、海洋和社会资源
太平洋地区环境规划署（SPREP）	1980	萨摩亚	促进南太平洋地区合作，协助保护和改善该地区环境，以确保当代和未来的可持续发展
南太平洋应用地学委员会（SOPAC）	1972	斐济	协助成员评估、勘探和开发近岸及近海矿产与其他海洋非生物资源，为海岸工程建设和发展、水文调查、地理信息系统建设、海岸变更的环境影响等提供基准数据
南太平洋大学（USP）	1968	斐济	协助成员国处理教育事宜，承担学术和应用研究任务
南太平洋旅游组织（SPTO）	1980	斐济	领导和促进南太平洋地区旅游业的发展
太平洋岛屿发展署（PIDP）	1980	夏威夷	协助太平洋岛屿开展与发展有关的行动，促进经济和社会发展，提高该地区人们的生活质量
南太平洋教育评审委员会（SPBEA）	1980	斐济	协助南太平洋地区和各成员国制定国内和地区各种资格证书的评估程序，以促进教育质量的提高
斐济医学院（FSMed）	1961	斐济	为南太平洋地区培养各类卫生保健专业人才
太平洋电力协会（PPA）	1992	斐济	通过共享资源、鼓励和发展地区电力工业技术和吸引外部资源来促进太平洋岛屿电力工业的发展，提高电力工业的效率

注：1885年斐济医学院成立时名为苏瓦医学院，1961年改为现名。
资料来源：根据各地区组织官方网站资料整理。

第七章
合作议题与制度体系的形成

    太平洋地区组织理事会是制定和宣传地区重点发展战略的载体，理事会的成功不仅由密切的工作关系，而且最终由太平洋岛国和领地得到改善的状况来衡量。[①] 依托太平洋地区组织理事会，各地区组织的领导人每年召开一次会议，但主要的协商工作则由一系列的部门工作小组来完成。太平洋地区组织理事会下设海洋、RIO+10、可持续发展、健康与人口、土地资源、旅游、私营部门与贸易、人力资源发展、信息与通信技术，以及和平、稳定与安全的发展途径等 10 个工作小组。[②] 这些工作小组主要负责各种地区计划和政策措施的协调工作。例如，理事会海洋部门工作组为有关太平洋岛屿地区海洋政策的政府间协定提供指导，协调地区海洋政策的执行；信息和通信技术工作组则负责领导太平洋岛屿信息通信技术政策和战略计划（PIIPP）的实施。太平洋地区组织理事会各组织间的工作组还为太平洋岛国论坛政府间工作小组在参与联合国和其他国际谈判活动时提供技术咨询。

    这些地区组织的成立为南太平洋地区成员带来了许多收益。在最基本的层面上，地区组织所召开的各种会议提供了交流经验和讨论有关切身利益问题的机会。在很多地区合作的领域，规模经济的形成导致效率的提高。并且，在国际舞台上，地区组织的存在与有效运行成为地区团结一致的体现，增加了小国的谈判能力。[③]但是，这些地区组织和机构还需要进一步整合，[④] 以利于在地区事务上发

[①] Pacific Islands Forum Secretariat, *The Charter of the Council of Regional Organisations in the Pacific*, April, 2000.
[②] http://www.spc.int/piocean/CROP/spocc.htm.
[③] South Pacific Forum Secretariat, *Sharing Capacity: the Pacific Experience with Regional Cooperation and Integration*, Suva, Fiji, February, 2000, pp.1–3.
[④] 近年来，出现了一些关于地区组织整合方面的讨论和设想。在 2005 年的《休斯报告》中，对地区合作的体系结构进行了评估，并提出了改组地区 （转下页注）

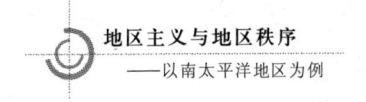

挥更大作用。

(二) 地区协议与安排

除了各种地区组织的建立，地区制度安排的另一个组成部分就是各种地区协议的签订与实施。它们将地区主义的发展议程通过协议的形式具体化和法律化，使地区结构的形成具有了很强的可预见性。近30年来，南太平洋地区各国签订的重要协定涉及的内容主要集中在经济和贸易领域，以及一些功能合作领域，对那些有关地区安全的重大政治问题也会通过协定的形式进行约束和管理（见表7.7）。

从当前情况来看，在地区主义进程中，地区经济与贸易安排已经走上了制度化的发展轨道，地区经济具有了明确的发展方向。太平洋岛屿地区海洋政策也是地区合作的新议程，它为整个南太平洋地区海洋资源的利用和海洋权力的行使提供了清晰的框架。

1. 地区经贸安排：PICTA 与 PACER

地区与地区间各种经贸制度安排将所有南太平洋独立国家囊括其中，地区经济与贸易在制度框架下稳定有序地发展（见表7.8）。其中 PICTA 与 PACER 对地区经济发展的影响最为重大。在太平洋岛国之间建立自由贸易区的设想拥有相当长的历史。这一设想最早

（接上页注④）组织的详细方案，参见：Tony Hughes, *Strengthening Regional Management: A Review of the Architecture for Regional Co-operation in the Pacific*, report to the Pacific Islands Forum, August, 2005。塔瓦拉等人建议 CROP 中的各机构重组后形成的地区制度框架以三个支柱为基础：一是政治和总体政策机构，包括 PIF 及其秘书处 FFA；二是注重部门合作的技术性机构，包括 SPC, SOPAC, SPREP, SPTO 等；三是学术和培训组织，包括 FSMed, PIDP, USP 等，见 Kaliopate Tavola et al., *Reforming the Pacific Regional Institutional Framework*, August, 2006。这些设想为拟议中的地区机构改革提供了重要参考，对南太平洋地区主义的进一步发展具有重要意义。

第七章 合作议题与制度体系的形成

表 7.7 南太平洋地区重要协定（1977~2010 年）

签订(修订)时间	地点	生效时间	协定名称
1977	苏瓦	1978.8.20	《关于建立太平洋论坛航运公司的谅解备忘录》
1996*		2008.2.1	《关于建立太平洋论坛航运公司的谅解备忘录修正案》
2008*		2008.2.1	《关于建立太平洋论坛航运公司的谅解备忘录合并案》
1980	塔拉瓦	1981.1.1	《南太平洋地区贸易与经济合作协定》（SPARTECA）
1989*		1981.9.14	《南太平洋地区贸易与经济合作协定修正案》
1985	拉罗汤加	1986.12.11	《南太平洋无核区协定》（SPNFZ）
1986*			《南太平洋无核区协定》附加第一、第二、第三协定书
1986	努美阿	1990.8.22	《保护南太平洋地区自然资源和环境国际公约》 附：《关于防止在南太平洋地区倾倒污染物的议定书》《倾倒议定书修正案》（尚未实施）； 《关于南太平洋地区危险和有害物质污染防备、反应和合作的议定书》（尚未实施）； 《关于南太平洋地区石油污染防备、反应和合作议定书》（尚未实施）；
2006*			《关于防止在南太平洋地区倾倒污染物的议定书修正案》
1995	瓦伊加尼	2001.10.21	《关于禁止向太平洋论坛岛国输入有害和放射性废物并管制有害废物在南太平洋地区境内越境转移和管理的国际公约》
2001	瑙鲁	2002.10.3	《太平洋紧密经济关系协定》（PACER）
2001	瑙鲁	2003.4.13	《太平洋岛国贸易协定》（PICTA）
2003	奥克兰	2007.10.13	《太平洋岛屿空中勤务协定》（PIASA）（尚未实施）
2004	阿皮亚	2005.6.11	《太平洋岛屿民用航空安保条约》（PICASST）

注：* 表示修订时间。
资料来源：根据太平洋岛国论坛秘书处网站资料整理。

可以追溯到 1971 年南太平洋论坛的首届会议，其时，7 个创始成员国就讨论了建立一个经济同盟的可能性。1973 年，在成立南太

表 7.8　南太平洋地区贸易安排

国　家	SPARTECA	PACER	PICTA	科托努协定	自由联系条约	MSG协定	WTO
库克群岛	+	+	+	+			
斐　济	+	+	+	+		+	+
基里巴斯	+	+	+	+			
马绍尔群岛	+	+		+	+		
密克罗尼西亚			+	+	+		
瑙　鲁	+	+	+	+			
纽　埃	+	+	+	+			
帕　劳	+	+	+		+		
巴　新	+	+	+	+		+	+
萨摩亚	+	+	+	+			
所罗门群岛	+	+	+	+		+	+
汤　加	+	+	+	+			+
图瓦卢	+	+	+	+			
瓦努阿图	+	+	+	+		+	

注：表中缩写分别为《南太平洋地区贸易与经济合作协定》（SPARTECA）、《太平洋岛国贸易协定》（PICTA）、《太平洋紧密经济关系协定》（PACER）、美拉尼西亚先锋集团（MSG）和世界贸易组织（WTO）。

资料来源：Nathan Associates Inc., *Pacific Regional Trade and Economic Cooperation: Joint Baseline and Gap Analysis*, final report submitted to Pacific Islands Forum Secretariat, December, 2007, Appendix B。

平洋经济合作局（现为论坛秘书处）的协定中，就已包括一项考虑建立自由贸易区的义务。1997年和1998年论坛经济部长会议、1999年论坛贸易部长会议等一系列会议都曾正式提出建立太平洋地区自由贸易区的想法。1999年10月，在帕劳首都科罗尔举行的太平洋岛国论坛首脑会议上，与会各国领导人原则上同意在论坛成员国之间建立自由贸易区。在接下来的两年里，论坛岛国政府之间完成了框架协议的谈判。2001年6月，在萨摩亚召开的太平洋岛

第七章
合作议题与制度体系的形成

国论坛贸易部长会议上，讨论并原则通过了《太平洋岛国贸易协定》（Pacific Islands Countries Trade Agreement, PICTA）和《太平洋紧密经济关系协定》（Pacific Agreement on Closer Economic Relations, PACER）。2001年8月，在瑙鲁举行的论坛首脑会议上，论坛各成员国首脑正式确认了上述两个协定，并提供给各岛国成员政府签署。

PICTA 旨在通过消除关税和非关税贸易壁垒扩大贸易，实现贸易便利化，在公平竞争的基础上发展贸易往来，加强商业、工业、农业和技术合作，促进太平洋地区资源开发与利用，并最终在太平洋岛屿各经济体中建立一个与签约国各自经济、社会目标相符的单一地区市场，以利于世界贸易在商品与服务领域的协调发展与扩大，并逐渐消除贸易壁垒。各签约国将根据协定的各条款项逐步建立自由贸易区。① 根据规定，PICTA 需要6个成员的批准才能生效，生效时间为第6个成员批准日期的一个月后。2003年3月13日，瑙鲁继库克群岛、斐济、纽埃、萨摩亚和汤加之后成为第6个批准 PICTA 的成员，从而使 PICTA 自 2003 年 4 月 13 日起正式生效。截至 2008 年底，已有 12 个国家批准该协定，并且其中 7 个国家宣布已完成相应国内安排，能够按照协定要求进行自由贸易。②

从性质上看，PACER 本身不是一个自由贸易安排，并不包含

---

① Pacific Islands Forum Secretariat, *Pacific Island Countries Trade Agreement*, Nauru, 2001.
② 12 个批准协定的国家（地区）是：库克群岛、斐济、基里巴斯、密克罗尼西亚联邦、瑙鲁、纽埃、巴布亚新几内亚、萨摩亚、所罗门群岛、汤加、图瓦卢和瓦努阿图；7 个接受自由贸易条件的国家（地区）是：库克群岛、斐济、纽埃、萨摩亚、所罗门群岛、图瓦卢和瓦努阿图。参见：Pacific Islands Forum Secretariat, *Pacific Island Countries Trade Agreement（PICTA）Status Report*, 2009。

地区主义与地区秩序
——以南太平洋地区为例

实质性的贸易自由化条款，它是一项综合性的框架协定，在总体上设想了一个推动贸易自由化、确定未来论坛地区贸易和经济关系循序渐进的发展过程。但是，PACER 包括了一个地区贸易便利化方案，以寻求改善太平洋岛国的贸易能力。在海关手续、检验检疫程序和标准，以及一致性评估等一系列重要问题上，它通过太平洋岛国论坛、太平洋共同体秘书处和大洋洲海关组织在地区层次提供技术援助。从长远来看，PACER 旨在逐步实现太平洋地区贸易与经济一体化，其具体目标是：提供逐步引导开拓一个单一地区市场的合作框架；通过有效的地区贸易安排来增加经济发展机遇和经济竞争力；尽力减小自由贸易对论坛岛国经济的干扰作用和减少调整费用；为论坛岛国实施贸易自由化和经济一体化提供经济和技术援助，并使它们从自由化和一体化中获益；履行《马拉喀什世界贸易组织成立协定》各方义务。① 2002 年 9 月 3 日，瑙鲁继澳大利亚、库克群岛、斐济、新西兰、萨摩亚、汤加之后批准了 PACER，从而使批准该协定的国家达到了按规定使其生效的最少批准国数量，PACER 因此于同年 10 月 3 日起正式生效。截至 2008 年底，批准该协定的国家（地区）已达到 11 个。② PACER 为论坛岛屿地区扩大贸易、提高人民生活水平和创造新的就业机会奠定了基础。一些有关贸易便利化的条款，将为协议各方在经济和贸易方面带来短期和中期利益。③

上述两个协定尤其是 PICTA 的生效，意味着建立南太平洋自

---

① Pacific Islands Forum Secretariat, *Pacific Agreement on Closer Economic Relations*, Nauru, 2001.
② 包括库克群岛、斐济、基里巴斯、瑙鲁、纽埃、巴布亚新几内亚、萨摩亚、所罗门群岛和汤加 9 个南太平洋国家以及澳大利亚和新西兰。
③ See: *Pacific Agreement on Closer Economic Relations*, Article 9 and Annex 1.

第七章
合作议题与制度体系的形成

由贸易区已进入实质阶段。根据 PICTA，发展中论坛岛国成员、小岛屿国及最不发达国家分别于 2010 年和 2012 年实现贸易自由化的目标。[①] 并且，此两项协定还允许论坛成员国之外的南太平洋自治政府和领地加入。这些安排对太平洋岛国既具有开创性，又具有十分重要的历史意义。按照预期，可以增加太平洋岛国间的贸易和投资，提高经济效益，从长远来看，还可以增加就业和降低进口成本。在社会和文化方面，还将推动和促进论坛成员国家（包括澳大利亚和新西兰）之间的交往和互动。

2. 地区海洋政策安排：PIROF-ISA

2002 年，太平洋岛国领导人通过了太平洋岛屿地区海洋政策（PIROP）。PIROP 强调海洋对太平洋岛屿国家和其他政治实体的重要性，并将已有的各种与开发和管理海洋与海岸环境及资源有关的地区行动统一起来。地区海洋计划起源于"努力实现负责任的地区海洋治理"，它基于以下基本事实：海洋是跨越边界的流动资源；对海洋长期完整性的威胁无论是在数量上还是在程度上都在不断增加；该地区经济和社会的可持续发展取决于对海洋及其资源的明智利用。该政策将海洋宽泛地定义为包括太平洋的海域及其中的生物和非生物组成、水下的海床、海洋上方的大气以及海洋与岛屿的交界处，其目标是确保太平洋岛国和外部伙伴将来对海洋和海洋资源的可持续利用。

2004 年 2 月，太平洋岛屿海洋论坛在苏瓦南太平洋大学举行。

---

① Pacific Islands Forum Secretariat, *Thirtieth South Pacific Forum Communiqué*, Koror, Republic of Palau, October 3 – 5, 1999. 小岛屿国即小岛屿国家集团（SIS）成员国，包括：库克群岛、基里巴斯、马绍尔群岛、瑙鲁、纽埃、帕劳和图瓦卢。按照联合国的划分，南太平洋最不发达国家包括：基里巴斯、萨摩亚、所罗门群岛、图瓦卢和瓦努阿图。发展中论坛岛国成员包括：斐济、密克罗尼西亚联邦、巴布亚新几内亚和汤加。

175

22个太平洋岛屿国家和领地参与了太平洋岛屿地区海洋政策的讨论，并一致同意通过一个海洋战略行动框架——太平洋岛屿地区海洋综合战略行动框架（the Pacific Islands Regional Ocean Framework for Integrated Strategic Action，PIROF-ISA）来全面执行这一政策（见图7.3）。① 除了南太平洋地区成员外，一些认为与执行PIROP行动有密切利益关联的地区外国家也派代表参加了论坛，并对这一框架的制定与实施发表意见和提出建议。论坛还制定了实现海洋资源可持续利用的五个主要原则：一是促进对海洋的理解；二是可持续地开发和管理海洋资源；三是维护海洋的健康；四是促进海洋的和平利用；五是建立伙伴关系，促进合作。② 为了贯彻这些战略行动，论坛公报强调指出，各成员国必须通过现有的各层次机构组织尽可能地执行ISA，在这点上，这些机构组织还必须寻求加强和改进合作性的和综合性的工作方法。③

尽管国际法授予太平洋各岛屿利用海洋和海洋资源的权力，但这些权力与可持续地发展、管理和保护海洋生物资源，以及保护海洋环境与海洋生物多样性等责任相连。PIROF-ISA的制定与实施，使南太平洋地区海洋治理和利用走上规范化道路，体现出南太平洋地区国家和领地对地区海洋权力的行使和运用。

---

① 包括：美属萨摩亚、库克群岛、密克罗尼西亚联邦、斐济、法属波利尼西亚、关岛、基里巴斯、马绍尔群岛、瑙鲁、新喀里多尼亚、纽埃、北马里亚纳群岛、帕劳、巴布亚新几内亚、皮特凯恩群岛、萨摩亚、所罗门群岛、托克劳、汤加、图瓦卢、瓦努阿图，以及瓦利斯和富图纳群岛。
② Marine Sector Working Group of CROP, *Pacific Islands Regional Ocean Forum: Summary Record of Proceedings*, Suva, Fiji: Secretariat of the Pacific Community, 2004, p.5.
③ *Pacific Islands Regional Ocean Forum Communiqué: The Pacific Islands Regional Ocean Policy——From Policy to a Framework for Integrated Strategic Action*, Fiji, February 6, 2004.

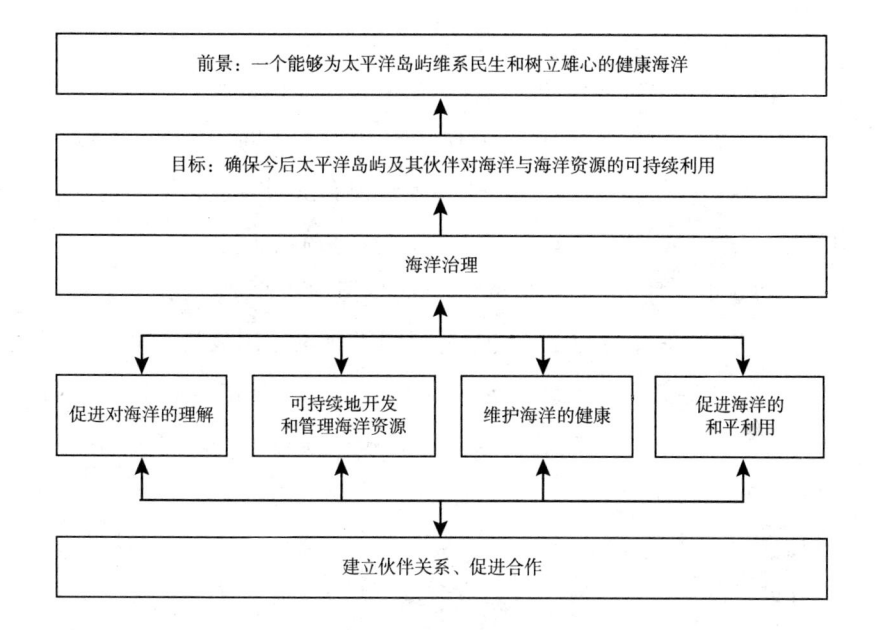

第七章 合作议题与制度体系的形成

```
┌─────────────────────────────────────────────┐
│ 前景：一个能够为太平洋岛屿维系民生和树立雄心的健康海洋 │
└─────────────────────────────────────────────┘
                      ↑
┌─────────────────────────────────────────────┐
│ 目标：确保今后太平洋岛屿及其伙伴对海洋与海洋资源的可持续利用 │
└─────────────────────────────────────────────┘
                      ↑
┌─────────────────────────────────────────────┐
│                   海洋治理                   │
└─────────────────────────────────────────────┘
          ↓         ↓         ↓         ↓
  ┌──────────┐ ┌──────────┐ ┌──────────┐ ┌──────────┐
  │促进对海洋 │ │可持续地开发│ │维护海洋的 │ │促进海洋的 │
  │ 的理解   │ │和管理海洋 │ │  健康    │ │和平利用  │
  │          │ │  资源    │ │          │ │          │
  └──────────┘ └──────────┘ └──────────┘ └──────────┘
          ↑         ↑         ↑         ↑
┌─────────────────────────────────────────────┐
│            建立伙伴关系、促进合作            │
└─────────────────────────────────────────────┘
```

图 7.3　太平洋岛屿地区海洋综合战略行动框架结构

资料来源：Marine Sector Working Group, Council of Regional Organisations of the Pacific, *Pacific Islands Regional Ocean Framework for Integrated Strategic Action* (Final Draft), November 29, 2004, p.2。

二　地区间制度安排

南太平洋地区各种地区间制度安排为促进南太平洋国家与地区外国家和组织的交流与联系，以及获得地区外部援助提供了便利。其中非加太集团与欧盟合作机制（ACP-EU）和太平洋岛国论坛（PIF）与对话国制度最具有代表性，并且也是效果最显著、运作最规范的地区间制度安排。

（一）非加太集团与欧盟合作机制

南太平洋国家与欧洲之间的合作安排，起源于1975年2月28日由非加太集团（ACP）46个成员国与欧洲经济共同体（欧盟，

EU）9国在多哥首都洛美签订的关于加强双方贸易和经济关系的《洛美协定》。《洛美协定》于1976年4月1日正式生效，有效期为5年。其后，分别于1979年10月、1984年12月、1989年12月三次续签。《洛美协定》曾是非加太集团和欧盟间进行对话与合作的重要机制，也是迄今最重要的南北合作机制。

2000年6月23日，77个ACP成员国和欧盟15国在贝宁首都科托努签订《科托努协定》（全称是《非加太集团成员与欧共体及其成员国伙伴关系协定》），从而取代了第四个《洛美协定》。《科托努协定》规定：民主、人权、法制和良政为执行该协定的基本原则，欧盟有权中止向违反上述原则的国家提供援助；欧盟逐步取消对ACP国家提供单向贸易优惠政策，代之以向自由贸易过渡，双方最终建立自由贸易区，完成与世贸规则接轨；欧盟将建立总额为135亿欧元的第9个欧洲发展基金，用于向ACP国家提供援助，并从前几个发展基金余额中拨出10亿欧元用于补贴重债穷国等。在地区经济一体化领域，加强合作以支持提高和加强由ACP国家组建的促进地区合作与地区一体化的机构和组织、国家政府和议会处理地区一体化事务的能力；促进最不发达国家参与地区市场，并分享由此带来的收益；在地区层次执行部门改革政策；贸易和支付的自由化；促进跨国投资和其他地区与次地区一体化动议，考虑地区一体化的净交易成本对预算收入和国际收支平衡的影响。[1] 在《科托努协定》中，ACP集团的主要目标是：（1）促进成员国的可持续发展，并逐步整合到全球经济之中，因此必须首先减少贫困，建立一个新的更公平、更平等的世界秩序；（2）在ACP-EU伙伴

---

[1] Partnership Agreement Between the Members of the African, Caribbean and Pacific Group of States of the One Part, and the European Community and Its Member States of the Other Part, Cotonou, June 23, 2000.

第七章
合作议题与制度体系的形成

关系协定的执行框架下协调行动；（3）加强 ACP 集团的联合与团结，增进相互了解；（4）建立和巩固自由民主社会的和平与稳定。①

《科托努协定》签订后，由于一些拉美国家对欧盟给予 ACP 国家的特殊"照顾"表示不满，并诉诸 WTO。WTO 于 2001 年裁定，ACP 国家与欧盟应在 2007 年底前取消单方面贸易优惠安排，并达成新的贸易协定。2002 年 9 月，欧盟开始与 ACP 国家之间在《科托努协定》框架下就签订《经济伙伴关系协定》（EPAs）进行协商。出于谈判的需要，77 个 ACP 国家以已有的地区一体化组织为基础分成六个谈判地区：西非地区、中非地区、东部和南部非洲、南部非洲发展地区、加勒比地区和太平洋地区。太平洋岛国论坛代表 14 个太平洋地区 ACP 国家进行谈判。由于欧盟在新一轮贸易谈判中提出的条件令不少 ACP 国家难以接受，历时 5 年的谈判因而久拖不决。直到 2008 年，EPAs 开始实施并取代《科托努协定》，从而结束现行的单方面贸易优惠安排。EPAs 建立了与 WTO 贸易规则完全兼容的框架，从而使欧盟对 ACP 发展中国家政策迈向新的阶段。②

在 ACP-EU 合作框架中，尽管 ACP 集团的 14 个太平洋岛国与欧盟综合实力和发展程度相差悬殊，但从总体上看，它体现了太平洋岛国与欧盟间的平等互利原则，为太平洋岛国与欧盟经济合作创立了一种新的模式。尽管这种合作模式距离建立国际经济新秩序的目标还很遥远，但从总体上看，它在实现南北合作和改变南北不平

---

① http://www.acp-eu-trade.org/.
② Lionel Fontagne, Cristina Mitaritonna and David Laborde, *An Impact Study of the EU - ACP Economic Partnership Agreements (EPAS) in the Six ACP Regions*, final report to the Chief Economist Unit of DG Trade, January, 2008.

等关系等方面取得了重要进步,并且有利于南太平洋地区与地区外国家集团在各个领域谋求更全面的合作,从而有利于建立更稳定、更合理的国际经济关系。

(二) 太平洋岛国论坛与对话国制度

1. 日本与太平洋岛国论坛首脑会议

1996 年 10 月,日本和太平洋岛国论坛秘书处联合成立太平洋岛屿中心 (PIC),并将办公机构设在日本东京。太平洋岛屿中心的成立,促进了太平洋岛国 (PICs) 与日本之间的贸易、投资和旅游合作。与此同时,为了进一步发展合作关系,双方开始探讨更高层次的合作机制。1997 年 10 月 13 日,首届日本与太平洋岛国论坛首脑会议 (PALM) 在东京召开,会议议程包括太平洋岛国的经济形势、太平洋岛国的经济发展与经济援助,以及今后合作的共同挑战与前景。会后,与会各国共同发表了《联合宣言》,确认了日本与太平洋各岛国加强合作关系的基本方针。[①] 日本与太平洋岛国论坛首脑会议每 3 年举行一次,主要讨论太平洋岛国面临的主要问题以及确定日本对太平洋岛国的援助金额。第二届 PALM 于 2000 年 4 月在日本宫崎召开,会议讨论了太平洋岛国的可持续发展、双方共同关注的地区和全球问题,以及如何促进日本与太平洋岛国论坛的伙伴关系等问题,提出包含这些议题的"宫崎倡议"。[②] 第 3 届 PALM 于 2003 年 5 月在日本冲绳召开,会议对当前合作关系进行了评估,对今后在安全、贸易与投资、环境、教育与人力资

---

① *Joint Declaration on the Occasion of the Japan-South Pacific Forum Summit Meeting*, http://www.mofa.go.jp/region/asia-paci/spf/summit97/declaration.html.

② *Significance of the Second Japan-South Pacific Forum Summit Meeting* (*PALM 2000*), April 22, Miyazaki City, Miyazaki Prefecture, http://www.mofa.go.jp/region/asia-paci/spf/palm2000/significance.html.

第七章 合作议题与制度体系的形成

源发展、健康与卫生等领域的合作进行了探索,还通过了包括促进太平洋地区繁荣稳定的地区发展战略和联合行动计划的"冲绳倡议"。[①] 2006 年 5 月,第 4 届 PALM 在日本冲绳举行,会议通过了题为"冲绳合作伙伴关系"的首脑宣言,指明了今后日本与太平洋岛国合作的总体方向。[②] 2009 年 5 月,第 5 届 PALM 在日本北海道举行,会议通过《北海道岛国居民宣言》,旨在促进日本与太平洋岛国论坛在环境和气候变化方面的合作,会议还通过了《太平洋环境共同体》和《行动计划》两个附属文件,对宣言中的上述合作做出了具体安排。此外,日本在会上宣布,此后 3 年内将向太平洋岛国提供 500 亿日元(约合 5.3 亿美元)的援助。2012 年 5 月,第 6 届 PALM 在日本冲绳举行,会议讨论了环保能源问题,以确保太平洋岛国供电系统安定的政策和技术。同时,日本宣布向太平洋岛国提供 400 亿日元(约合 4.2 亿美元)的政府开发援助。这种稳定的制度安排,促进了太平洋岛国与日本之间的经贸往来和政治关系,并成为南太平洋地区的经济发展与社会稳定积极因素(见表 7.9)。

2. 法国与大洋洲峰会

法国与南太平洋地区有着长远的历史联系。法国曾是南太平洋地区的宗主国之一,至今在南太平洋地区仍拥有法属波利尼西亚、新喀里多尼亚、瓦利斯和富图纳群岛三个领地,并且还是太平洋共

---

① *The Third Japan-PIF Summit Meeting（PALM 2003）: Outline and Achievement*, http://www.mofa.go.jp/region/asia-paci/spf/palm2003/host.html. 瑙鲁由于国内政治问题没有派代表参加本届 PALM。

② See: *Leaders' Declaration: "Okinawa Partnership for a more robust and prosperous Pacific Region"*, May 27, 2006, http://www.mofa.go.jp/region/asia-paci/spf/palm2006/declaration.html.

表7.9 日本与太平洋岛国贸易情况（1998～2010年）

单位：万美元

年份	对FICs出口	占总出口份额	从FICs进口	占总进口份额
1998	22063.3	0.057	48272.3	0.173
1999	43781.1	0.105	51696.3	0.167
2000	26868.7	0.056	50715.5	0.133
2001	25496.5	0.063	43601.8	0.124
2002	30295.4	0.073	41366.0	0.123
2003	28778.2	0.061	43816.6	0.115
2004	45593.6	0.081	43591.9	0.096
2005	43813.3	0.073	66807.9	0.129
2006	63994.4	0.099	84071.4	0.145
2007	87486.4	0.123	98745.6	0.159
2008	114064.2	0.147	104337.2	0.138
2009	122389.6	0.211	82676.6	0.150
2010	247205.6	0.322	120668.7	0.175

资料来源：*Japan's Trade with FICs from 1998 – 2007*，http://www.pic.or.jp/en/stats/souron_3.htm；*Japan's Trade with FICs from 2001 – 2010*，http://blog.pic.or.jp/images/trade/stats/souron_1.htm。

同体的创始会员国，对一些南太平洋地区组织和国家有重要的影响作用。

21世纪初，为了进一步巩固和发展太平洋岛屿地区国家与法国的合作关系，双方共同构建了交流与合作的平台——法国—大洋洲峰会。2003年7月，首届法国—大洋洲峰会在法属波利尼西亚首府帕皮提举行。峰会确定了法国与大洋洲国家发展长期合作的框架，以巩固大洋洲各国的关系，加强地区稳定以及更好地协调法国、澳大利亚、新西兰和欧盟对太平洋地区内部发展的援助。2006年6月，第二届法国—大洋洲峰会在法国巴黎爱丽舍宫由法国总统希拉克主持召开，16个太平洋岛国论坛成员国领导人全部与会，

第七章
合作议题与制度体系的形成

双方就地区稳定、经济发展、全球变暖、政治稳定和可持续经济发展等问题进行讨论，并着重讨论了气候变化与环境污染问题。与会各国领导人在峰会公告中宣布：追求并扩大合作以加强太平洋地区的稳定，支持发展中的小岛屿国家；通过推行《太平洋计划》，加强太平洋岛国间的地区磋商与合作，以及地区机构间的协作，并强调了包括欧盟在内的各伙伴方采取和谐一致的方式支持岛国发展；通过加强太平洋岛国论坛国家与法国海外领地和属地的一体化进程，推动可持续的、彼此受益的经济增长，并使岛国经济最终融入全球经济；坚持太平洋地区灾后国家重建行动框架，不断改善灾害管理，促进可持续发展；加大应对气候变化的努力，完善适应气候变化的措施。[①] 此外，法国还提出了一些发展计划和倡议，在法国及其南太平洋3个领地以及论坛成员国的共同努力下逐步实施。

3. 中国与太平洋岛国经济发展合作论坛

中国是太平洋岛国论坛的对话伙伴，多数太平洋岛国与中国长期保持着友好合作关系，尤其是进入21世纪，太平洋岛国与中国关系发展迅速，并且已建立太平洋岛国与中国长期合作的稳定机制。2002年9月，太平洋岛国论坛驻华贸易代表处在北京正式开馆。2006年4月，在斐济楠迪举行的"中国—太平洋岛国经济发展合作论坛"首届部长级会议是双方合作的重要成果。[②] 首届"中国—太平洋岛国经济发展合作论坛"的主题是"促进合作，共同发展"，由中国和斐济政府联合主办。会上，中国根据当前太平洋岛国经济发展需要，决定为太平洋岛国提供如下援助：（1）为加

---

① 《萨摩亚总理出席第二届法国—大洋洲峰会》，http：//ws.mofcom.gov.cn。
② 参加此次会议的南太平洋国家包括库克群岛、斐济、密克罗尼西亚联邦、纽埃、巴布亚新几内亚、萨摩亚、汤加和瓦努阿图。澳大利亚和新西兰也派代表出席了此次会议。

强中国企业和太平洋岛国企业间的合资合作，中方将在今后 3 年内提供 30 亿元人民币的优惠贷款，推动双方企业在资源开发、农林渔业、旅游业、轻纺制造业、电信和航空交通业等领域的合作，中国政府还将设立专项资金，鼓励中国企业在太平洋岛国投资；(2) 给予多数对华出口商品零关税待遇；免除这些国家对华 2005 年底之前的到期债务，对其他岛国截至 2005 年底到期债务的还款期延长 10 年；(3) 为帮助太平洋岛国防治疟疾等疾病，中方将在今后 3 年内向疟疾流行的岛国无偿提供抗疟疾药品，继续向岛国派遣医疗队，并每年为岛国举办卫生官员、医院管理及医药研究人员的培训班，中方愿积极开展与各岛国在防治禽流感方面的信息交流和多种形式的合作；(4) 为增强岛国的能力建设，中方将在今后 3 年内向岛国提供总计 2000 个培训名额，协助岛国培训政府官员和各类技术人员；(5) 为加快发展太平洋岛国的旅游业，中方决定正式批准巴布亚新几内亚、萨摩亚和密克罗尼西亚联邦为中国公民出境旅游目的地，至此，南太平洋地区 7 个与中国建交的岛国均已成为中国公民旅游目的地；(6) 为提高各岛国预防地震或海啸等自然灾害的能力，中方将根据岛国需求，在地震或海啸预警监测网建设方面提供支持。[①] 会后，与会各方签署了《中国—太平洋岛国经济发展合作行动纲领》，其中包括推动与会岛国在旅游、运输、金融、工程与基础设施建设、自然资源以及人力资源的开发与利用等领域的合作。此外，中国还与各岛国分别签署一系列双边经贸合作协定。中国与太平洋岛国合作以平等互利、优势互补、互尊互信的原则为基础，这对提高南太平洋地区国家的政治地位与影响具有

---

① 温家宝：《加强互利合作、实现共同发展——在"中国—太平洋岛国经济发展合作论坛"首届部长级会议开幕式上的讲话》，新华网楠迪（斐济）2006 年 4 月 5 日电。

重要意义。

在地区间制度安排中，南太平洋地区国家作为一个整体出现在世界舞台上，扩大了其政治影响。通过稳定的地区间制度安排，制约了地区外大国赤裸裸的强权政治，为地区的和平与稳定营造了良好的制度环境。

第八章 政治经济学视角下的地区主义与秩序

地区秩序的构架，离不开政治、经济和军事权力的分布。政治、经济、军事以及技术实力等综合性指标的改变，往往导致地区结构的变动。在南太平洋地区，虽然单个国家的实力还十分弱小，但联合起来的政治和经济力量在不断增长，这反过来又成为创造稳定的政治环境、加强现存的经济优势、保持国家的战略优势以及从地区体系中获益的基本条件。地区主义的发展既涉及地区成员的经济关系与经济合作问题，也反映了政治关系与政治进程的发展。

第一节 地区主义的作用与影响：基于政治经济学的视角

国际政治经济学主要研究国际体系中经济要素（包括资本、技术、劳动力和信息）的跨国流动与国际体系、国家与国家之间的关系以及国家内部政治结构和过程的相互影响。[1] 这种注重国家

---

[1] 王正毅：《争论中的国际政治经济学》，《世界经济与政治》2004 年第 9 期，第 76 页。

第八章
政治经济学视角下的地区主义与秩序

与市场、政治与经济、国家与社会之间联动关系的视角,为地区主义的研究提供了一条新的途径。对于地区主义的政治经济学解读,几乎是伴随着地区主义的兴起而出现的。① 但在发展中国家组成的地区,地区主义却有着不同的发展逻辑。对国家主权的高度重视以及经济优先的发展战略等成为地区主义的重要组成部分。与此同时,地区主义的成效与影响也有其独特的一面。

一 发展中国家地区主义的发展进路

二战以后,随着世界殖民体系的逐渐瓦解,发展中国家队伍迅速壮大。为了改变当时不合理的国际政治经济秩序,摆脱对宗主国的依赖与控制,发展国内经济实现经济增长,发展中国家开始走上联合自强的道路,以解决政治经济力量薄弱、国内市场狭小等问题。20世纪60年代,中美洲共同市场和拉美自由贸易协会的成立拉开了发展中国家地区主义发展的序幕,一系列旨在加强经济合作、政策协商的地区和次地区组织相继建立,为以后更深入的地区一体化发展奠定了基础。到70年代,由于发展中国家国内经济和相互贸易的迅速增长,以及欧共体和石油输出国组织的示范效应,发展中国家更加认识到多边合作行动的经济与政治收益,地区主义因此得到空前发展,地区一体化进入高潮时期。在80年代,由于发展中国家普遍在经济上面临严重的债务危机和经济危机,在政治上一些地区出现冲突甚至战争,地区主义发展总体上处于停滞状态。但短短几年后,随着冷战的结束,地区主义又重新在发展中国

---

① 关于地区主义的政治经济学,比较全面的研究参见 Michael Keating and John Loughlin, *The Political Economy of Regionalism*, London; Portland, Ore.: Frank Cass, 1996; W. Andrew Axline (ed.), *The Political Economy of Regional Cooperation: Comparative Case Studies* (London: Pinter, 1994)。

家活跃起来。不仅诞生了一些新的地区组织，而且很多原有的地区组织也相应进行了扩大、调整和改组。进入 21 世纪，发展中国家积极探索地区主义发展的新模式，不断推动全方位的一体化进程。地区主义成为发展中国家重要的发展战略，地区一体化的层次不断上升，它表现为经济一体化逐步深入，除了传统经济领域的合作，在能源、运输、金融、低碳经济等领域开拓地区一体化的新思路，并且一些地区和国家还提出实现政治一体化的要求。一些发展中国家将发展地区主义的最终目标确定为在地区范围内统一货币和关税，建立经济、政治共同体，并为此成立了许多推动实现这一目标的地区组织。据不完全统计，到目前为止，发展中国家已经建立起 100 多个地区性经济组织，覆盖了所有亚、非、拉、加、太各地区和次地区，并且几乎所有发展中国家都是一个或多个地区组织的成员。其中，比较有影响的地区组织有：拉美和加勒比地区的南方共同市场（MERCOSUR）、中美洲共同市场（CACM）、安第斯国家共同体（CAN）、拉丁美洲一体化协会（LAIA）、里约集团（The Rio Group）、加勒比共同体和共同市场（CARICOM）、加勒比国家联盟（ACS）、南美洲国家联盟（SAU）、拉丁美洲经济体系（LAES）；非洲与阿拉伯地区的非洲联盟（AU）、阿拉伯国家联盟（LAS）、中部非洲国家经济共同体（ECCAS）、西非国家经济共同体（ECOWAS）、东南非共同市场（COMESA）、东非共同体（EAC）、南部非洲发展共同体（SADC）、萨赫勒—撒哈拉国家共同体（CEN – SAD）；东南亚和南亚的东南亚国家联盟（ASEAN）、南亚区域合作联盟（SAARC）；南太平洋地区的太平洋岛国论坛（PIF）；等等（见表 8.1）。

纵观发展中国家地区一体化进程和各类地区组织，尽管其目标远大，但在现实层面，总体上以经济合作和自由贸易为中心议题，

第八章 政治经济学视角下的地区主义与秩序

表 8.1 发展中国家地区一体化组织

地区	地区一体化组织	成立时间	目标与宗旨	现有成员数
非洲与阿拉伯地区	（非洲统一组织）非洲联盟	（1963）2002	促进政治、社会与经济一体化	53
	（中非关税和经济同盟）中非国家经济共同体	（1964）1983	经济、货币与人文一体化	10
	东非共同体	1967	建立关税同盟、共同市场、货币联盟，最终实现政治联盟	5
	西非国家经济共同体	1975	促进政治、经济、社会与文化合作，统一货币	15
	大湖国家经济共同体	1976	促进经济发展与贸易往来，加强各领域合作，促进共同水域开发与利用	3
	（南部非洲发展协调会议）南部非洲发展共同体	（1980）1992	逐步统一关税和货币，最终实现地区经济一体化	15
	（东南非洲优惠贸易区）东南非洲共同市场	（1981）1994	实现共同对外关税，建立货币联盟	19
	海湾阿拉伯国家合作委员会	1981	经济合作，建立共同市场和货币联盟	6
	阿拉伯马格里布联盟	1989	优先实现经济一体化，最终实现阿拉伯统一	5
	萨赫勒—撒哈拉国家共同体	1998	加强成员国间的政治和经济合作，维护地区安全，促进地区一体化建设	28
	阿拉伯国家联盟	1945	捍卫阿拉伯国家独立和主权，推动经济合作	22
拉美和加勒比地区	中美洲共同市场	1960	协调经济政策和关税，最终实现地区贸易自由化，建立自由贸易区和关税同盟	5
	（拉丁美洲自由贸易协会）拉丁美洲一体化协会	（1960）1980	实现地区经济一体化，最终建立拉美共同市场	12
	拉丁美洲议会	1964	促进拉美和加勒比国家的团结和地区一体化	22
	（加勒比自由贸易协会）加勒比共同体	（1965）1973	建立加勒比单一市场和经济，促进生产要素自由流动	15

189

续表

地区	地区一体化组织	成立时间	目标与宗旨	现有成员数
拉美和加勒比地区	（安第斯集团）安第斯国家共同体	(1969)1996	取消成员国之间的关税壁垒，组成共同市场，加速经济一体化进程	4
	拉丁美洲经济体系	1975	促进拉美地区合作，推动地区一体化，协调解决经济和社会问题	23
	（八国集团）里约集团	(1986)1990	协调拉美地区重大政治、经济、社会问题，促进一体化	23
	南方共同市场	1991	经济一体化	5
	加勒比国家联盟	1994	实现地区经济一体化，最终建立自由贸易区	25
	（美洲玻利瓦尔选择）美洲玻利瓦尔联盟	(2001)2009	实现经济一体化和拉美国家大联合，抵制和取代美国倡导的美洲自由贸易区	9
	（南美国家共同体）南美洲国家联盟	(2004)2007	政治协商，自由贸易，功能合作，制定共同防务政策，推动成立南美洲议会	12
东南亚和南亚地区	东南亚国家联盟	1967	建立经济、政治安全与社会文化共同体	10
	南亚区域合作联盟	1985	促进经济、社会、文化、科技合作	8
	大湄公河次区域经济合作	1992	通过加强各成员间的经济联系，消除贫困，促进次区域的经济和社会发展	6
太平洋地区	（南太平洋论坛）太平洋岛国论坛	(1971)2000	经济一体化，协调安全和外交政策	16

注：括号内为地区组织前身，资料截至2011年。
资料来源：根据各地区组织网站和中国外交部网站资料整理。

推动建立关税同盟和自由贸易区，主要属于经济一体化，较少涉及政治一体化议题或者政治磋商尚处于未涉及实质内容的初级阶段。与已进入经济、政治、社会等领域全面一体化的欧洲相比，发展中国家地区主义正朝着综合性、多功能、外向型的方向发展。

第八章
政治经济学视角下的地区主义与秩序

(一) 多层地区主义

所谓多层地区主义 (multilayered regionalism),是指地区组织交叉重叠,同一国家加入两个或多个不同的地区一体化组织,地区主义呈现多层次性,并且不同层级的地区组织并行发展,地区主义并非依托单一的地区组织。在东亚地区,东盟、东盟+1、东盟+3、东盟地区论坛 (ARF)、东亚峰会 (EAS)、亚太经合组织等地区组织在国家战略中并存,很难区分孰轻孰重;在非洲和拉美,西非国家经济共同体与阿拉伯马格里布联盟,东非共同体、南部非洲发展共同体与东南非洲共同市场,安第斯国家共同体、南方共同市场与拉丁美洲一体化协会等组织都有成员重叠现象发生。地区主义的多层次性满足了成员国在不同地区组织框架下的不同利益诉求,但这也可能成为经济上"深度一体化"(deep integration) 和政治一体化的制约因素。

(二) 开放地区主义

开放地区主义 (open regionalism) 与旧地区主义的内向性 (inward-turning) 不同,它是一种外向型的地区主义。发展中国家地区组织不仅强调地区成员之间的内部合作和贸易自由化,同时按照非歧视性原则减少对非成员国的进口壁垒,加强与地区外行为体的各种联系。它往往遵循以下三个标准:一是成员开放,即任何机制外的国家只要满足标准便可加入贸易集团;二是非禁止性条款,即一项贸易协定可以允许任何成员国单方面地将其互惠自动延及非成员国;三是选择性自由化和开放的互惠,即成员国可以基于最惠国待遇的原则,将自由化集中在它们世界贸易中占主导地位的领域,从而不必再给非成员国以特惠待遇。[1] 此外,超越地区范围的

---

[1] 苏浩:《东亚开放地区主义的演进与中国的作用》,《世界经济与政治》2006年第9期,第43~51页。

南南、南北合作成为发展中国家开放地区主义的重要表现，例如东亚—拉美合作论坛（FEALAC）、欧盟与东盟（EU-ASEAN）、欧盟与拉美（EU-LAC）、欧盟与南方共同市场（EU-MERCOSUR）、欧盟与非加太国家（EU-ACP）、欧盟—非洲峰会（EU-Africa Summit）等双边的地区间对话与联系，以及亚欧会议（ASEM）和亚太经济合作组织等跨地区的一体化进程。不过，正是由于一些发达国家（集团）介入发展中国家所在地区，这种"开放地区主义"可能存在削弱地区内成员主导与控制力量的消极含义。

（三）经济地区主义

经济地区主义（economic regionalism）凸显了地区主义的经济内涵。在国际经济学中，地区主义通常被理解为在有限的贸易伙伴之间排他性地交换市场准入权的代名词，实际上是在一些预先界定的地理区域（例如欧洲、北美、拉美、非洲和亚太）内有代表性地缔结优惠贸易协定（PTAs），[1]并逐渐向自由贸易区（FTA）、关税同盟、共同市场、经济同盟深入发展。毋庸置疑，经济考虑成为推动全球地区主义发展的重要因素，经济一体化是地区主义的应有之义。对发展中国家来说，由于都不同程度地面临着人口压力、债务危机、粮食短缺和贫穷问题，对经济增长的要求普遍表现得更为迫切，因此发展经济成为地区主义最重要、最现实的目标，经济功能是很多地区组织的基本属性。以地区组织为依托，通过建立完善的地区经济合作机制促进地区经济一体化，实现地区内商品、服务、资本、人员的自由流动，并将地区作为一个整体加强与地区外国家（集团）的经济联系，以此促进地区内各国经济的长期稳定增长。

---

[1] Gorg Koopmann, "Regionalism Going Global," *Intereconomics*, Vol. 38, No. 1 (2003), p. 2.

第八章
政治经济学视角下的地区主义与秩序

(四) 安全地区主义

关于安全地区主义 (security regionalism),比约恩·赫特 (Björn Hettne) 认为它是特定地理范围内安全复合体向安全共同体的转变,前者包含国家之间和国家内部冲突关系,后者包含内部和平和对外合作关系,而地区层次的参与可以预防和化解整个地区面临的安全威胁。[①] 冷战期间,两大军事集团的对峙给国际社会和地区安全构成严重威胁,一些发展中国家成为美苏争霸的前沿阵地;冷战结束后,安全问题带有明显的地区性,而且诸如民族矛盾、宗教冲突、领土争端、边界纠纷、分离主义、跨国犯罪和毒品走私仍在发展中国家广泛存在,诸如环境问题、气候变化和恐怖主义等新的问题不断涌现,安全问题呈现多样化、复杂化和综合化。在安全问题上,发展中国家比发达国家面临更严峻的挑战,仅仅依靠一国自身力量或者依靠传统的国家间军事、政治安全结盟,不可能提供完全可靠的安全保障。作为一种"合作安全"的载体,地区主义能有助于实现地区安全问题的和平解决以及许多冲突的有效控制和管理,通过地区安全来保障国家安全成为发展中国家的普遍共识。[②]

二 发展中地区主义的政治经济学[③]

随着地区主义在全球加速发展,地区成员之间的相互依存与融合不断加强,地区内部政治与经济的界线、地区各国国内事务之间

[①] Björn Hettne, "Regionalism, Security and Development: A Comparative Perspective," in Björn Hettne, Andras Inotai and Osvaldo Sunkel (eds.), *Comparing Regionalisms: Implications for Global Development* (New York: Palgrave, 2001), pp. 13 – 28.

[②] 王学玉:《论地区主义及其对国际关系的影响》,《现代国际关系》2002 年第 8 期,第 29~35 页。

[③] 在这里,发展中地区指的是由发展中国家组成的地区。

的界线越来越模糊。与此同时,国家之外的各种国际行为体不断涌现,并日益发挥越来越重要的作用。引入国际政治经济学中对不同国际行为体之间性质与互动的重视显得尤为重要。查尔斯·金德尔伯格(Charles P. Kindleberger)将国际政治与国际经济两者之间的相互关系分解成三组相对独立的关系:国际政治与国际经济、国内政治与国际经济,以及国内经济与国际政治之间的相互影响与作用。[1] 因此,从政治经济学视角来分析地区主义主要侧重于对政治与经济、国际与国内等性质差异的论述。而对于地区一体化的国内和国际后果,斯契恩戈德(Stuart A. Scheingold)提出从以下两个方面加以分析:一是行为体动机,主要回答地区组织的原始目标能在多大程度上得以实现;二是分配问题,即一体化的成本与收益的分摊。[2] 前者主要着眼于政治层面,后者主要关注经济领域。这为结合政治与经济来全面评价地区主义提供了良好的研究范例。

20 世纪六七十年代,在发展中国家的推动下,地区主义在一些欠发达地区迅速发展。然而关于地区主义的分析,却由以欧洲经验为基础的理论所主导,以致不能很好地理解发展中国家积极参与地区主义的政治经济动因与后果。[3] 发展中国家地区主义的基础起源于这样一种假定——谋求集体自力更生。因此,国家的经济一体化不是地区主义唯一关注的目标,政治上的联合行动往往与经济上

---

[1] See: Charles P. Kindleberger, *Power and Money: The Economics of International Politics and the Politics of International Economics* (New York: Basic Books, 1970).

[2] See: Stuart A. Scheingold, "Domestic and International Consequences of Regional Integration," in Richard A. Falk and Saul H. Mendlovitz (eds.), *Regional Politics and World Order* (San Francisco: W. H. Freeman, 1973), pp. 133 – 150.

[3] Axline 较早注意到这一问题,并提出了包含三种一体化措施协商类型的分析框架,但其分析过于悲观。见 W. Andrew Axline, "Underdevelopment, Dependence, and Integration: The Politics of Regionalism in the Third World," *International Organization*, Vol. 31, No. 1 (Winter, 1977), pp. 83 – 105.

第八章
政治经济学视角下的地区主义与秩序

的联合一样，能够带来预期中的收益。这使得地区主义的内涵和目的远远超出经济一体化的范畴，其成本与收益也不再仅仅涉及经济方面的考量。地区主义对发展中国家的影响更为深远。[①] 基于发展中地区的问题与特点，关于这方面的研究越来越具体化。[②] 由于一些共同的历史原因，发展中国家所经历的地区主义发展进程，都受到内外因素的同时影响，甚至在地区主义发展初期，外部性影响往往占据十分重要的地位。

综合一些研究者的研究成果，从内外两个层面对发展中地区主义的政治经济学分析主要体现在行为体与地区主义进程的关系以及对这种关系所做的理论分析（见表7.2）。其中，地区主义的行为体包括（地区组织和地区计划的）成员国、地区内起领导作用的国家、地区大国、全球大国，以及政府间和非政府间组织等非国家行为体，它们共同参与地区主义的进程。[③] 而行为体与地区主义进

[①] David Robertson, *The Political Economy of Regionalism and Developing Countries*, Canberra: Economics Division, Research School of Pacific Studies, Australian National University, 1992.

[②] 关于发展中地区主义的政治经济学，关注非洲的有 S. K. B. Asante, *The Political Economy of Regionalism in Africa: A Decade of the Economic Community of West African States (ECOWAS)* (New York: Praeger, 1985); Stefaan Marysse and Filip Reyntjens (eds.), *The Political Economy of the Great Lakes Region in Africa: The Pitfalls of Enforced Democracy and Globalization* (Hampshire, New York: Palgrave Macmillan, 2005); 关注亚洲的有 David Wurfel and Bruce Burton (eds.), *Southeast Asia in the New World Order: the Political Economy of a Dynamic Region* (New York: St. Martin's Press, 1996); Margaret McCown, et al. (eds.), *Political Economy of the Northeast Asian Regionalism: Linkages between Economic and Security Cooperation*, Seoul: Korea Institute for National Unification, 2006.

[③] 地区大国主要指在一个大的区域内产生全局影响的重要国家，但其力量与影响还不足以遍及全球。这里作为一个外部因素主要是相对而言的：一方面相对于全球大国，另一方面相对于特定地区。例如，对东南亚地区主义的发展来讲，中、日两国即为对其产生重要影响的地区大国。从一体化地区的地理关系来看，如果将地区主义理解成国家推动的地区合作与一体化进程，则可以将非国家行为体作为一种外部影响力量，尤其对非政府组织和跨国公司更是如此。

表 8.2　发展中地区主义的政治经济学分析框架

因素	行为体	行为体与地区主义进程的关系		行为体与地区主义进程关系的分析		
		利益	角色	行为	理论焦点	主要变量
内部因素	地区组织成员国（精英领袖）	通过（经济、功能、政治等方面的）地区政策增进国家利益	直接参与、协商和表决地区政策，根据市场力量制定地区政策	协商与谈判、交换和一揽子交易	地区合作的理解状况、已知的地区政策机会成本分配	成员国数量；成员国制定外交政策的方法；发展的分化；要素流动
	地区领导国	从扩大的地区经济中获益	供给：提供增长的支柱；经济和政治上的领导作用	通过为跨边界收益支付大部分成本来满足要求	一体化的外部影响；其他成员国和地区一体化集团之外第三国的反应	地区利益分配的偏好；与宗主国的关系
外部因素	地区大国	战略利益、意识形态和经济利益、地区团结	对成员国产生外交影响；援助、附加良治条件	地区合作项目、经济和军事援助、贸易、外交	对单个成员国和有特定地区政策的地区组织成本收益的影响	外部性影响
	全球（半球）大国	战略利益、传统影响模式的护持、经济利益	同上	经济和军事援助、贸易、外交	同上	外部性影响；与一体化进程的促进关系；贸易和FDI优势
	非国家行为体	经济利益、效率、福利、迁移	直接或间接参与及影响；对制定共同规则施加压力	协商、谈判、投资	新功能主义、理性市场力量、地区交易	在国家和地区创议中的股份；联合政治精英

资料来源：W. Andrew Axline, "South Pacific Region Cooperation in Comparative Perspective: An Analytical Framework," *Political Science*, Vol. 36, No. 2 (December, 1984), p.48; Walter Mattli, *The Logic of Regional Integration: Europe and Beyond* (Cambridge: Cambridge University Press, 1999), pp.59-64。

程之间可能存在的联系主要通过利益与角色来加以界定，在分析的视角上，所涉及的主要变量与问题都直接影响到发展中国家地

第八章
政治经济学视角下的地区主义与秩序

区主义的后果。在这些因素中，地区主义的模式成为评判地区合作潜力和地区计划前景最重要的方面。它要求所采用的模式能够全面满足地区发展的需要，并与各成员国的政策一致，否则地区合作与地区计划将可能停滞不前。地区主义的发展来源于地区成员的共同支持，而不能仅凭来自外部的强力。因此，在协商与谈判基础上建立的地区发展措施反映了地区政策的广泛性，并减少了地区的对外严重依赖。正是由于地区主义（地区经济一体化）在政治上的影响，一些功能部门的合作更容易获得成功。它虽然无法实现地区全面发展的目标，但随着功能合作的延续，其影响仍然是全局性的。

这种基于理性行为者模型的分析结合了不同政治经济学的观点，但在对行为体利益的把握上，都具有共通之处。而从地区内部来讲，在地区主义进程中，地区行为体的利益追求主要集中于经济与政治领域。政治和经济的相互结合是国家推动地区主义和谋求国家利益的重要手段。

二 南太平洋地区主义的成效：两种分析路径

与其他许多地区一样，在南太平洋地区，由于殖民主义等历史原因，以及技术与经济的落后等现实原因，外部力量成为地区主义发展的重要因素。并且大部分岛国的产品需要出口到地区之外，这使得其与外部的联系极其重要。内外因素的共同作用，影响着地区政治经济与国际关系的不断演进。按照上面的分析框架，南太平洋地区主义的基本结构包含了地区内基本行为体间的互动以及广泛的外部关系（见表8.3）。总体来看，这种框架为分析南太平洋地区主义的发展与演进提供了比较全面的视角。

表 8.3　南太平洋地区主义的政治经济学分析

因素	行为体	具体名称	行　动	作用与影响
内部因素	地区组织成员国	PIF成员国、SPC成员国	协商一致，集体行动	实现国家利益，推动功能合作和经济一体化，寻求地区共识，促进地区联合与国际地位的提升
	地区领导国	斐济、巴布亚新几内亚	提出地区倡议，组织地区计划，主导地区合作	影响地区发展进程，在地区合作中实现自身更大利益增长和大国地位
外部因素	地区大国	澳大利亚、新西兰	提供资金援助和技术支持，全面卷入地区内部事务	为地区主义的发展提供便利，设定地区议程，影响地区组织及其成员国的成本与收益
	全球（半球）大国	PIF对话国、SPC地区外成员国、各领地宗主国	经济援助、双边贸易	提供发展援助，影响地区政治经济改革与发展，塑造地区国际关系
	非国家行为体	功能合作机构、私营部门	协商、谈判、投资	为地区贸易、技术和特定部门合作提供便利

具体来讲，地区主义的不同形式将产生不同的后果和收益。在南太平洋地区，地区合作不足以应对地区面临的种种挑战，只有通过地区服务供给和地区市场一体化等更深层次的地区主义形式，才能创造必要的共享利益，以使地区机制持续存在并让其成员受益。地区合作、地区服务供给以及地区市场一体化作为南太平洋地区主义的三种形式，为地区带来了共同收益：地区合作的收益包括构建共识与政策协调；地区服务供给的收益包括提供更高层次的服务，更少的服务设施但效率更高，以及更高程度的知识共享；地区市场一体化的收益包括为地区内公司提供更大的市场和价格低廉的产品，使消费者有更多的选择，工人有更多的经济机会。[①] 但面对这

---

① Asian Development Bank (ADB) and Commonwealth Secretariat, *Towards a New Pacific Regionalism*, Manila: ADB, 2005, pp. 51 – 81.

些收益，还需要更深层次的政治与经济考量，这才是对地区结构产生全局性影响的要素。

为了能较为全面地评估地区主义对地区政治经济力量与形势的影响，以下的分析将遵循两个路径：一个是内向的视角，着眼于地区经济发展与政治进程；另一个是外向的视角，着眼于地区层面及其与地区外的互动关系。

第二节 地区主义与政治经济发展

政治发展与经济发展相伴而生。在现代化过程中，政治发展指的是政治变迁的过程，它代表政治运动的方向；经济发展指的是摆脱贫困落后状态逐步走向经济社会现代化的过程，它意味着经济规模的扩大与经济水平的提高。政治发展与经济发展相辅相成，政治发展由经济发展推动，并与之相适应，经济发展受政治发展的制约。地区主义始于一定的经济目标的制定，但随着地区主义的发展，其政治影响逐渐加大，政治问题也逐渐成为地区主义发展的重要议题。以下关于地区主义对政治经济发展的影响分析主要基于将地区当成一个整体，从而把握一种宏观的联系。

一 地区主义与政治发展

尽管国家对地区主义的参与源于一定的经济动机，但对地区主义的思考，显然已经超出纯粹的经济角度。对南太平洋地区的发展中国家来说，常常把地区主义与国家和地区的政治发展、社会稳定等广泛的社会问题联系在一起加以认识。可以这样说，地区主义自开始酝酿之日起，就不仅仅是一个市场拓展和经济一体化的过程，其背后隐藏着重要的政治寓意和战略意图。在通常情

地区主义与地区秩序
——以南太平洋地区为例

况下,一些发展相对滞后的国家和地区并非完全出于经济利益的驱动而开始地区主义进程的,地区主义也是对全球化过程中被强制性地纳入统一的世界市场和国际体系的因应对策。在南太平洋委员会成立之时,政治问题被明确地排除在地区协商与合作的议题之外。南太平洋论坛成立后,成功突破了地区组织不讨论政治议题的限制,便利和推动了地区政治发展进程,地区政治发展从而被纳入南太平洋地区主义的各种目标和计划。在地区政治事务上,非殖民化与民主化问题是南太平洋地区政治发展面临的两大课题,在地区协商与合作的基础上,地区非殖民化与国家民主化进程不断向前推进。

自16世纪中叶,太平洋地区岛屿相继沦为地区外大国的殖民地。长期的殖民历史给地区政治经济带来了深刻的影响,实现民族自决和地区的非殖民化成为20世纪中叶以来南太平洋地区各岛屿的主要政治目标。从70年代末开始,地区非殖民化走上了联合的道路,非殖民化问题成为地区协商的重大议题。摆在南太平洋地区领导人面前的主要问题是南太平洋论坛如何以及在多大程度上支持结束该地区殖民制度的努力。[1] 在1978年举行的第33届联合国大会上,南太平洋地区斐济、巴布亚新几内亚、萨摩亚和所罗门群岛四个联合国成员国对南太平洋地区继续存在的殖民主义进行了联合攻击。[2] 与此同时,在南太平洋地区掀起了一场反殖民运动,主张将法国从殖民地驱逐出去。1979年南太平洋论坛首脑会议上,

---

[1] Greg Fry, "International Cooperation in the South Pacific: From Regional Integration to Collective Diplomacy," in W. Andrew Axline (ed.), *The Political Economy of Regional Cooperation: Comparative Case Studies* (London: Pinter, 1994), p. 166.

[2] "Pacific Nations Speak to UN with One Voice," *Pacific Islands Monthly*, February, 1979, pp. 9 – 10.

第八章
政治经济学视角下的地区主义与秩序

巴布亚新几内亚外长奥尔威尔（Ebia Olewale）提出了法国太平洋殖民地的非殖民化问题，并得到其他岛国的支持。在论坛公报中，强调了包括法国领地在内的太平洋岛屿各民族自主决定未来的愿望，重申了民族自决和独立原则适用于所有太平洋岛屿民族，允许他们自由表达愿望，并呼吁各有关宗主国基于这一原则与其太平洋领地进行通力合作。① 整个 70 年代，相继有汤加、斐济、纽埃、巴布亚新几内亚、所罗门群岛、图瓦卢和基里巴斯 7 个南太平洋岛国取得了独立。对于这些国家的独立，南太平洋论坛这一地区合作平台及其所做的诸多努力起着十分重要的推动作用。

20 世纪 80 年代，地区对非殖民化的支持始于对新赫布里底群岛事务的关注。② 其时，法国坚决反对整个新赫布里底群岛走向独立。对此，南太平洋岛国论坛各岛国成员对瓦努阿库党管辖的政府给予了强大的外交支持，并在 1980 年 7 月 14 日举行的第 11 届论坛首脑会议上正式接纳瓦努阿图为论坛成员国。③ 尽管一些岛国对干涉一国内部事务都有所保留，但在澳大利亚交通、后勤和外交等方面的支持下，巴布亚新几内亚军队帮助瓦努阿图镇压了法国在圣埃斯皮里图岛煽动的分离主义运动。④ 1980 年 7 月 30 日，瓦努阿图正式宣布独立。此后，在地区非殖民化运动的鼓舞以及南太平洋地区各国的相互支持下，其他未独立的岛屿也陆续开始争

---

① South Pacific Bureau for Economic Cooperation, *Forum Communiqué*, Honiara, July 9 – 10, 1979, pp. 2 – 3.
② 新赫布里底群岛独立后改名为瓦努阿图。
③ South Pacific Bureau for Economic Cooperation, *Forum Communiqué*, Tarawa, July 14 – 15, 1980, p. 1.
④ Stephen Henningham, *The Pacific Island States: Security and Sovereignty in the Post-Cold War World* (Hampshire: Macmillan Press, 1995), p. 55.

取国家主权完整与完全独立。1982年密克罗尼西亚和帕劳、1983年马绍尔群岛分别与美国签订《自由联系条约》。1986年，美国与马绍尔群岛和密克罗尼西亚签订的《自由联系条约》正式生效，两国获得了内政外交自主权，并且联合国于1990年宣布正式结束美国对两国的托管。美国与帕劳签订的《自由联系条约》直到1994年由双方宣布生效，同时帕劳获得完全独立地位。1994年11月10日，联合国安理会通过956号决议，宣布结束对南太平洋地区最后一个托管地——帕劳的托管地位。从此，南太平洋地区国家政治环境发生了深刻转变，地区国家关系进入一个新的历史时期。

在太平洋岛国论坛成立的40年里，南太平洋地区有9个国家相继独立，大约占地区独立国家总数的2/3。南太平洋地区非殖民化运动的推进主要是借助地区组织和会议等协商平台，因此，国家主权地位的取得都是通过和平手段来实现的，同时获得独立的岛国仍与以前的宗主国保持着密切的合作关系。

在推进地区非殖民化进程的同时，南太平洋地区各国民主与良政建设也通过地区合作的方式不断向前推进。在促进地区民主与良政建设方面，太平洋岛国论坛起到了十分重要而广泛的作用。[①] 至少在计划和意图层面，太平洋岛国论坛探索了多种方式来促进本地区的民主与治理。在地区层面，论坛岛国政府明确表达了提高领导能力和增强政府责任的共同义务，批准和执行了一系列国际和地区人权公约和协定。最重要的是，论坛致力于支持参与性民主、协商

---

① See: Tapio Kanninen, "The UN-Regional High-level Process: Can Regionalism Promote Democracy?" in Kennedy Graham (ed.), *Models of Regional Governance for the Pacific: Sovereignty and the Future Architecture of Regionalism* (Christchurch, N.Z.: Canterbury University Press, 2008), pp. 99 – 113.

第八章
政治经济学视角下的地区主义与秩序

决策与选举程序的发展战略。① 为了检测《太平洋计划》在良政建设方面的进步，论坛于2005年建立了《2006~2015监督与评估框架》，通过了落实《太平洋计划》的喀里波波路线图（Kalibobo Roadmap），以指导未来三年在以下8个战略领域的行动：（1）成立主要机构；（2）支持论坛良好领导能力与领导责任性原则；（3）改善治理机制与资源管理；（4）更新国家和地区统计信息系统和数据库；（5）批准和执行地区和国际人权公约与协议；（6）推进参与性民主、协商决策和选举进程；（7）探讨地区财务管理的共同途径；（8）建立增强财政职能的负责任的独立援助机制。② 这些计划将地区民主与人权发展纳入分阶段发展的长期计划，为逐步推进民主与良政建设发挥了积极的作用。同时，论坛还采取了一些具体的行动来监督和指导各国民主化进程。例如，在2007年瑙鲁和巴布亚新几内亚国家选举中，论坛专门成立了选举观察小组，对选举过程进行全程监督，并向论坛汇报。③ 这使得其他成员国能够在这些经验分享中受益。此外，论坛还与英联邦人权倡议、英联邦地方政府论坛、联合国开发计划署太平洋次区域中心等其他在南太平洋地区积极活动的各种组织建立伙伴关系，以获取地区民主建设方面的援助。尽管在地区层次上整体执行良政建设议程可能在模式的选择上过于刻板，而较少考虑当地的环境与文化，但对一些新独立的

---

① Pacific Islands Forum Secretariat, *The Pacific Plan: For Strengthening Regional Cooperation and Integration*, November, 2005, p. 6.
② Henry Ivarature, *Good Governance Work Programme, 2006 – 2008: Policy Coordination and Advice Programme*, Suva: Pacific Islands Forum Secretariat, January, 2007.
③ See: Makurita Baaro et al., *Report of the Pacific Islands Forum Election Observer Team to Nauru's 2007 General Elections*, August 30, 2007; Paul Tovua et al., *Report of the Commonwealth-Pacific Islands Forum Election Assessment Team to Papua New Guinea National Election*, August, 2007.

太平洋岛国来说，将各国政治发展纳入地区主义框架无疑有助于各国以及地区政治局势的稳定。[①]

二 地区主义与经济发展

经济实力是一国综合国力的重要组成部分。冷战结束后，经济力量在综合国力中的地位不断上升，经济实力的竞争成为当今国际竞争最主要的内容和最直接的表现。各国都将加快经济建设、增强经济实力作为发展的第一要务，都在通过各种方法提高经济上的竞争力。但是，仅仅依靠一国内部的资源与市场已经不能满足国家对扩大经济规模的要求。因此，许多国家，尤其是发展中国家，都在想方设法从国外争取更多的资金与技术、稳定的产品出口市场与贸易顺差来满足国家经济发展的需要。地区主义的出现，为那些在国际竞争中处于劣势地位的广大发展中国家的这一需要创造了条件。

在影响当今时代国际关系的诸多因素中，最具革命性意义的是经济全球化与地区一体化的并行发展。全球化将世界各国紧密地联系在一起，带动了生产要素等经济技术资源在全球范围内的自由流动和优化配置。经济全球化是一柄双刃剑，它给国家带来的机遇与风险并存。对发展中国家而言，如何应对经济全球化带来的负面效应和维护国家经济安全是经济全球化时代各国面临的重大课题。商品与资本的大规模流动使国家市场尤其是小国市场在短期内难以承受，从而带来巨大波动和冲击，其结果往往会导致大量企业倒闭、

---

① 已有学者注意到这一点，并提出从长远看，应减少对刻板的经济发展模式的依赖，更多地考虑对当地环境和文化的认识，可能为实现良政建设目标提供更好的机会。参见：Barrie Macdonald, "'Good' Governance and Pacific Islands States," in Peter Larmour (ed.), *Governance and Reform in the South Pacific*, Canberra: National Centre for Development Studies, Australian National University, 1998, pp. 39–40。

第八章
政治经济学视角下的地区主义与秩序

失业率急剧上升、收入下降、消费减少，致使整个国民经济陷入停顿或倒退等，包括经济安全在内的国家综合安全都会面临严峻挑战。地区市场的形成，不仅有利于各国资源在地区范围内的合理配置和地区整体经济实力的增加，还能够以其较大的市场规模缓和和消解外部世界带来的这种冲击。从经济角度来看，地区主义（或者说国际经济一体化）就是单个的民族经济在制度上结合为更大的经济集团或共同体。[①] 自由主义国际政治经济学家十分重视自由贸易和自由市场的作用，认为建立在劳动分工基础上自由运作的市场，最终会实现效率与繁荣的最大化。这是因为，"自由贸易不仅能增加一个国家的财富，而且能够扩大国家之间的互惠互利，巩固彼此间合作关系的发展，有利于世界的和平与发展"。[②] 通过市场的作用，资源在一体化的生产中得到最为有效的配置，从而推动经济的发展和繁荣。在此过程中，世界所有国家都将从发展和繁荣中受益。全球市场竞争日益激烈，市场自由化不断推进，这对任何处在全球化浪潮中的发展中国家都会形成一种强大的压力，迫使同一地区各国之间进行合作，促进地区范围内的资源整合，以此来不断增强经济实力以及与外部市场进行竞争的实力。经济活动的地区化以及地区大市场的形成，有利于减少对地区外大国的依赖，并且有助于抵御外界的经济风险，从而维护地区经济安全。

对南太平洋地区国家来讲，建立统一的地区大市场既是现实的需要，也是未来努力的方向。吉尔平曾指出，"在所有社会中，经济活动的目的和市场在实现这些目的时所起的作用取决于政治活

[①] Peter Robson, *The Economics of International Integration*, 4th edition (London: Routledge, 1998), p. 1.

[②] 宋新宁、陈岳：《国际政治经济学概论》，中国人民大学出版社，1999，第27页。

地区主义与地区秩序
——以南太平洋地区为例

动,最终由社会托给国家负责"。① 因此,没有国家推动的地区主义,仅靠自由经济的力量无法建立经济自由化所需要的统一大市场。在地区内部,贸易、金融、货币等政策的协调,能够化解内部经济矛盾与冲击;在与地区外的经济交往中,能够最大限度地减小由于小国对外依赖程度严重不对称而产生的剧烈经济波动与贸易冲击。

国家的市场开放需要遵循一定的规则和程序,否则就会失去保障,不仅不会从市场开放中获益,相反还会引起市场混乱和国家经济受损。南太平洋地区各国经济发展水平总体相对落后,这使得它们对于对外开放本国市场,不得不持谨慎的态度,并且不可能按照全球自由市场经济规律一步实现向世界各国开放十分脆弱和不成熟的国内市场。要防止由于市场开放引起国民经济体系的崩溃,还需要明确的国际规则和程序提供充分的保障。与进展缓慢的全球市场贸易规则谈判相比,地区范围内的规则在很多情况下制定起来更为简便有效。此外,由于南太平洋地区各岛国以前均是外国的殖民地,并且大部分国家独立才不到30年的时间,因此国内经济结构单一,市场经济体系不完善,经济力量薄弱,这成为几乎所有岛国共同的经济特征。在与地区外发达国家发生经济联系时,即便是规则上表现出相对的公平,也难免会出现开放市场后的不公平结果。因此,对南太平洋地区的独立国家而言,要实现对财富、利益与权力更加公正合理的分配,还必须得到政策优惠与特殊照顾。地区联合此时也便成为增加讨价还价实力的重要途径和筹码,这一点在ACP-EU合作中四个《洛美协定》的谈判上表现得尤为突出。从内

---

① [美]罗伯特·吉尔平著《全球政治经济学——解读国际经济秩序》,杨宇光、杨炯译,上海人民出版社,2006,第18页。

第八章
政治经济学视角下的地区主义与秩序

容上看,《洛美协定》的每一次修订,都维护和增进了太平洋地区 ACP 国家(PACP)的利益。

地区主义是国家应对生存与发展问题而采取的一种对策,它并不排斥全球化与市场化。它对市场的影响作用体现在通过政策合作引导市场的规范发展。地区主义倡导平等协商、合作对话的原则,以此为基础进行经济贸易、政治文化、金融货币、科技教育、安全防卫等方面的合作。从这个意义上说,地区主义的发展过程也就是合作引导下的市场化过程。它一方面保证了市场化的健康发展,实现地区市场对资源的合理配置功能;另一方面又避免了全球化对不完善市场的强大冲击力,从而使市场能够稳定发展。尤其对南太平洋地区的落后国家而言,地区合作不仅能够提供更好的教育和服务,而且还能创造更多的经济机会。[①] 这为促进国家经济发展和改善经济落后状况创造了条件。

当前,南太平洋地区正逐步推进"开放的地区主义",在加强和扩大各种地区与次地区合作的同时,还不断寻求各种形式的地区间合作。因此,地区主义不是要建立一个封闭的地区贸易同盟和孤立的地区市场,而是逐步与外部世界接轨,不断拓宽贸易范围和消除各种阻碍商品、资本、服务等自由流动的壁垒。对多数太平洋岛国来讲,开拓更广阔的海外市场成为经济贸易发展的主要出路。在 PICTA 和 PACER 两个地区贸易协定的推动下,太平洋岛国已经建立了较为稳定的地区贸易市场,加大了与地区外国家的经贸联系(见表 8.4 和表 8.5)。地区主义的开放性不断发展,也推进了全球多边贸易体制和经济全球化的发展进程。

---

① David Abbott and Steve Pollard, *Hardship and Poverty in the Pacific*, Manila, Philippines: Asian Development Bank, 2004, pp. 98 – 99.

表 8.4　南太平洋岛国主要出口市场

单位：%

国　家	第一大出口市场	占总出口份额	第二大出口市场	占总出口份额	第三大出口市场	占总出口份额	第四大出口市场	占总出口份额
库克群岛	日　本	30.8	新西兰	12.9	澳大利亚	7.1	—	—
密克罗尼西亚	日　本	21.4	美　国	20.9	关　岛	3.4	—	—
斐济	美　国	19.2	澳大利亚	16.5	英　国	11.9	—	—
基里巴斯	美　国	26.2	比利时	24.6	日　本	16.4	澳大利亚	8.6
马绍尔群岛	—	—	—	—	—	—	—	—
瑙鲁	南　非	56.7	印　度	15.4	加拿大	5.9	澳大利亚	1.0
纽埃	—	—	—	—	—	—	—	—
帕劳	美　国	—	日　本	—	新加坡	—	—	—
巴新	美　国	29.0	日　本	8.7	中　国	5.4	—	—
萨摩亚	澳大利亚	65.5	美　国	8.2	美属萨摩亚	3.5	—	—
所罗门群岛	中　国	39.7	韩　国	15.1	泰　国	6.7	澳大利亚	1.3
汤加	日　本	33.3	美　国	26.6	新西兰	11.1	澳大利亚	2.0
图瓦卢	德　国	62.1	意大利	20.7	斐济	7.0	澳大利亚	2.7
瓦努阿图	泰　国	47.0	马来西亚	18.6	波　兰	8.3	澳大利亚	1.5

注："—"表示数据不详。

资料来源：Nathan Associates Inc., *Pacific Regional Trade and Economic Cooperation: Joint Baseline and Gap Analysis*, final report submitted to Pacific Islands Forum Secretariat, December, 2007, p. 6。

在经济领域，经济地区化能够产生"贸易创造效应"和"贸易转移效应"，从而有效扩大地区内各成员之间的贸易总量，这又反过来促进各成员生产力的迅猛发展。地区经济组织内部贸易壁垒的降低甚至消除，为生产要素的自由流通提供了便利，在比较优势的作用下，资源在其成员国和产业部门间得到更合理的利用和配置。从世界范围来看，经济地区化带来了国家之间贸易和投资量的扩大以及商品、技术、劳动力的流动，推动了整个世界贸易总额的扩大和生产总值的增加。对南太平洋国家而言，加强地区经济联系与合作，是促进各国经济持续增长的重要条件。从内向视角分析，地区主义是地区各国国内经济发展的必然需求；从外向视角分析，

第八章 政治经济学视角下的地区主义与秩序

表 8.5 南太平洋岛国主要进口来源

单位：%

国家	第一大进口来源国	占总进口份额	第二大进口来源国	占总进口份额	第三大进口来源国	占总进口份额	第四大进口来源国	占总进口份额	第五大进口来源国	占总进口份额
库克群岛	新西兰	79.3	澳大利亚	6.3	斐济	6.0	—	—	—	—
密克罗尼西亚	美国	36.1	关岛	13.9	日本	11.5	中国香港	5.8	澳大利亚	5.6
斐济	新加坡	27.3	澳大利亚	23.5	新西兰	18.6	—	—	—	—
基里巴斯	澳大利亚	33.5	斐济	27.5	日本	18.4	—	—	—	—
瑙鲁	澳大利亚	63.0	美国	10.3	德国	7.5	—	—	—	—
纽埃	新西兰	97.6	澳大利亚	0.3	—	—	—	—	—	—
马绍尔群岛	美国	65.4	澳大利亚	13.4	日本	4.9	—	—	—	—
帕劳	美国	45.0	新加坡	27.9	日本	8.0	菲律宾	6.5	—	—
巴新	澳大利亚	55.7	新加坡	13.7	日本	4.4	—	—	—	—
所罗门群岛	澳大利亚	25.5	新加坡	25.0	新西兰	6.0	—	—	—	—
萨摩亚	新西兰	21.8	斐济	20.5	新加坡	12.2	澳大利亚	8.8	—	—
汤加	新西兰	36.1	斐济	26.0	澳大利亚	10.2	—	—	—	—
图瓦卢	斐济	45.8	日本	18.8	中国	18.1	澳大利亚	7.7	—	—
瓦努阿图	澳大利亚	15.2	日本	13.8	新加坡	12.1	—	—	—	—

注："—"表示数据不详。
资料来源：同上。

发展地区主义、实现地区经济合作，是各国推进自身经济发展的重要途径。虽然南太平洋地区一些岛国资源贫乏，经济发展水平滞后，但总体来看，各国在产业结构上仍然存在较为明显的互补性。在 PICTA 和 PACER 等地区经济安排与贸易协定推动下的地区 FTA 建设，将进一步拓展和扩大地区内各成员国的市场规模和经济发展空间，有利于加强产品和生产要素的自由流动，促进地区内产业之间新的国际分工的形成，从而提高劳动生产率，实现规模经济效益。

南太平洋地区经济发展的另一途径是争取海外发展援助（见表 8.6）。1970～2011 年，南太平洋地区总共获得 900 余亿美元的

表 8.6 南太平洋地区接受海外发展援助情况（1970～2011 年）

单位：百万美元

国家（地区）	1970～1979 年年均	1980～1989 年年均	1990～1999 年年均	2000～2009 年年均	2009 年	2010 年	2011 年
库克群岛	22	31	20	12	9	13	22
斐济	78	90	73	64	77	76	67
法属波利尼西亚	225	489	505	—	—	—	—
基里巴斯	25	35	27	30	31	23	55
马绍尔群岛	—	—	50	67	60	91	80
密克罗尼西亚联邦	—	—	86	125	123	125	129
瑙鲁	0	0	5	23	29	28	32
新喀里多尼亚	270	450	515	—	—	—	—
纽埃	10	12	11	14	10	15	18
北马里亚纳群岛	261	301	28	—	—	—	—
帕劳	—	—	75	36	36	26	26
巴布亚新几内亚	1059	806	636	426	485	511	524
萨摩亚	40	60	63	56	84	147	91
所罗门群岛	74	81	66	196	251	340	288
托克劳	3	6	7	13	12	15	18
汤加	20	43	44	35	44	70	84
图瓦卢	5	18	11	14	19	13	39
瓦努阿图	61	75	63	69	116	108	80
瓦利斯和富图纳群岛	9	7	15	97	113	127	122
地区共享	33	76	121	171	255	287	269
总　　计	2193	2581	2420	1448	1754	2018	1945

注：按 2010 年价格与汇率计算。

资料来源：OECD, *Development Aid at a Glance 2013: Statistics by Region* (Paris: OECD Publishing, 2013)。

发展援助，这对促进南太平洋地区经济增长和消除贫困起到了极其重要的作用。此外，太平洋岛国论坛和太平洋共同体推动的各种技术与经济援助活动，直接推动了地区各成员国市场主体之间的交流与合作，将市场竞争置于政府的有效引导之下，在调整地区经济结构、促进地区经济发展、改善地区劳动就业环境等方面起到了十分重要的作用。

三 地区政治经济地位的整体提升

地区主义促进了南太平洋地区经济的发展，增强了南太平洋地区的实力，提高了南太平洋地区在国际社会中的地位和影响，为加强和巩固南太平洋国家在本地区合作中的主导地位提供了更为有利的条件。随着南太平洋地区国际地位的提高，澳大利亚和新西兰等地区外大国在南太平洋地区合作进程中的主导作用逐渐下降，转而开始寻求加强与南太平洋国家在国际和地区事务中的协调和配合。

20世纪70年代以来，南太平洋地区各岛国通过地区合作提高了自身的国际地位，在国际规则的制定上具有更大的发言权，从而更好地维护了国家利益。其中，南太平洋论坛为地区联合提供了一个交流与协商的有效平台。与全球多边合作机制相比，地区合作以其成员少，以及各成员之间地理上邻近、文化上相似等优势，利益的交集更大，更容易就安全与发展问题达成共识。地区组织的各种民主协商与决策机制，有效地防止地区决策与行动为少数强国所支配，从而保证集体合作与行动的有效性。20世纪80年代是南太平洋地区在国际上最为活跃的时期，其时，南太平洋地区主义主要体现为集体外交的开展，取得了丰富的成果，扩大了南太平洋地区在国际上的影响。① 在此阶段，南太平洋各个国家和地区与欧共体成功谈判并签订了有利于自身利益的《洛美协定》；积极参与了《海洋法》谈判；开展了反对日本提议在马里亚纳群岛海沟倾倒放射性废物的反核倾倒运动、主要针对日本的反漂网捕鱼运动，以及提出了其他保护地区环境的各种倡议；通过集体行动推动了《南太平洋无核区协定》《保护南太平洋地区自然资源和环境公约》，以及《禁止在南太平洋使用长漂网捕鱼公约》的签订与实施。

20世纪90年代中期以来，在经济、安全和外交等一系列领域，南太平洋地区出现了一些新的形势，使得南太平洋地区逐步成为当代国际社会中受到重点关注的地区之一。它包括：一是随着该地区油气和矿产资源加速开发，大国在该地区为争夺能源和原材料的竞争日益激烈；二是"南太平洋计划"的提出与实行，标志着地区一体化进程进入新的阶段，地区的联合自强促进了地区力量的增长，引起了世界的广泛关注。三是一些岛国近年来出现的政变和骚乱，导致各大国进行了直接的和激烈的外交斗争，不仅使该地区的地缘政治格局出现了深刻变动，而且也在很大程度上反映出冷战以来大国关系的基本态势，对当代国际战略形势产生了深远的影响。四是9·11事件的出现，使美国借重反恐斗争，不断加大在该地区的军事存在，使该地区成为国际反恐战争新的前沿阵地和大国安全战略的重点区域。与此同时，随着冷战后国际格局的转换，以及9·11事件后显现出的全球反恐战争新形势，该地区的军事战略意义也在逐渐增大。南太平洋国家在东西方关系中占据着特殊地

---

① See: Greg Fry, "International Cooperation in the South Pacific: From Regional Integration to Collective Diplomacy," in W. Andrew Axline (ed.), *The Political Economy of Regional Cooperation: Comparative Case Studies* (London: Pinter, 1994), pp. 136–177.

第八章
政治经济学视角下的地区主义与秩序

位,各大国出于地缘政治方面的考虑,不断调整各自的南太战略,加强对这一地区的渗透,以维护在该地区日益增长的国家利益。尽管冷战后地区外大国又重新卷入南太平洋地区事务,加强与南太平洋国家在政治、安全方面的接近,不断加大对南太平洋地区的投入,但这与殖民时期大国在该地区的行动在本质上完全不同。这不仅没有影响到南太平洋地区各国的独立自主,相反还在客观上有利于地区各国推行大国平衡战略,强化南太平洋国家在地区事务中的主导地位。

总之,地区主义的发展促进了南太平洋地区在国际体系中政治与经济力量的整体提升,从而增强了反对霸权主义与强权政治的积极因素。

第三节　地区主义与地区国际关系

南太平洋地区主义的发展促进了南太平洋地区国际关系的深刻变化。在地区主义的发展进程中,孕育了处理国际关系的新理念,地区主义在外延上的扩展和内涵上的深化带动了南太平洋地区各国政治友好、安全互信和经济合作关系的快速发展,为南太平洋地区国际政治、经济关系的发展,维护地区和平与稳定创造了更为有利的条件。

一　地区主义与地区国际关系新理念

南太平洋地区主义的不断推进,逐步改变了殖民主义时期的强权政治,并催生出一些地区国际关系的全新理念。这些理念日益显现出巨大的发展潜能,并决定着地区未来国际关系的总体走向。这些处理地区国际关系的新理念包括以下四个方面。

地区主义与地区秩序
——以南太平洋地区为例

一是国家中心主义观念的淡化。现实主义认为,主权国家是国际政治中唯一重要的行为体,国际关系的基本内容主要就是国家之间的关系,非国家行为体尽管存在,却不能发挥任何实质性作用,只能充当主权国家权力政治的从属物。由于现实主义在国际关系理论中长期占据主导地位,使得主张以国家为国际体系基本单元的国家中心主义广被接受。但是,从20世纪70年代起,世界环境在客观上发生了一些重大变化:一方面,越来越多的超国家和跨国家组织在国际层次上发挥着重要作用;另一方面,地区主义在发展中国家迅速盛行。这使得人们开始对现实主义的基本假定提出质疑,从而淡化了国家在国际关系中的中心地位,认为主权国家不再是世界政治中唯一重要的行为体。[①] 这一点在南太平洋地区表现得尤为突出。在世界政治中,南太平洋地区多数岛国和地区不仅仅是以单个行为体的身份,而更多地是以地区面目参与关切地区利益的各种事务,太平洋共同体和太平洋岛国论坛等地区组织在国际舞台上表现得比国家更为活跃,并且在增进国家利益和维护国家安全方面所起的作用越来越大。

二是平等互利基础上的合作观念。南太平洋地区合作的不断加深,最重要的基础是地区经济发展的需要。对大多数太平洋岛国来说,发展经济是各国政府最为重视的领域。正是基于满足这种经济发展上的需要,南太平洋地区各国在过去半个多世纪里开展了富有成效的合作。但是,南太平洋地区合作不仅促进了地区的经济发展,而且对地区国际关系的格局和理念也产生了重要影响。这种合作是建立在完全平等、相互尊重和互惠互利的基础之上的。在地区

---

① See: Robert O. Keohane and Joseph S. Nye, Jr., *Power and Interdependence: World Politics in Transition* (Boston: Little, Brown and Company, 1977).

第八章
政治经济学视角下的地区主义与秩序

成员之间是这样，在与澳大利亚、新西兰等论坛成员国以及美、英、法和欧盟等地区外大国和大国集团合作时，也同样坚持这一理念。国家在相互交往时强调协调与合作，不仅不会损害自身的国家利益，而且还能帮助他国实现其战略目标，最终实现共同进步。随着地区联合的进一步加强，这种平等互利基础上的合作观对地区国际关系将产生更为深远的影响。

三是相互依存状态下的共同利益观念。随着全球化的发展，各国之间的相互依存度日益加深。纵使是在地理上彼此相隔的太平洋岛国，也逐渐为日益扩大的对外经济交往与外界紧紧地绑在一起。国家之间的相互依存，使南太平洋各国在处理国际关系时，不再仅仅局限于民族国家层面的考虑，而越来越注重站在整个地区的高度来制定国家发展战略和调整国家行为。由于南太平洋各国相互交往日益加深，共同利益也随之日益扩大，在国家追求自身权力与利益时，越来越重视地区他国的权力与利益，不断扩大共同利益的汇合点，以地区共同发展的长远利益取代片面利己的短期利益。在理念和行动上，南太平洋各国更加注重国家利益的相互借重与合作。并以此为依托，形成了多层次的对话、合作与危机处理机制。

四是合作安全观。安全是各国对外交往中不遗余力追求的主要目标，也是国际关系领域里一个备受关注的问题。地区主义的发展，引发了各国对地区共同安全问题的关注，如何通过合作维护地区安全成为人们探索的新领域。[①] 在长期总结历史经验教训与综合考量现实状况的基础上，南太平洋地区各族人民形成了一种新型安

---

① See: Gert de Nooy (ed.), *Cooperative Security, the OSCE, and Its Code of Conduct* (Boston: Kluwer Law International, 1997); Ralf Emmers, *Cooperative Security and the Balance of Power in ASEAN and the ARF* (London and New York: Routledge Curzon, 2003).

全理念——合作安全。[1] 合作安全是不同于军事同盟的另一种安全合作模式，概括地讲，合作安全意即通过合作寻求安全，其本质是国家之间以平等互信为基础，以渐进的双边和多边合作方式实现共同安全和综合安全目标。[2] 早在二战刚结束时，南太平洋地区各宗主国积极筹备成立南太平洋委员会的一个主要目的，就是加强各宗主国在地区安全上的合作，以防止南太平洋地区再次爆发战争，共同维护地区和平与稳定。[3] 南太平洋论坛成立后，安全问题一直是地区合作的重要议题。在2005年太平洋岛国论坛第一份"太平洋计划"中，安全与经济增长、可持续发展以及良政建设一同被作为地区主义发展的四个重大战略目标。[4] 当前，合作安全日益受到南太平洋地区各国的普遍认同和重视，成为地区各国处理国家间关系，尤其是安全关系的主要手段。

二 地区国际关系民主化与地区和平稳定

地区国际关系民主化的基本精神是反对地区强权政治与地区霸权主义，而由地区各成员通过平等协商共同治理地区事务，共同解决地区问题，其本质是和平、发展与合作。地区国际关系民主化是建立公正、合理的地区秩序，实现地区持久和平、共同发展、文明

---

[1] Peter G. F. Henderson, "Plenary Address: Australian Perceptions of Cooperative Security in the Southern Pacific," in Dora Alves (ed.), *Cooperative Security in the Pacific Basin: The 1988 Pacific Symposium* (Washington, D. C.: National Defense University Press, 1990), pp. 297 – 309.

[2] 参见：吴玉红《论合作安全》，大连海事学院出版社，2006；任晓《从集体安全到合作安全》，任晓主编《国际关系理论新视野》，长征出版社，2001，第182~193页。

[3] Robert D. Craig and Frank P. King (eds.), *Historical Dictionary of Oceania* (Westport, Connecticut: Greenwood Press, 1981), p. 269.

[4] Pacific Islands Forum Secretariat, *The Pacific Plan: For Strengthening Regional Cooperation and Integration*, October, 2005.

第八章
政治经济学视角下的地区主义与秩序

进步的政治基础和前提。具体而言，地区国际关系民主化，就是地区各国虽有大小强弱之分，但国家尊严无高低贵贱之别，地区事务由地区成员共同参与解决，而不是由一个或几个大国操纵或垄断，有矛盾和分歧各国平等协商，地区共同面临的挑战由各国合作应对。这样做，有利于体现地区各国人民的意愿和利益，有利于促进地区的平衡发展。

地区主义要求地区各成员拥有合作发展意识，坚持利益共享，对各种分歧与争端坚持求同存异、平等协商，从而最大限度地促进地区内国家间矛盾与冲突的和平解决，促进地区安全与稳定。在事关地区和平与发展的重大问题上，都有平等参与协商的权利；在利益差异面前，通过对话妥善解决分歧，扩大共同利益的汇合点；地区各种制度与安排成为地区各国相互尊重、扩大共识、和谐相处的平台，成为推动地区国际关系民主化的重要渠道。地区成员的共同参与是地区主义进程不断发展的基本要求，正是地区成员的广泛参与共同推动了地区国际结构的变动。对每个地区成员来说，融入地区主义进程的原动力来自对地区主义收益的预期，它基于每个成员都能从这一进程中获益，而不是满足单个成员或者部分成员的利益需求。这使得在利益的分配上，以公正合理为基础，实现由独享性向分享性的转换。进一步而言，在地区范围内，一些新的国际关系原则将建立起来并得到遵守，鼓励各成员民主参与，主动和积极地推动地区新秩序的建立。

从历史上看，由于地区秩序的演进是一个动态的过程，地区秩序的转换经常始于地区或全球大国改变现状的诉求，地区结构的失衡与动荡带来很多不稳定因素。但当地区和地区间制度安排将这些利益相关者紧密联系在一起的时候，一国按照自己的意愿强行改造地区结构的行动往往不能实现收益的最大化。

在地区主义迅速发展的背景下,南太平洋地区逐渐形成了稳定、平等的地区制度。在地区组织和机构内,各国都能以平等身份成为其中一员,按照一国一票制的民主规则,拥有平等的发言权。并且,建立在平等基础上的协商、合作和对话成为各参与国的共识。澳大利亚、新西兰虽然以其强大的政治经济力量在地区秩序的建构中具有强大的影响力,但南太平洋国家和领地也并非处于被动的无权地位,而是越来越成为地区发展的主导者。同时,地区决策与地区机制的运作效力也不断增强,大大限制了以强迫与强权为特征的地区行动与安排。地区国际关系的民主化,为南太平洋地区各个民族和各种文化共同发展的权利提供了保障,促进了各个民族在彼此尊重、平等相待、求同存异基础上实现共同进步。

第九章 结论

第一节 研究结论

20世纪以来，世界政治的一个重要现象是全球范围内"地区"的崛起，地区政治逐渐进入研究者的视野，并成为关注的重点，从而推动了国际关系研究中地区研究层次的兴起。作为一个分析层次，地区研究包含地区结构、地区互动与进程的讨论与分析。正是从地区层次的视角，书中阐述了地区主义与地区秩序之间的内在关联。本书围绕地区主义对南太平洋地区秩序的影响这一核心问题，通过对地区主义发展进程中形成的地区观念、规范和制度，以及地区主义的政治经济影响等方面进行探析发现，地区主义改变了南太平洋地区各政治实体之间的互动关系，从而渐进地促进地区新秩序的形成。

从地区发展的实践来看，构建地区秩序的模式主要有四种：一是外源强制型，二是内源强制型，三是外源合作型，四是内源合作型。其中，强制与合作是指行为体建构秩序的主要手段，外源与内源则是根据主导地区秩序的行为体是否属于地区成员来划定的。这

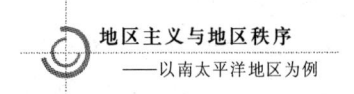

四种组合不仅是地区秩序的构建模式，也是世界范围内地区秩序的基本模式。

从国际关系主流学派地区主义理论的基本分野出发，地区主义对地区秩序的影响包含权力、制度和文化三个方面的内容。现实主义以世界无政府状态的基本假定为基础，指出地区秩序转换的实力因素。地区内各国政治经济实力的改变，成为地区秩序的主要权力支柱。地区成员没有政治权力与经济实力，地区秩序只能为地区外霸权国家所把持。新自由主义承认霸权对制度和规范的基础性作用，但霸权衰落之后，各种制度和规范便成为独立性变量在国际政治中发挥重要作用。因此，地区制度是构建地区秩序的必要条件，也是地区秩序的重要内容，地区制度的分配反映地区体系的结构。建构主义认为国际体系的结构主要反映在观念的分配上，观念分配构成国际体系的各种文化。地区范围内各行为体通过地区主义进程中的平等互动和社会学习，构建了自己的利益与身份，形成共同的文化认同，这反过来又使得地区主义的发展更加稳定和深入。地区共有观念和认同的形成反映了地区秩序的生成与内化。因此，地区主义对地区秩序的影响主要依托三个中间变量：一是价值观念与地区认同，二是地区制度，三是地区主义的政治经济影响。这三个方面的持续变化，潜在地决定了地区秩序的演进。

在南太平洋地区，地区主义的发展经历了早期地区外大国主导的地区主义（1946～1970年），地区主义的本土化时期（1971～1990年），以及冷战后地区主义的新发展（1991年至今）三个阶段。在此过程中，南太平洋地区殖民体系逐渐崩溃和瓦解，一些殖民地纷纷建立独立国家，并且，地区各行为体之间不断加深地区整合，共同构建冷战后地区新秩序。南太平洋地区主义的发展，在三个方面产生了深刻影响：一是塑造了南太平洋地区共同的价值观念和认同,以"太平洋方式"为代表的核心理念在南太平洋地区被广为接受;二是构筑了地区合作的制度网络,将次区域、区域和跨区域合作紧密地联系在一起;三是促进了地区政治、经济和社会发展,提升了地区各国处理对内、对外事务上的能力。这些影响共同构成了南太平洋地区秩序的主要内容,决定着地区秩序的主要性质(见图9.1)。

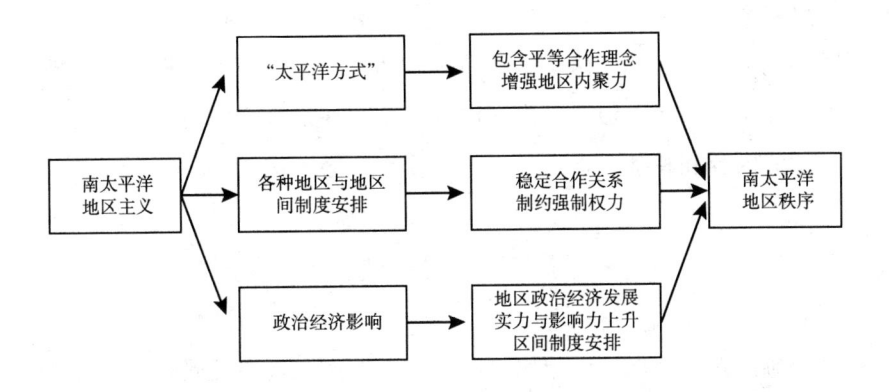

图9.1 南太平洋地区主义对地区秩序的作用

南太平洋地区共同战略目标的提出反映出地区共同利益的形成,而在对地区共同利益认知和寻求实现共同利益的过程中,逐渐塑造了地区认同和地区共有观念。当前,这种共有观念在南太平洋地区的主要内容是以"合作、平等、和平、渐进"等为主要特征的"太平洋方式"。"太平洋方式"的形成,在地区层次上增强了整个地区的向心力和凝聚力,它所包含的平等合作理念为建构和平与合作的地区秩序提供了理念支持。南太平洋地区主义的具体内容包括了一系列地区合作议题的制定,这包括地区经济一体化、地区功能部门合作、资源管理与环境保护以及地区安全合作等。以这些具体领域的合作为依托,建立了多层次的地区与地区间制度安排。

地区制度安排不仅降低了地区合作的成本，更重要的是，它们稳固了地区合作关系，构筑了地区主义的稳定框架，从而以制度的形式在一定程度上制约了强制性权力的运用，而强调合作性力量的联合与共享。南太平洋地区主义的不断深入发展，对地区政治经济发展产生了重大影响。地区主义在整体上促进了政治权力和经济力量提升，从而减少了对外部世界的依赖，同时也增强了反对霸权主义与强权政治的积极因素，并促进地区秩序的主导权从地区外大国向地区内成员转移。总体来看，在殖民时期，南太平洋地区秩序是一种外源强制型秩序，但地区主义的发展，内在地改变了南太平洋地区秩序的内容和特征，促进了内源合作型秩序的构建。

第二节　研究启示

与世界上其他地区相比，南太平洋地区主义的发展有其独特的历史轨迹和表现形式。但作为发展中地区，南太平洋地区主义对地区秩序的建构作用也反映出发展中地区的一般规律。从本质上讲，地区主义对地区内部主导的合作型秩序的构建是由地区主义的内在属性决定的。这主要表现在两个方面：一方面，地区主义建立在一定的地理区域之内，它赋予地区成员在地区议程决定上的优先权；另一方面，地区主义本身就是以合作为主要形式和基本内容，它与强权具有内在的不相容性。

近代以来，发展中地区的一个共同特点是地区秩序的主导权不在地区范围内，而是由地区外的霸权国所掌控。不仅在南太平洋地区如此，在拉美、非洲、东亚等由发展中国家组成的地区亦是如此。当今时代，地区主义已经成为国际政治发展的基本趋势，地区主义不断塑造地区各行为体之间的互动关系，从而最终实现一种新

第九章
结 论

的相对稳定的地区结构的形成。这对中国参与东亚合作进程、推进东亚秩序的转型与重构具有十分重要的启发意义。

20世纪60~80年代东亚经济的持续快速增长，创造了举世瞩目的"亚洲经济奇迹"。新加坡、韩国和中国台湾、香港迅速进入"新兴工业化经济体"行列，被誉为亚洲"四小龙"；泰国、马来西亚、印度尼西亚等东盟国家也迅速向工业化和现代化方向发展。到80年代，包括中国大陆在内的广大东亚地区的经济增长速度，远远超出西方早期工业化时代的增长速度。东亚成为当代世界经济发展最快、最有活力的地区。东亚国家的经济腾飞与增长，都是建立在开放的地区主义基础之上，随着地区内经济贸易相互依存不断提高，东亚各国通过加强与地区内各国的经济、贸易联系和合作，寻求以地区组织的形式来面对来自外部世界的压力与挑战，以地区合作来振兴和发展本国和本地区经济，显示了"亚洲的力量和声音"。但与此同时，不可忽视的事实是，冷战期间，美国为了构筑遏制社会主义阵营的亚洲防线，在东亚地区采取了与西欧体系不同的战略，通过先后与日、韩等国签订一系列双边条约，建立了一种由美国主导的"轴辐式"（hub and spoke）外交结构。其中，美国是"轴心"，在其构筑的东亚体系中占据核心地位，而有关东亚国家则是围绕美国旋转的"轮辐"，这使得东亚地区秩序长期以来呈现出美国主导的霸权合作秩序。时至今日，美国仍将东亚作为维护其战略利益的重点地区，在战略上"重返亚洲"以及极力推进"亚洲的再平衡"，并在经济上将《跨太平洋伙伴关系协定》（TPP）作为实施这一战略的重要一环。[①] 因此，如何建构一个和平

---

① Mark E. Manyin, et al., *Pivot to the Pacific? The Obama Administration's 'Rebalancing' Toward Asia*, CRS Report for Congress, March 28, 2012.

稳定的东亚秩序,如何实现东亚秩序主导权的本土化,仍是包括中国在内的所有东亚地区国家面临的重要课题。按照本书的逻辑,深化东亚地区各领域合作,积极推进东亚地区主义进程或许是当前解答这些问题的重要途径。

当前,东亚地区的整体情况是地区认同意识薄弱、地区制度化程度较低,以及多数国家的综合实力还相对弱小,这些因素制约了东亚新秩序的形成。首先,东亚国家缺乏相互之间的信任,无论是中、日、韩之间,还是中、日、韩三国与东南亚国家之间,都没有建立政治领域的互信,这给地区外大国的干预创造了条件。尤其是日本对地区外部力量的过度依赖以及对中国的疑虑,使其成为美国在东亚发挥主导作用的坚定支持者。并且在地区认同上,还存在较大分歧,致使一些国家仍处于"东亚秩序"和"亚太秩序"的抉择之中。其次,东亚地区合作制度化水平低,在地区秩序的构建过程中所起的作用十分有限。1997年亚洲金融危机之后,东亚地区出现了东盟"10+3"、东盟"10+1"、东亚峰会和东盟地区论坛(ARF)等各种形式的地区安排。但是,东盟"10+3"和东盟"10+1"主要集中于经济和贸易领域,而在政治和安全方面,东盟地区论坛等机制进展十分缓慢,成效亦不显著。地区制度框架的不完善和不稳定,给地区秩序的明确性和稳定性带来了消极影响。最后,东亚各国的综合实力与主导东亚地区进程的美国相比,还存在较大差距,并且在经济上,东亚国家对美国的依赖程度非常高,与美国的贸易额在各国对外贸易中占据较大份额。此外,在地区内部,经济发展的不平衡性与差异性也成为地区整合的阻碍因素。

与南太平洋地区一样,东亚地区各国在东亚地区主义发展进程中不断建构共同价值理念,形成地区认同,不断建立促进地区经济发展和保持地区稳定的制度规范,不断提高地区政治经济实力,从

第九章 结论

而消解东亚地区新秩序形成的各种制约和消极因素。因此，地区主义是东亚地区增强自主意识和内聚力，塑造东亚的地区性，提升东亚地区影响力，从而最终实现地区秩序从由美国主导转向由东亚国家主导的重要手段。作为一个东亚地区的大国，中国与其他东亚国家一道，积极推进东亚地区主义的发展进程，对主导东亚秩序具有重要意义。

第三节 尚待进一步研究的问题

研究南太平洋地区问题是笔者的一个尝试，由于研究资料和研究水平的限制，本书仍然存在以下不足：一是地区秩序建构四种模式只是从理论上做出的一种比较理想化的划分，是否与世界政治的实际完全相符却没有进行全面的验证。并且，四种模式只是从两个角度进行的矩阵式排列，而实际上，地区秩序的建构形式往往更加复杂。二是在论述地区主义对地区秩序的建构作用时，只选取认同与观念、制度与规范、政治与经济后果等三个方面的要素进行分析，但无论对地区主义还是地区秩序，都不仅仅包含这三个方面的内容。因此，由此建立的分析框架只能是两者关系的一种粗略反映。三是在对南太平洋地区共同利益和理念、合作议题与制度体系以及地区主义的成效进行具体分析时，由于只是着眼于地区层次上的宏观分析，从而忽略了在国家层次上各国政治、经济和社会等方面的差异，使得研究的问题只能展现一个总体状况，而无法顾及微观上的分析。

因此，本研究需要进一步深入探讨的问题还有很多。具体而言，主要包括以下几个方面：一是在本书的分析框架下，进一步分析地区主义与地区秩序的构建作用，诸如地区秩序的构建模式划分的合理性、联结地区主义与地区秩序的中间变量的选取等问题，还值得进一步探讨。二是南太平洋地区主义对地区秩序的影响对其他地区是否具有适用性还有待进一步论证，为此，还必须进行相关问题的比较研究。三是从国家层次上分析地区主义对南太平洋国家和领域的影响，从而分析这些影响对地区秩序的建构具有何种作用，是本研究的进一步补充和延伸。

参考文献

Abbott, David, and Steve Pollard, *Hardship and Poverty in the Pacific*, Manila, Philippines: Asian Development Bank, 2004.

Abbott, Kenneth O. W., Robert O. Keohane, Andrew Moravcsik, Anne-Marie Slaughter, and Duncan Snidal, "The Concept of Legalization," *International Organization* 3 (2000).

Aggarwal, Vinod K., and Edward A. Fogarty (eds.), *EU Trade Strategies: Between Regionalism and Globalism* (Basingstoke: Palgrave Macmillan, 2004).

Albinski, Henry S., et al., *The South Pacific: Political, Economic, and Military Trends* (New York: Brassey's, Inc., 1989).

Alves, Dora (ed.), *Cooperative Security in the Pacific Basin: The 1988 Pacific Symposium* (Washington, D. C.: National Defense University Press, 1990).

Anderson, Katherine, "Tuna Politics in Oceania: The Effectiveness of Collective Diplomacy," Ph. D thesis, Canberra: Australian National University, 2002.

Arend, Anthony C., *Legal Rules and International Society* (New

York: Oxford University Press, 1999).

Asante, S. K. B., *The Political Economy of Regionalism in Africa: A Decade of the Economic Community of West African States (Ecowas)* (New York: Praeger, 1985).

Asian Development Bank, *Key Indicators of Developing Asian and Pacific Countries*, Manila: Asian Development Bank, 2002.

Asian Development Bank (ADB) and Commonwealth Secretariat, *Towards a New Pacific Regionalism.* Manila: ADB, 2005.

Australian Department of Foreign Affairs and Trade, *Country, Economy, State and Territory Fact Sheets*, Canberra: Commonwealth of Australia, 2008.

Axline, W. Andrew, "Underdevelopment, Dependence, and Integration: The Politics of Regionalism in the Third World," *International Organization* 1 (1977).

——, "South Pacific Region Cooperation in Comparative Perspective: An Analytical Framework," *Political Science* 2 (1984).

—— (ed.), *The Political Economy of Regional Cooperation: Comparative Case Studies* (London: Pinter, 1994).

Ballendorf, Dirk Anthony, and Frank P. King (eds.), *Oceania Today: Towards New Directions and Political Self-Actualization*, Guam: Micronesian Area Research Center, University of Guam, 1980.

Banks, Arthur S. (ed.), *Political Handbook of the World 1987* (Birmingham, N. Y.: CSA Publications, 1987).

Barclay, Kate, and Wayne Peake (eds.), *Globalization, Regionalization and Social Change in the Pacific Rim*, Guadalajara, Jalisco, México: Universidad de Guadalajara; Sydney: University of

Technology Sydney, 2005.

Boister, Neil, "Regional Cooperation in the Suppression of Transnational Crime in the South Pacific," in Geoff Leane and Barbara von Tigerstrom (eds.), *International Law Issues in the South Pacific* (Aldershot & Burlington: Ashgate, 2005).

Bowman, C., "Pacific Island Countries and Dollarisation," *Pacific Economic Bulletin* 3 (2004).

Boxall, Sheryl, *Pacific Islands Forum: Facilitating Regional Security Cooperation*, M. A. thesis: University of Canterbury, 2006.

Breslin, Shaun, and Glenn D. Hook (eds.), *Microregionalism and World Order* (New York: Palgrave Macmillan, 2002).

Bryant-Tokalau, Jenny, and Ian Frazer (eds.), *Redefining the Pacific? Regionalism Past, Present and Future* (Aldershot, Hants, England; Burlington, V. T. : Ashgate, 2006).

Buchholz, Hanns J. (ed.), *New Approaches to Development Cooperation with South Pacific Countries* (Saarbrücken: Breitenbach, 1987).

Bull, Hedley, "International Theory: The Case for a Classical Approach," *World Politics* 3 (1966).

——, *The Anarchical Society: A Study of Order in World Politics* (New York: Columbia University Press, 1977).

Buzan, Barry, "The Level of Analysis Problem in International Relations Reconsidered," in Ken Booth and Steve Smith (eds.), *International Relations Theory Today* (Cambridge: Polity Press, 1995).

Campbell, John C., "Nationalism and Regionalism in South America," *Foreign Affairs* 1 (1942).

Carew-Reid, Jeremy, *Environment, Aid and Regionalism in the South Pacific.* Canberra: National Centre for Development Studies, Research School of Pacific Studies, Australian National University, 1989.

Carr, Edward H. , *The Twenty Years' Crisis, 1919 – 1939: An Introduction to the Study of International Relations* (London: Macmillan, 1939).

Cesarano, Filippo, "The Origins of the Theory of Optimum Currency Areas," *History of Political Economy* 4 (2006).

Chand, Ganesh, and Vijay Naidu (eds.), *Fiji: Coups, Crises and Reconciliation, 1987 – 1997*, Suva: Fiji Institute of Applied Studies, 1997.

Chand, Satish (ed.), *Pacific Islands Regional Integration and Governance* (Canberra, A. C. T. : ANUE Press and Asia Pacific Press, 2005).

Chaturvedi, Sanjay, and Joe Painter, "Whose World, Whose Order? Spatiality, Geopolitics and the Limits of the World Order Concept," *Cooperation and Conflict: Journal of the Nordic International Studies Association* 4 (2007).

Chufrin, Gennady (ed.), *East Asia: Between Regionalism and Globalism*, Singapore: Institute of Southeast Asian Studies, 2006.

Clark, Ian, "Legitimacy in a Global Order," *Review of International Studies* S1 (2003).

——, *International Legitimacy and World Society* (Oxford, New York: Oxford University Press, 2007).

Colbert, Evelyn, *The Pacific Islands: Paths to the Present* (Boulder:

Westview Press, 1997).

Commonwealth of Australia, *A Pacific Engaged: Australia's Relations with Papua New Guinea and the Island States of the South-West Pacific*, Canberra: Senate Foreign Affairs, Defense and Trade References Committee, Commonwealth of Australia, 2003.

Cooper, C. A., and B. F. Massell, "A New Look at Customs Union Theory," *The Economic Journal* 300 (1965).

——, "Toward a General Theory of Customs Unions for Developing Countries," *The Journal of Political Economy* 5 (1965).

Cooper, Robert, *The Breaking of Nations: Order and Chaos in the Twenty-First Century* (London: Atlantic Books, 2004).

Corden, W. M., "Economies of Scale and Customs Union Theory," *The Journal of Political Economy* 3 (1972).

Corkran, Herbert, *Mini-Nations and Macro-Operation: The Caribbean and the South Pacific* (Washington: North American International, 1976).

Cox, Robert W., "Social Forces, States, and World Orders: Beyond International Relations Theory," *Millennium: Journal of International Studies* 2 (1981).

——, *Production, Power, and World Order: Social Forces in the Making of History* (New York: Columbia University Press, 1987).

——, "Towards a Post-Hegemonic Conceptualization of World Order: Reflections on the Relevancy of Ibn Khaldun," in James N. Rosenau and Ernst-Otto Czempiel (eds.), *Governance without Government: Order and Change in World Politics* (Cambridge: Cambridge University Press, 1992).

Craig, Robert D., and Frank P. King (eds.), *Historical Dictionary of Oceania* (Westport, Connecticut: Greenwood Press, 1981).

Crocombe, Ronald G., *The Pacific Way: An Emerging Identity* (Suva: Lotu Pasifika Productions, 1976).

——, *Religious Cooperation in the Pacific Islands.* Suva: University of the South Pacific, 1983.

——, *The South Pacific.* Suva, Fiji: Institute of Pacific Studies, University of the South Pacific, 2001.

Das, Dilip K., "Regionalism in a Globalizing World: An Asia-Pacific Perspective," *CSGR Working Paper No. 80/01*, 2001.

Dent, Christopher M., "From Inter-Regionalism to Trans-Regionalism? Future Challenges for Asem," *Asia Europe Journal* 2 (2003).

Doidge, Mathew, "Joined at the Hip: Regionalism and Interregionalism," *Journal of European Integration* 2 (2007).

Dorrance, John C., *The United States and the Pacific Islands* (Westport, Conn.: Praeger, 1992).

Downer, Alexander, *The Bougainville Crisis: An Australian Perspective*, Canberra: Dept. of Foreign Affairs and Trade.

Duncan, Ron C., "Dollarising the Solomon Islands Economy," *Pacific Economic Bulletin* 2 (2002).

Economic and Social Commission for Asia and the Pacific, *Inter-Country Institutional Arrangements for Economic and Technical Cooperation among Developing Asian and Pacific Countries*, Vol. Ⅲ, Pacific Institutions, Bangkok: ESCAP, 1981.

——, *Integrating Economic and Environmental Policies: The Case of*

Pacific Island Countries, New York: United Nations, 2004.

El-Agraa, Ali M., and Anthony J. Jones, *Theory of Customs Unions* (Oxford: Philip Allan, 1981).

Emmers, Ralf, *Cooperative Security and the Balance of Power in ASEAN and the ARF* (London and New York: Routledge Curzon, 2003).

Fairbairn, Te'o I. J., et al. (eds.), *The Pacific Islands: Politics, Economics, and International Relations*. Honolulu, Hawaii: East-West Center, International Relations Program, 1991.

Fairbairn, Te'o I. J., and DeLisle Worrell, *South Pacific and Caribbean Island Economies: A Comparative Study* (Brisbane: Foundation for Development Cooperation, 1996).

Fairbairn-Dunlop, Peggy, "Gender, Culture and Sustainable Development-the Pacific Way," in Antony Hooper (ed.), *Culture and Sustainable Development in the Pacific* (Canberra: ANUE Press and Asia Pacific Press, 2005).

Falk, Richard A., "Regionalism and World Order after the Cold War," in Björn Hettne, András Inotai and Osvaldo Sunkel (eds.), *Globalism and the New Regionalism* (London: Macmillan, 1999).

Falk, Richard A., and Saul H. Mendlovitz (eds.), *Regional Politics and World Order* (San Francisco: W. H. Freeman, 1973).

Farrell, Mary, Bjorn Hettne, and Luk van Langenhove (eds.), *Global Politics of Regionalism: Theory and Practice* (London; Ann Arbor, M. I.: Pluto Press, 2005).

Fawcett, Louise, and Andrew Hurrell (eds.), *Regionalism in World Politics: Regional Organization and International Order* (New York:

Oxford University Press, 1995).

Finin, Gerard A., and Terence Wesley-Smith, "A New Era for Japan and the Pacific Islands: The Tokyo Summit," *Asia Pacific Issues* 32 (1997).

Firth, Stewart, "A New Era in Security," in John Henderson and Greg Watson (eds.), *Securing a Peaceful Pacific* (Christchurch: Canterbury University Press, 2005).

—— (ed.), *Globalisation and Governance in the Pacific Islands* (Canberra: ANUE Press, 2006).

Forum Fisheries Agency, *Director's Report 1979/80* (Honiara: FFA, 1980).

Fossen, Anthony Van, *South Pacific Futures: Oceania toward 2050* (Brisbane: Foundation for Development Cooperation, 2005).

Fry, Greg, *South Pacific Regionalism: The Development of an Indigenous Commitment*, M. A. Thesis: Australian National University, 1979.

——, "The Politics of South Pacific Regional Cooperation," in Ramesh Thakur (ed.), *The South Pacific: Problems, Issues, and Prospects: Papers of the Twenty-Fifth Otago Foreign Policy School, 1990* (New York: St. Martin's Press, 1991).

——, "At the Margin, the South Pacific and Changing World Order," in Richard Leaver and James L. Richardson (eds.), *Charting the Post-Cold War Order* (Boulder: Westview Press, 1993).

——, "Climbing Back onto the Map? The South Pacific Forum and the New Development Orthodoxy," *Journal of Pacific History* 3 (1994).

———, "International Cooperation in the South Pacific: From Regional Integration to Collective Diplomacy," in W. Andrew Axline (ed.), *The Political Economy of Regional Cooperation: Comparative Case Studies* (London: Pinter, 1994).

———, "Framing the Islands: Knowledge and Power in Changing Australian Images of the South Pacific," *Contemporary Pacific* 2 (1997).

———, "The South Pacific 'Experiment': Reflections on the Origins of Regional Identity," *Journal of Pacific History* 2 (1997).

———, "The Coming Age of Regionalism," in Greg Fry and Jacinta O'Hagan (eds.), *Contending Images of World Politics* (London and New York: Macmillan and St. Martin's Press, 2000).

———, "'Pooled Regional Governance' in the Island Pacific," in Satish Chand (ed.), *Pacific Islands Regional Integration and Governance* (Canberra, A.C.T.: ANUE Press and Asia Pacific Press, 2005).

———, "Whose Oceania? Contending Visions of Community in Pacific Region-Building," in Michael Powles (ed.), *Pacific Futures* (Canberra: Pandanus Books, 2006).

Gamble, Andrew, and Anthony Payne (eds.), *Regionalism and World Order* (New York: St. Martin's Press, 1996).

Gehrels, Franz, "Customs Union from a Single-Country Viewpoint," *The Review of Economic Studies* 1 (1956-1957).

Gilpin, Robert, *War and Change in World Politics* (Cambridge: Cambridge University Press, 1981).

———, *The Political Economy of International Relations* (Princeton, N.J.: Princeton University Press, 1987).

Graham, Kennedy (ed.), *Models of Regional Governance for the*

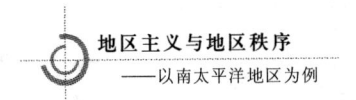

Pacific: Sovereignty and the Future Architecture of Regionalism (Christchurch: Canterbury University Press, 2008).

Gras, N. S. B., "Regionalism and Nationalism," *Foreign Affairs* 3 (1929).

Grotius, Hugo, *The Rights of War and Peace, Including the Law of Nature and of Nations*, translated by A. C. Campbell (New York: M. Walter Dunne, 1901).

Grubel, Herbert G., "The Theory of Optimum Currency Areas," *The Canadian Journal of Economics* 2 (1970).

Grugel, Jean, and Wil Hout (eds.), *Regionalism Across the North-South Divide: State Strategies and Globalization* (London and New York: Routledge, 1999).

Haas, Ernst B., *The Uniting of Europe: Political, Social, and Economic Forces, 1950 - 1957* (Stanford: Stanford University Press, 1958).

——, "International Integration: The European and the Universal Process," *International Organization* 3 (1961).

——, "The Study of Regional Integration: Reflections on the Joy and Anguish of Pretheorizing," *International Organization* 4 (1970).

Haas, Ernst B., and Philippe C. Schimitter, "Economics and Differential Patterns of Political Integration: Projections About Unity in Latin America," *International Organization* 4 (1964).

Haas, Michael, *The Pacific Way: Regional Cooperation in the South Pacific* (New York: Praeger, 1989).

Habermas, Jürgen, *Communication and the Evolution of Society*, translated by Thomas McCarthy (London: Heinemann, 1979).

Hamada, K., "On the Political Economy of Monetary Integration: A Public Economics Approach," in R. Z. Aliber (ed.), *The Political Economy of Monetary Reform* (London: Macmillan, 1977).

Hänggi, Heiner, Ralf Roloff, and Jürgen Rüland (eds.), *Interregionalism and International Relations* (New York: Routledge, 2006).

Hasenclever, Andreas, Peter Mayer, and Volker Rittberger, "Integrating Theories of International Regimes," *Review of International Studies* 1 (2000).

Hegarty, David, *South Pacific Security Issues: An Australian Perspective*, Canberra: Strategic and Defence Studies Centre, Australian National University, 1987.

Hegarty, David, and Peter Polomka (eds.), *The Security of Oceania in the 1990s*, Canberra: Strategic and Defence Studies Centre, Australian National University, 1989.

Henningham, Stephen, *The Pacific Island States: Security and Sovereignty in the Post-Cold War World* (Hampshire: Macmillan Press, 1995).

Henningham, Stephen, and Desmond Ball (eds.), *South Pacific Security: Issues and Perspectives*, Canberra: Strategic and Defence Studies Centre, Australian National University, 1991.

Herr, Richard A., *Regionalism in the South Seas: The Impact of the South Pacific Commission, 1947 – 1974*, Durham, N. C.: Dept. of Political Science, Graduate School of Arts and Sciences, Duke University, 1976.

—— (ed.), *The Forum Fisheries Agency: Achievements, Challenges and Prospects*, Suva: Institute of Pacific Studies, University of South Pacific, 1990.

——, "Regionalism and Nationalism," in K. R. Howe, Robert C. Kiste and Brij V. Lal (eds.), *Tides of History: The Pacific Islands in the Twentieth Century* (Honolulu: University of Hawaii Press, 1994).

——, "Regional Cooperation," in F. A. Mediansky (ed.), *Strategic Cooperation and Competition in the Pacific Islands*, Sydney: University of New South Wales, 1995.

——, "Small Island States of the South Pacific: Regional Seas and Global Responsibilities," in Davor Vidas and Willy Østreng (eds.), *Order for the Oceans at the Turn of the Century* (The Hague, Boston: Kluwer Law International, 1999).

——, "The Pacific Islands Region in the Post-Cold War Order: Some Thoughts from a Decade Later," *Revue Juridique Polynesienne* 2 (2002), Special Series.

——, "The Geopolitics of Pacific Islands' Regionalism: From Strategic Denial to the Pacific Plan," *Fijian Studies* 2 (2006).

——, "Pacific Island Regionalism: How Firm the Foundations for Future Cooperation?" in Michael Powles (ed.), *Pacific Futures* (Canberra: Pandanus Books, 2006).

Hettne, Björn, "Development, Security and World Order: A Regionalist Approach," *The European Journal of Development Research* 1 (1997).

Hettne, Björn, and Fredrik Söderbaum, "Theorising the Rise of Regionness," in Shaun Breslin, et al. (eds.), *New Regionalisms in the Global Political Economy: Theories and Cases* (London: Routledge,

2002).

Hiery, Hermann J., and John M. Mackenzie (eds.), *European Impact and Pacific Influence: British and German Colonial Policy in the Pacific Islands and the Indigenous Response* (London & New York: I. B. Tauris Publishers, 1997).

Hoadley, Steve, *The South Pacific Foreign Affairs Handbook* (Sydney: Allen & Unwin, 1992).

Hoffmann, Stanley, "Obstinate or Obsolete: The Fate of the Nation State and the Case of Western Europe," *Daedalus* 3 (1966).

Hönnighausen, Lothar, et al. (eds.), *Regionalism in the Age of Globalism*, Madison, Wis.: Center for the Study of Upper Midwestern Cultures, University of Wisconsin-Madison, 2005.

Hook, Glenn D., and Ian Kearns (eds.), *Subregionalism and World Order* (Basingstoke: Macmillan, 1999).

Hughes, Tony, *Strengthening Regional Management: A Review of the Architecture for Regional Co-Operation in the Pacific*, Report to the Pacific Islands Forum, 2005.

Huntington, Samuel P., "The Clash of Civilizations?" *Foreign Affairs* 3 (1993).

——, *The Clash of Civilizations and the Remaking of World Order* (New York: Simon & Schuster Inc, 1996).

Hurd, Ian, "Legitimacy and Authority in International Politics," *International Organization* 2 (1999).

Ingram, James C., "State and Regional Payments Mechanisms," *The Quarterly Journal of Economics* 4 (1959).

——, "State and Regional Payments Mechanisms: Reply," *The*

Quarterly Journal of Economics 4 (1960).

Intergovernmental Panel on Climate Change, *The Science of Climate Change, Climate Change 1995*: *IPCC Assessment Report, Vol. 1* (Cambridge: Cambridge University Press, 1996).

Ishiyama, Y., "The Theory of Optimum Currency Areas: A Survey," *IMF Staff Papers* 2 (1975).

Ivarature, Henry, *Good Governance Work Programme, 2006 – 2008: Policy Coordination and Advice Programme*, Suva: Pacific Islands Forum Secretariat, 2007.

Jayaraman, T. K., "Prospects for a Currency Union in the Pacific: A Preliminary Study," *Journal of Pacific Studies* 2 (2001).

——, "Is There a Case for a Single Currency for the South Pacific Islands," *Pacific Economic Bulletin* 1 (2001).

——, *Regional Integration in the Pacific*, Suva, Fiji: Dept. of Economics, University of the South Pacific, 2005.

Johnson, Harry G., "An Economic Theory of Protectionism, Tariff Bargaining, and the Formation of Customs Unions," *The Journal of Political Economy* 3 (1965).

Jones, Anthony J., "The Theory of European Integration," in Ali M. El-Agraa (ed.), *The Economics of the European Community* (Oxford: Philip Allan, 1985).

Kane, Robert S., *South Pacific A to Z* (Garden City, N. Y.: Doubleday & Company, Inc., 1966).

Kaplan, Morton A., *System and Process in International Politics* (New York: John Wiley & Sons, Inc., 1957).

Kattau, Maureen, "Whose Regional Security? Identity/Difference and the Construction of the South Pacific," Australian National University, 1992.

Kay, Robin (ed.), *Documents on New Zealand External Relations, Volume I* (Wellington: Government Printer, 1972).

Keating, Michael, "The Political Economy of Regionalism," in Michael Keating and John Loughlin (eds.), *The Political Economy of Regionalism* (London: Frank Cass & Co. Ltd., 1997).

Keating, Michael, and John Loughlin, *The Political Economy of Regionalism* (London; Portland, Ore.: Frank Cass, 1996).

Kelsey, Jane, *Big Brothers Behaving Badly: The Implications for the Pacific Islands of the Pacific Agreement on Closer Economic Relations (PACER)*, Suva, Fiji: Pacific Network on Globalization, 2004.

Kenen, Peter, "The Theory of Optimum Currency Areas: An Eclectic View," in Alexander Swoboda and Robert A. Mundell (eds.), *Monetary Problems of the International Economy* (Chicago: University of Chicago Press, 1969).

Keohane, Robert O., *After Hegemony: Cooperation and Discord in the World Political Economy* (Princeton: Princeton University Press, 1984).

—— (ed.), *Neorealism and Its Critics* (New York: Columbia University Press, 1986).

——, *International Institutions and State Power: Essays in International Relations Theory* (Boulder: Westview Press, 1989).

Keohane, Robert O., and Joseph S. Nye, Jr. (eds.), *Power and Interdependence: World Politics in Transition* (Boston: Little, Brown and Company, 1977).

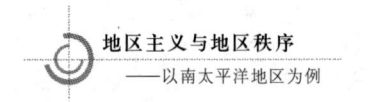

Kindleberger, Charles P., *Power and Money: The Economics of International Politics and the Politics of International Economics* (New York: Basic Books, 1970).

Kissinger, Henry, *Diplomacy* (New York: Simon & Schuster Inc., 1994).

Kiste, Robert C., and Richard A. Herr (eds.), *The Pacific Islands in the Year 2000*, Honolulu: Pacific Islands Studies Program, Center for Asian and Pacific Studies and East-West Center, 1985.

Knorr, Klaus, and James N. Rosenau (eds.), *Contending Approaches to International Politics* (Princeton, N.J.: Princeton University Press, 1969).

Kolde, Endel-Jakob, *The Pacific Quest: The Concept and Scope of an Oceanic Community* (Lexington, Mass: Lexington Books, 1976).

Koopmann, Gorg, "Regionalism Going Global," *Intereconomics* 1 (2003).

Krasner, Stephen D. (ed.), *International Regimes* (Ithaca, N.Y.: Cornell University Press, 1983).

Lake, David A., and Patrick M. Morgan (eds.), *Regional Orders: Building Security in a New World* (University Park, Pa.: Pennsylvania State University Press, 1997).

Larmour, Peter (ed.), *Governance and Reform in the South Pacific*, Canberra: National Centre for Development Studies, Australian National University, 1998.

Lindberg, Leon, *The Political Dynamics of the European Economic Integration* (Stanford: Stanford University Press, 1963).

Lipsey, Richard G., *The Theory of Customs Unions: Trade*

Diversion and Welfare. *Economica* 93 (1957).

——, "The Theory of Customs Unions: A General Survey," *The Economic Journal* 279 (1960).

——, *The Theory of Customs Unions: A General Equilibrium Analysis* (London: Weidenfeld and Nicolson, 1970).

Lodhia, Sumit K., "Coups in Fiji: A Personal Perspective," *Fijian Studies* 1 (2003).

Lum, Thomas, and Bruce Vaughn, *The Southwest Pacific: U.S. Interests and China's Growing Influence*, CRS Report for Congress, 2007.

Mabee, Bryan, "Levels and Agents, States and People: Micro-Historical Sociological Analysis and International Relations," *International Politics* 4 (2007).

Mara, Ratu Sir Kamisese, *The Pacific Way: A Memoir* (Honolulu: University of Hawaii Press, 1997).

Marine Sector Working Group of CROP, *Pacific Islands Regional Ocean Forum: Summary Record of Proceedings*, Suva, Fiji: SPC, 2004.

——, *Pacific Islands Regional Ocean Framework for Integrated Strategic Action (Final Draft)*, 2004.

Marysse, Stefaan, and Filip Reyntjens (eds.), *The Political Economy of the Great Lakes Region in Africa: The Pitfalls of Enforced Democracy and Globalization* (Hampshire & New York: Palgrave Macmillan, 2005).

Mattli, Walter, *The Logic of Regional Integration: Europe and Beyond* (Cambridge; New York: Cambridge University Press, 1999).

McCown, Margaret, et al. (eds.), *Political Economy of the Northeast Asian Regionalism: Linkages between Economic and Security*

Cooperation. Seoul: Korea Institute for National Unification, 2006.

McKinnon, Ronald I., "Optimum Currency Areas," *The American Economic Review* 4 (1963).

Meade, J. E., *The Theory of Customs Unions* (Amsterdam: North Holland Publishing Co., 1955).

Mediansky, F. A. (ed.), *Strategic Cooperation and Competition in the Pacific Islands*, Sydney: Centre for South Pacific Studies, University of New South Wales; Pennsylvania: Australia-New Zealand Studies Center, Pennsylvania State University, 1995.

Miller, David, et al. (eds.), *The Blackwell Encyclopaedia of Political Thought* (Oxford: Blackwell, 1987).

Milne, R. S., "'The Pacific Way': Consociational Politics in Fiji," *Pacific Affairs* 3 (1975).

Mitrany, David, *A Working Peace System: An Argument for the Functional Development of International Organization* London: The Royal Institute of International Affairs, 1943.

——, *The Functional Theory of Politics* (London: London School of Economics & Political Science, 1975).

Mongelli, Francesco P., "What is European Economic and Monetary Union Telling Us About the Properties of Optimum Currency Areas?" *Journal of Common Market Studies* 3 (2005).

Monnet, Jean, "A Ferment of Change," *Journal of Common Market Studies* 3 (1962).

Moore, Mike, *A Pacific Parliament: A Pacific Idea: An Economic and Political Community for the South Pacific* (Wellington: Asia Pacific Books, 1982).

Moravcsik, Andrew,"Negotiating the Single European Act: National Interests and Conventional Statecraft in the European Community," *International Organization* 1 (1991).

——,"Preferences and Power in the European Community: A Liberal Intergovernmentalist Approach," *Journal of Common Market Studies* 4 (1993).

——,"Liberal Intergovernmentalism and Integration: A Rejoinder," *Journal of Common Market Studies* 4 (1995).

——, *The Choice for Europe: Social Purpose and State Power from Messina to Maastricht* (Ithaca, N. Y.: Cornell University Press, 1998).

Morgenthau, Hans J., *Politics among Nations: The Struggle for Power and Peace* (New York: Knopf, 1994).

Mundell, Robert A.,"A Theory of Optimum Currency Areas," *The American Economic Review* 4 (1991).

——,"Updating the Agenda for Monetary Union," in Mario I. Blejer, et al. (eds.), *Optimum Currency Areas: New Analytical and Policy Developments*, Washington, D. C.: International Monetary Fund, 1997.

Nathan Associates Inc., *Pacific Regional Trade and Economic Cooperation: Joint Baseline and Gap Analysis*, Final report submitted to Pacific Islands Forum Secretariat, 2007.

Neemia, Uentabo Fakaofo, *Cooperation and Conflict: Costs, Benefits and National Interests in Pacific Regional Cooperation*, Suva, Fiji: Institute Of Pacific Studies, 1986.

Nooy, Gert de (ed.), *Cooperative Security, the OSCE, and Its*

Code of Conduct (Boston: Kluwer Law International, 1997).

Nye, Joseph S., Jr. (ed.), "Patterns and Catalysts in Regional Integration," *International Organization* 4 (1965).

——, *International Regionalism: Readings* (Boston: Little, Brown and Company, 1968).

OECD, *Development Aid at a Glance 2008: Statistics by Region* (Paris: OECD Publishing, 2009).

Ogashiwa, Yoko S., *Microstates and Nuclear Issues: Regional Cooperation in the Pacific*, Suva: Institute of Pacific Studies of the University of the South Pacific, 1991.

Onuf, Nicholas G., *World of Our Making: Rules and Rule in Social Theory and International Relations* (Columbia, S. C.: University of South Carolina Press, 1989).

Pacific Islands Forum Secretariat, *The Charter of the Council of Regional Organisations in the Pacific*, 2000.

——, "Issues in Country Risk Assessments," *Forum Economic Ministers Meeting Paper No. 3*, 2003.

——, *The Auckland Declaration*, Pacific Islands Forum Leaders' Retreat, 2004.

——, *Annual Report 2007*, 2007.

——, *The Pacific Plan: For Strengthening Regional Cooperation and Integration*, 2007.

——, *Pacific Island Countries Trade Agreement (PICTA) Status Report*, 2009.

Page, Sheila, *Regionalism among Developing Countries*, Basingstoke: Macmillan in association with Overseas Development Institute, 2000.

Palmer, Norman D., *The New Regionalism in Asia and the Pacific* (Lexington, M. A.: Lexington Books, 1991).

Panikkar, Kavalam M., *Regionalism and Security*, New Delhi: Indian Council of World Affairs, 1991.

Panikkar, K. M., et al. (eds.), *Regionalism and Security* (Bombay, Calcutta, Madras and London: Oxford University Press, 1948).

Paul, T. V., and John A. Hall, *International Order and the Future of World Politics* (London: Cambridge University Press, 1999).

Pearson, Scott R., and William D. Ingram, "Economies of Scale, Domestic Divergences, and Potential Gains from Economic Integration in Ghana and the Ivory Coast," *The Journal of Political Economy* 5 (1980).

Peebles, Dave, *Pacific Regional Order* (Canberra: ANUE Press and Asia Pacific Press, 2005).

Prasad, Biman C., and Kartik C. Roy (eds.), *Development Problems and Prospects in Pacific Islands States* (New York: Nova Science Publishers, Inc., 2007).

Quigg, Agnes, *History of the Pacific Islands Studies Program at the University of Hawaii, 1950 - 1986*, Manoa: Pacific Islands Studies Program, Centers for Asian and Pacific Studies, University of Hawaii at Manoa, 1987.

Ray, Binayak, *South Pacific Least Developing Countries: Towards Positive Independence* (Kolkata, India: Progressive Publishers, 2003).

Regan, Anthony J., "The Bougainville Conflict: Political and Economic Agendas," in Karen Ballentine and Jake Sherman (eds.),

The Political Economy of Armed Conflict: *Beyond Greed and Grievance* (Boulder: Lynne Rienner Publishers, 2003).

Rhoads, John K., *Critical Issues in Social Theory* (University Park, P. A.: Pennsylvania State University Press, 1991).

Ridgell, Reilly, *Pacific Nations and Territories*: *The Islands of Micronesia, Melanesia and Polynesia*, Guam: Guam Community College, 1982.

Robbins, William G., Robert J. Frank, and Richard E. Ross (eds.), *Regionalism and the Pacific Northwest* (Corvallis, Or: Oregon State University Press, 1983).

Robertson, David, *The Political Economy of Regionalism and Developing Countries*, Canberra: Economics Division, Research School of Pacific Studies, Australian National University, 1992.

Robertson, Robert T., *Multiculturalism and Reconciliation in an Indulgent Republic*: *Fiji after the Coups, 1987 – 1998*, Suva: Fiji Institute of Applied Studies, 1998.

Robson, Peter, *The Economics of International Integration*, 4th ed. (London: Routledge, 1998).

Rosenau, James N., *The Scientific Study of Foreign Policy* (New York: Free Press, 1971).

Rubinstein, Donald H. (ed.), *Pacific History*: *Papers from the 8th Pacific History Association Conference* (Mangilao, Guam: University of Guam Press & Micronesian Area Research Center, 1992).

Rüland, Jürgen, "Inter and Transregionalism: Remarks on the State of the Art of a New Research Agenda," in *the Workshop on Asia-Pacific Studies in Australia and Europe*: *A Research Agenda for the Future*,

Canberra: Australian National University, 2002.

Rumley, Dennis, *The Geopolitics of Australia's Regional Relations* (Dordrecht, Boston & London: Kluwer Academic Publishers, 2001).

Russett, Bruce M., *International Regions and the International System: A Study in Political Ecology* (Chicago: Rand McNally, 1967).

Russett, Bruce M., and Harvey Starr (eds.), *World Politics: The Menu for Choice* (San Francisco: Freeman, 1961).

Salato, E. Macu, "South Pacific Regionalism: 'Unity in Diversity'," *South Pacific bulletin*, 4th Quarter (1967).

Schmitter, Philippe C., "A Revised Theory of Regional Integration," *International Organization* 4 (1970).

Schulz, Michael, Fredrik Söderbaum, and Joakim Ojendal (eds.), *Regionalization in a Globalizing World: A Comparative Perspective on Forms, Actors and Processes* (London: Zed Books, 2001).

Secretariat of the Pacific Community, *Council of Regional Organisations in the Pacific: Working Together* (Nouméa, New Caledonia: The SPC Publications Section, 2002).

——, *The 2008 Pocket Statistical Summary* (Noumea: SPC, 2008).

Secretariat of the Pacific Regional Environment Programme, *Conference on the Human Environment in the South Pacific: Report* (Noumea: SPREP, 1982).

——, *Action Plan for Managing the Environment of the Pacific Islands Region: 2005 - 2009* (Apia, Samoa: SPREP, 2005).

——, *2007 Annual Report: Conserving and Managing Our Pacific Environment in Changing Times* (Apia: SPREP, 2008).

——, *Approved Work Programme and Budget for 2008 and Indicative Budgets for 2009 and 2010*, 2008.

Shie, Tamara Renee, "Rising Chinese Influence in the South Pacific," *Asian Survey* 2 (2007).

Singer, J. David, "International Conflict: Three Levels of Analysis," *World Politics* 3 (1960).

——, "The Level-of-Analysis Problem in International Relations," *World Politics* 1 (1961).

——, "The Incomplete Theorist: Insight without Evidence," in Klaus Knorr and James N. Rosenau (eds.), *Contending Approaches to International Politics* (Princeton, N.J.: Princeton University Press, 1969).

Smith, Thomas Richard, *South Pacific Commission: An Analysis after Twenty-Five Years*, Wellington: Price Milburn for the New Zealand Institute of International Affairs, 1972.

Söderbaum, Fredrik, and Luk Van Langenhove, "Introduction: The EU as a Global Actor and the Role of Interregionalism," *Journal of European Integration* 3 (2005).

South Pacific Commission, *South Pacific Bulletin*, 2nd Quarter Noumea: South Pacific Commission, 1968.

——, *South Pacific Commission: History, Aims and Activities*, 12th ed., Noumea: South Pacific Commission, 1993.

South Pacific Forum Secretariat, *Sharing Capacity: The Pacific Experience with Regional Cooperation and Integration*, 2000.

Spindler, Manuela, "New Regionalism and the Construction of Global Order," *CSGR Working Paper No 93/02*, University of

Warwick, 2002.

Strange, Susan, "International Economics and International Relations: A Case of Mutual Neglect," *International Affairs* 2 (1970).

——, *States and Markets* (London: Pinter Publishers, Ltd., 1988).

Stubbs, Richard, and Geoffrey R. D. Underhill (eds.), *Political Economy and the Changing Global Order*, 3rd ed. (New York: Oxford University Press, 2006).

Tavlas, George S., "The Theory of Optimum Currency Areas Revisited," *Finance & Development* 2 (1993).

Taylor, Paul, "Intergovernmentalism in the European Communities in the 1970s: Patterns and Perspectives," *International Organization* 4 (1982).

Thakur, Ramesh (ed.), *The South Pacific: Problems, Issues, and Prospects: Papers of the Twenty-Fifth Otago Foreign Policy School, 1990* (New York: St. Martin's Press, 1991).

The Commission on Global Governance, *Our Global Neighborhood: The Report of the Commission on Global Governance* (Oxford: Oxford University Press, 1995).

The East-West Center, *Proceedings of the 'Pacific Island Conference: Development the Pacific Way'*, Honolulu, Hawaii, 1980.

Tuck, Richard, *The Rights of War and Peace: Political Thought and the International Order from Grotius to Kant* (Oxford: Oxford University Press, 2001).

Tupouniua, S., Ron G. Crocombe, and C. Slatter (eds.), *The Pacific Way: Social Issues in National Development*, Suva: South

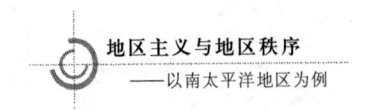

Pacific Social Sciences Association, 1975.

Union of International Associations, *Yearbook of International Organizations 1988/89*, 6th ed. (Munchen: K. G. Saur, 1988).

United Nations, *World Population Prospects*, New York: United Nations, 2003.

United Nations Development Programme, *Pacific Human Development Report 1999*, Suva: UNDP, 1999.

Vandenbosch, Amry, "Regionalism in Southeast Asia," *The Far Eastern Quarterly* 4 (1946).

Viner, Jacob, *The Customs Union Issue*, New York: The Carnegie Endowment for International Peace, 1950.

Vurobaravu, Nikenike, "Japan and the South Pacific: Linkages for Growth," *Journal of the Pacific Society* 1-2 (1995).

Wallace, Helen, William Wallace, and Mark A. Pollack (eds.), *Policy-Making in the European Union*, 5th ed. (Oxford & New York: Oxford University Press, 2005).

Waltz, Kenneth N., *Man, the State, and War: A Theoretical Analysis* (New York: Columbia University Press, 1959).

——, *Theory of International Politics* (New York: McGraw-Hill, 1979).

Wassman, Jürg (ed.), *Pacific Answers to Western Hegemony: Cultural Practices of Identity Construction* (New York: Berg, 1998).

Weber, Max, *Economy and Society: An Outline of Interpretive Sociology*, translated by Ephraim Fischoff, et al., edited by Guenther Roth and Claus Wittich (Berkeley: University Of California Press, 1978).

Wendt, Alexander, "Collective Identity Formation and the International State," *American Political Science Review* 2 (1994).

——, *Social Theory of International Politics* (Cambridge, New York: Cambridge University Press, 1999).

Wesley-Smith, Terence, "China in Oceania: New Forces in Pacific Politics," in *Pacific Islands Policy*, Honolulu: East-West Center, 2007.

World Bank, *Sub-Saharan Africa: From Crisis to Sustainable Growth: A Long-Term Perspective Study*, Washington, D. C.: World Bank, 1989.

World Commission on Environment and Development, *Our Common Future* (New York and Oxford: Oxford University Press, 1987).

Wurfel, David, and Bruce Burton (eds.), *Southeast Asia in the New World Order: The Political Economy of a Dynamic Region* (New York: St. Martin's Press, 1996).

Yalem, Ronald J., "Regionalism and World Order," *International Affairs* 4 (1962).

——, *Regionalism and World Order* (Washington, D. C.: Public Affairs Press, 1965).

Zhang Yunling, *East Asian Regionalism and China* (Beijing: World Affairs Press, 2005).

〔德〕马克斯·韦伯：《论经济与社会中的法律》，张乃根译，中国大百科全书出版社，1998。

〔美〕彼得·林德特、查尔斯·金德尔伯格：《国际经济学》，谢树森等译，上海译文出版社，1985。

〔美〕加布里埃尔·A. 阿尔蒙德、小 G. 宾厄姆·鲍威尔：

《比较政治学：体系、过程和政策》，曹沛霖等译，上海译文出版社，1987。

〔美〕罗伯特·基欧汉、约瑟夫·奈：《多边合作的俱乐部模式与世界贸易组织：关于民主合法性问题的探讨》，《世界经济与政治》2001年第12期。

〔美〕罗伯特·吉尔平：《全球政治经济学——解读国际经济秩序》，杨宇光、杨炯译，上海人民出版社，2006。

〔美〕塞缪尔·P. 亨廷顿：《第三波——20世纪后期民主化浪潮》，刘军宁译，上海三联书店，1998。

〔美〕亚历山大·温特：《国际政治的社会理论》，秦亚青译，上海世纪出版集团，2000。

〔日〕星野昭吉：《全球政治学——全球化进程中的变动、冲突、治理与和平》，刘小林、张胜军译，新华出版社，2000。

——：《全球化时代的世界政治——世界政治的行为主体与结构》，刘小林等译，社会科学文献出版社，2003。

〔日〕星野昭吉编著《变动中的世界政治——当代国际关系理论沉思录》，刘小林等译，新华出版社，1999。

蔡拓：《全球主义与国家主义》，《中国社会科学》2000年第3期。

曹建明、周洪均、王虎华主编《国际公法学》，法律出版社，1998。

陈峰君、祁建华主编《新地区主义与东亚合作》，中国经济出版社，2007。

陈小鼎：《国际关系研究层次的上升与回落》，《世界经济与政治》2008年第7期。

陈勇：《新区域主义与东亚经济一体化》，社会科学文献出版社，2006。

陈玉刚：《国家与超国家：欧洲一体化理论比较研究》，上海人民出版社，2001。

程又中主编，夏建平著《认同与国际合作》，世界知识出版社，2006。

房乐宪：《政府间主义与欧洲一体化》，《欧洲》2002年第5期。

耿协峰：《地区主义的本质特征——多样性及其在亚太的表现》，《国际经济评论》2002年第1期。

——：《新地区主义与亚太地区结构变动》，北京大学出版社，2003。

——：《新地区主义的核心价值》，《国际经济评论》2004年第2期。

金安：《欧洲一体化的政治分析》，学林出版社，2004。

李淮春主编《马克思主义哲学全书》，中国人民大学出版社，1996。

李世安、刘丽云等：《欧洲一体化史》，河北人民出版社，2003。

李巍、王勇：《国际关系研究层次的回落》，《国际政治科学》2006年第3期。

梁森、陆仁：《关于体系、格局、秩序概念的界定》，《国际政治研究》1991年第2期。

梁守德、洪银娴：《国际政治学理论》，北京大学出版社，2000。

刘昌明、李昕蕾：《地区主义与东亚秩序的转型趋向》，《东北亚论坛》2007年第5期。

刘金质、梁守德、杨淮生主编《国际政治大辞典》，中国社会科学出版社，1994。

卢光盛：《地区主义与东盟经济合作》，上海辞书出版社，2008。

马孆：《区域主义与发展中国家》，中国社会科学出版社，2002。

门洪华：《国家主义、地区主义与全球主义》，《开放导报》2005年第3期。

——：《东亚秩序建构：一项研究议程》，《当代亚太》2008年第5期。

潘忠岐：《世界秩序内在结构的要素分析》，《国际政治研究》1999年第4期。

庞中英：《美国介入东亚峰会，中国如何面对挑战》，《中国青年报》2005年3月2日。

——：《亚洲地区秩序的转变与中国》，《外交评论》2005年第4期。

——：《关于地区主义的若干问题》，《当代世界与社会主义》2006年第1期。

秦亚青：《层次分析法与国际关系研究》，《欧洲》1998年第3期。

任晓：《从集体安全到合作安全》，任晓主编《国际关系理论新视野》，长征出版社，2001。

随新民：《国际制度的合法性与有效性——新现实主义、新自由制度主义和建构主义三种范式比较》，《学术探索》2004年第6期。

汪诗明、王艳芬：《太平洋英联邦国家：处在现代化的边缘》，四川人民出版社，2004。

王鹤主编《欧洲一体化对外部世界的影响》，对外经济贸易大学出版社，1999。

王萍：《走向开放的地区主义——拉丁美洲一体化研究》，人民出版社，2005。

王学玉：《论地区主义及其对国际关系的影响》，《现代国际关系》2002年第8期。

王正毅：《争论中的国际政治经济学》，《世界经济与政治》2004年第9期。

韦红：《20世纪60年代初东南亚地区主义发展受挫原因再思考》，《华中师范大学学报（人文社会科学版）》2004年第1期。

——：《地区主义视野下的中国—东盟合作研究》，世界知识出版社，2006。

温家宝：《加强互利合作、实现共同发展——在"中国—太平洋岛国经济发展合作论坛"首届部长级会议开幕式上的讲话》，新华网楠迪（斐济）2006年4月5日电。

吴昕春：《地区秩序及其治理》，《现代国际关系》2003年第9期。

吴玉红：《论合作安全》，大连海事学院出版社，2006。

吴征宇：《关于层次分析的若干问题》，《欧洲》2001年第6期。

吴志成、李敏：《亚洲地区主义的特点及其成因：一种比较分析》，《国际论坛》2003年第6期。

——：《欧洲一体化观照下的亚洲地区主义》，《南开学报（哲学社会科学版）》2004年第4期。

肖欢容：《地区主义及其当代发展》，《世界经济与政治》2000

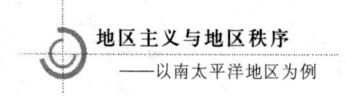

年第 2 期。

——：《地区主义：理论的历史演进》，北京广播学院出版社，2003。

徐春祥：《东亚贸易一体化——从区域化到区域主义》，社会科学文献出版社，2008。

徐秀军：《中国与南太平洋地区主义》，载梅平、杨泽瑞主编《中国与亚太经济合作——现状与前景》，世界知识出版社，2008。

——：《地区主义与地区秩序构建》，《当代亚太》2010 年第 2 期。

——：《发展中国家地区主义的政治经济学——以南太平洋地区为例》，《世界经济与政治》2011 年第 3 期。

俞可平主编《治理与善治》，社会科学文献出版社，2000。

后　记

　　日月变换，白驹过隙，恍然间，离博士学业结束已经四载。聊以慰藉的是，当初撰写的博士论文终于能够付梓面世。本书是我对南太平洋地区主义问题研究的一个初步探索，一些看法仍很不成熟。因此，每次翻开论文，难免都会有如履薄冰、诚惶诚恐之感。但为了尽可能保持论文的原貌，仅对部分数据和少量行文进行了改动和更新。

　　本书的写作是在我的博士研究生导师程又中教授的悉心指导下完成的。导师博学、谦逊、乐观，并且治学有方，为人师表，是我学习的典范。导师为我的成长倾注了大量心血，除了在学术上指点迷津，还教会我很多做人的道理，鼓励我追求上进，引导我探索新问题。在国家留学基金管理委员会的资助下，我在澳大利亚国立大学亚太研究院进行为期一学年的学习与研究工作。在澳学习期间，我的两位导师 John Ravenhill 和 Greg Fry 为我的学习研究创造了良好的条件，提供了大量的相关研究资料，并对论文的设计与写作提出了许多指导性意见。在中国社会科学院世界经济与政治研究所从事博士后研究和工作期间，导师张宇燕教授对本书提出很多有启发性的意见和建议，并对本书的出版给予了莫大的支持。在此，对导师的指导和栽培，表示我最诚挚的谢意！

本书的写作和修改还得益于黄正柏教授、崔启明教授、夏安凌教授、韦红教授、胡宗山教授、宋秀琚博士、赵长峰博士以及武汉大学的罗志刚教授和严双伍教授的批评与建议。本书写作过程中，与沈世顺研究员、杨泽瑞博士和王震宇博士进行的多次交流，让我受益匪浅。杜彬伟、李强、刘侣萍、周勇、刘志昌、汤玉权、郝亚光、王远伟、付强、王娟、管佳、鲁鹏、李一男、许远旺，以及Peter Yuan Cai、Amy Chen、Liz Conway、Mathew Davies、Thuy Do、Nicky George、Yang Jiang、Jae Jeok Park、Lynne Payne、Tomohiko Satake、Pichamon Yeophantong 等对我的帮助和鼓励一直铭记在心。在此，还要感谢夏威夷大学东西方研究中心的 Gerard A. Finin 为论文写作所提供的研究资料。最后，深深感激家人的关爱和支持，这是催促我不断前进的动力。

本书的顺利出版得益于中国社会科学院创新工程学术出版资助，得益于中国社会科学文献出版社姚冬梅女士的策划安排和陈帅编辑的认真编校，在此一并表示感谢。本书能展现在读者面前，还要感谢张宇燕教授、程又中教授和何帆教授的评阅和推荐。

尽管本书的写作得到了大量帮助，但其中存在的诸多不足皆因自己水平有限所致，所有文责也概由自己负担。同时，对于文中的错漏之处，祈方家匡正。

徐秀军
2013 年 5 月

图书在版编目(CIP)数据

地区主义与地区秩序：以南太平洋地区为例/徐秀军著.
—北京：社会科学文献出版社，2013.6
 ISBN 978-7-5097-4756-8

Ⅰ.①地… Ⅱ.①徐… Ⅲ.①南太平洋-国际政治-研究 ②南太平洋-区域经济-体化-研究 Ⅳ.①D760.0 ②F114.46

中国版本图书馆CIP数据核字（2013）第127819号

地区主义与地区秩序
——以南太平洋地区为例

著　　者 / 徐秀军

出 版 人 / 谢寿光
出 版 者 / 社会科学文献出版社
地　　址 / 北京市西城区北三环中路甲29号院3号楼华龙大厦
邮政编码 / 100029

责任部门 / 皮书出版中心 (010) 59367127　　责任编辑 / 陈　帅　姚冬梅
电子信箱 / pishubu@ssap.cn　　　　　　　　责任校对 / 黄　利
项目统筹 / 姚冬梅　　　　　　　　　　　　　责任印制 / 岳　阳
经　　销 / 社会科学文献出版社市场营销中心 (010) 59367081　59367089
读者服务 / 读者服务中心 (010) 59367028

印　　装 / 三河市尚艺印装有限公司
开　　本 / 787mm×1092mm　1/16　　印　张 / 17
版　　次 / 2013年6月第1版　　　　　字　数 / 229千字
印　　次 / 2013年6月第1次印刷
书　　号 / ISBN 978-7-5097-4756-8
定　　价 / 59.00元

本书如有破损、缺页、装订错误，请与本社读者服务中心联系更换

版权所有　翻印必究